Elogios a
52 Passagens

"*52 Passagens* é simplesmente um dos melhores guias diários em formato impresso para fortalecer sua fé. Mark Moore reúne décadas de aprendizagem em um livro conciso e poderoso. Mark não é só genial, ele é um extraordinário comunicador de ideias. *52 Passagens* vai mudar sua compreensão bíblica e transformar sua vida."

—Jud Wilhite, autor de *Pursued* e pastor titular da Central Church, em Las Vegas

"Se você tem o hábito de ler a Bíblia regularmente, ou nunca a leu, ou começou e parou de ler várias vezes, então *52 Passagens* é o recurso que você precisa! Trata-se de um recurso envolvente e fácil de usar, o qual fortalecerá sua compreensão acerca da Palavra de Deus."

—Jon Weece, líder de discipulado na Southland Christian Church e autor do livro *Jesus Prom*

"Não há nenhuma dúvida de que o contato com a Bíblia é o maior e melhor indicador de crescimento espiritual. Essa é a razão pela qual estou tão entusiasmado com *52 Passagens*. Mark mostra o caminho das pedras para você compreender melhor a Bíblia, disponibilizando um guia prático para que você a coloque em prática na sua própria vida."

—Ashley Wooldridge, pastor titular da Christ's Church of the Valley, Arizona

"*52 Passagens* permitirá que você construa uma ponte entre seu estudo bíblico e sua influência profissional. Se você deseja falar com confiança sobre temas bíblicos e, ao mesmo tempo, ajudar no discipulado de outras pessoas em sua caminhada de fé, este livro é o recurso que você precisa!"

—Kirk Cousins, jogador de futebol americano na posição quarterback

"Mark Moore é simplesmente um especialista tanto no conhecimento quanto no ensino dos princípios fundamentais revelados por Cristo. No *52 Passagens*, você encontrará as ferramentas que precisa para experimentar a vida a qual Deus lhe chamou para viver. Suas ideias inovadoras e ilustrações cheias de vida vão prender sua atenção e servir de motivação para você conhecer a Cristo e torná-lo conhecido. Comece hoje no capítulo 1, leia com diligência até o capítulo 52 e você se sentirá satisfeito."

—Kyle Idleman, pastor titular da Southeast Christian Church e autor de *Not a Fan* e *Don't Give Up*

"Sendo uma líder de estudos bíblicos com mulheres, meu coração é movido pelo desejo de auxiliá-las a conhecer melhor a Palavra de Deus e capacitá-las a conectar a fé que elas nutrem em Jesus com o ritmo frenético do dia a dia que cada uma enfrenta. *52 Passagens* é uma dádiva de Deus e uma ferramenta perfeita para ajudá-las nesse desafio. Na verdade, considero um dom precioso qualquer coisa que eu possa oferecer como auxílio para que as mulheres aproveitem ao máximo o tempo que dedicam ao estudo da Palavra de Deus. Isso é o que *52 Passagens* representa para mim como professora e para as mulheres que estão sob minha liderança. Este é um verdadeiro presente de um ensinador notável, o qual eu passei a confiar como um recurso de valor inestimável."

—Lisa Laizure, professora de estudos da Bíblia do WomensBibleStudy.com

"Por meio dos seus primeiros livros, Mark me ensinou mais sobre a Bíblia do que qualquer outro autor. Sua clareza no ensino e sutil perspicácia sempre me levam a ler mais páginas do que havia planejado. *52 Passagens* consegue ser ainda melhor. Coloque-o no topo da sua lista de leituras diárias."

—Phil Smith, coautor de *Created to Flourish* e criador da série de vídeos *Eyewitness Bible Series*

"Com um coração de pastor, uma mente de pesquisador e uma caneta habilidosa, Mark Moore nos deu um presente no *52 Passagens*, nos ajudando a compreender as palavras de Deus, ser por elas transformados e vivê-las na prática."

—Caleb Kaltenbach, autor de *Messy Grace* e de *God of Tomorrow*

"Minha esposa passou os olhos no *52 Passagens* quando o avistou em cima do balcão. Seu veredito foi imediato: 'Ele é muito bom. Por que ninguém pensou nisso antes? Eu gostei muito mesmo.' Acho que ela disse tudo, exceto 'Este livro vai te ajudar a aumentar seu conhecimento bíblico mais rápido do que qualquer outro que conheço'. A propósito, todos os meus filhos amam ouvir Mark Moore porque ele consegue juntar o conhecimento de um pesquisador com a clareza da mensagem de um pastor. Isso significa que o livro *52 Passagens* já está aprovado por uma variedade de gerações."

    —HAYDN SHAW, autor de *Generational IQ: Christianity Isn't Dying, Millennials Aren't the Problem, and the Future Is Bright*

"Como ator de cinema e de televisão, estou sempre em diferentes estados e países e ao lado de diversas equipes técnicas e colegas de elenco. Quando as pessoas ficam sabendo que sou cristão, é comum me perguntarem sobre minha fé e sobre a Bíblia. Eu gosto de compartilhar o que Jesus fez por mim, mas gostaria de me sentir mais seguro quanto a meu conhecimento da Bíblia. É por isso que sou tão agradecido pelo *52 Passagens*. Este livro me fornece um fundamento que me capacita a manter conversas espirituais mais significativas, que contribuam com os outros em seu progresso rumo à fé."

    —LAMONICA GARRETT, ator de cinema e televisão conhecido por *Designated Survivor, Sons of Anarchy* e *The Last Ship*

"Paulo falou para Timóteo a ser diligente para 'apresentar-se a Deus como alguém digno de aprovação, como obreiro que não tem do que se envergonhar e que comunica corretamente a palavra da verdade' (2 Timóteo 2:15). O pastor Mark fornece, de maneira inequívoca, o caminho para o cumprimento deste mandamento. É um curso de teologia condensado em um só livro."

    —DR. DARRYL DELHOUSAYE, presidente/chanceler do Phoenix Seminary

"Acho importante ser capaz de me disciplinar com um recurso que representa um desafio para mim e que me possibilita efetivamente a estar inserido no estudo da Palavra. O livro *52 Passagens*, além de representar este desafio, superou todas as minhas expectativas. A formação de Mark como um professor acadêmico, pregador e ensinador fica bem evidente na estratégia adotada em seu livro. Eu viajo praticamente toda semana, e *52 Passagens* me possibilita a estudar, memorizar e interpretar a Palavra de Deus, bem como aplicá-la no meu caminhar diário na presença de Deus. Muito obrigado, Mark, por me desafiar a ser um melhor discípulo de Cristo!"

    —DOUG CROZIER, CEO da Solomon Foundation, Parker, CO

"Na posição de líder, acredito que existem pequenas coisas nas quais vale a pena investir o seu tempo e energia diariamente. Aprender a variedade de diferentes histórias e ideias que a Bíblia apresenta é uma delas. O problema é que a maioria de nós não sabe por onde começar. Com seu livro, *52 Passagens*, Mark elaborou um caminho acessível rumo ao valioso conhecimento bíblico, o qual, com um pouco de tempo e esforço, qualquer pessoa pode percorrer."

—CAREY NIEUWHOF, fundador e pastor da Connexus Church e autor de *Didn't See It Coming*

PASSAGENS

MARK E. MOORE

52 PASSAGENS

15 MINUTOS DIÁRIOS PARA CONHECER A BÍBLIA EM UM ANO

ALTA LIFE
EDITORA

Rio de Janeiro, 2021

52 Passagens

Copyright © 2021 da Starlin Alta Editora e Consultoria Eireli.
ISBN: 978-85-5081-462-9.

Translated from original Core 52. Copyright © 2001 by Crossway Bibles, a publishing ministry of Good News Publishers. ISBN 978-0-525-65325-7. This translation is published and sold by permission of WaterBrook, an imprint of the Crown Publishing Group, a division of Penguin Random House LLC the owner of all rights to publish and sell the same. PORTUGUESE language edition published by Starlin Alta Editora e Consultoria Eireli, Copyright © 2021 by Starlin Alta Editora e Consultoria Eireli.

Todos os direitos estão reservados e protegidos por Lei. Nenhuma parte deste livro, sem autorização prévia por escrito da editora, poderá ser reproduzida ou transmitida. A violação dos Direitos Autorais é crime estabelecido na Lei nº 9.610/98 e com punição de acordo com o artigo 184 do Código Penal.

A editora não se responsabiliza pelo conteúdo da obra, formulada exclusivamente pelo(s) autor(es).

Marcas Registradas: Todos os termos mencionados e reconhecidos como Marca Registrada e/ou Comercial são de responsabilidade de seus proprietários. A editora informa não estar associada a nenhum produto e/ou fornecedor apresentado no livro.

Impresso no Brasil — 1ª Edição, 2021 — Edição revisada conforme o Acordo Ortográfico da Língua Portuguesa de 2009.

Erratas e arquivos de apoio: No site da editora relatamos, com a devida correção, qualquer erro encontrado em nossos livros, bem como disponibilizamos arquivos de apoio se aplicáveis à obra em questão.
Acesse o site www.altabooks.com.br e procure pelo título do livro desejado para ter acesso às erratas, aos arquivos de apoio e/ou a outros conteúdos aplicáveis à obra.

Suporte Técnico: A obra é comercializada na forma em que está, sem direito a suporte técnico ou orientação pessoal/exclusiva ao leitor.

A editora não se responsabiliza pela manutenção, atualização e idioma dos sites referidos pelos autores nesta obra.

Produção Editorial
Editora Alta Books

Gerência Comercial
Daniele Fonseca

Editor de Aquisição
José Rugeri
acquisition@altabooks.com.br

Diretor Editorial
Anderson Vieira

Coordenação Financeira
Solange Souza

Produtores Editoriais
Illysabelle Trajano
Maria de Lourdes Borges
Thiê Alves

Produtor da Obra
Thales Silva

Marketing Editorial
Livia Carvalho
Gabriela Carvalho
Thiago Brito
marketing@altabooks.com.br

Equipe Ass. Editorial
Brenda Rodrigues
Caroline David
Luana Rodrigues
Mariana Portugal
Raquel Porto

Equipe de Design
Larissa Lima
Marcelli Ferreira
Paulo Gomes

Equipe Comercial
Adriana Baricelli
Daiana Costa
Fillipe Amorim
Kaique Luiz
Victor Hugo Morais
Viviane Paiva

Atuaram na edição desta obra:

Tradução
Jocemar Celinga

Copidesque
Livia Rodrigues

Capa
Rita Motta

Revisão Gramatical
Fernanda Lutfi
Samuri Prezzi

Diagramação
Joyce Matos

Ouvidoria: ouvidoria@altabooks.com.br

Editora afiliada à:

Dados Internacionais de Catalogação na Publicação (CIP) de acordo com ISBD

M821c	Moore, Mark E. 52 Passagens: 15 minutos diários para conhecer a Bíblia em um ano / Mark E. Moore ; traduzido por Jocemar Celinga. - Rio de Janeiro : Alta Books, 2021. 384 p. ; 16cm x 23cm. Tradução de: Core 52 ISBN: 978-85-5081-462-9 1. Religião. 2. Bíblia. I. Celinga, Jocemar. II. Título.	
2021-3490	CDD 220 CDU 22

Elaborado por Vagner Rodolfo da Silva - CRB-8/9410

Rua Viúva Cláudio, 291 — Bairro Industrial do Jacaré
CEP: 20.970-031 — Rio de Janeiro (RJ)
Tels.: (21) 3278-8069 / 3278-8419
www.altabooks.com.br — altabooks@altabooks.com.br

Dedico este livro à Larrie Fraley e Jason Beck

Um homem sozinho pode ser vencido, mas dois conseguem defender-se. Uma corda tripla não se arrebenta facilmente.

—Eclesiastes 4:12

Sumário

Introdução 1

1. A Criação 5
2. Nossa Verdadeira Identidade 11
3. A Queda 19
4. A Aliança 25
5. Santidade 33
6. Jesus e Moisés 39
7. O Reino de Deus 45
8. Jesus e Davi 51
9. Encontrando a Felicidade 57
10. Profecia 65
11. O Bom Pastor 71
12. O Messias 77
13. O Cristo Rejeitado 83
14. Sabedoria 89
15. Expiação 95
16. A Nova Aliança 101
17. O Filho do Homem 107
18. Bem-aventurança 113
19. Moralidade Elevada 121
20. Oração 127
21. Dinheiro 135
22. A Regra de Ouro 143
23. A Cruz 151
24. Eleição e Predestinação 157

25. O Sobrenatural 165
26. Nosso Comissionamento 173
27. O Evangelho 179
28. Fé 185
29. Descanso 191
30. Liderança 197
31. O Maior Mandamento 203
32. A Encarnação 209
33. Amor 217
34. Adoração 223
35. Comunhão 231
36. Segurança Eterna 237
37. O Espírito Santo 245
38. A Ascensão 251
39. Batismo 257
40. A Solução de Deus para o Racismo . . 265
41. Liberdade 273
42. Mudança Radical 281
43. Conhecendo a Vontade de Deus . . . 289
44. A Ressurreição 295
45. Graça 303
46. Unidade 309
47. Humildade 317
48. Preocupação Desgastante 325
49. Mentoria 333
50. As Escrituras Sagradas 341
51. Determinação 349
52. O Céu 357

Notas 365

Introdução

Você quer conhecer melhor a Bíblia?

Você não está sozinho. Na verdade, você nem mesmo faz parte de uma minoria. Oitenta por cento das pessoas que frequentam a igreja têm o desejo de conhecer melhor a Bíblia. Surpreendentemente, este desejo pode ser ainda maior entre as pessoas que estão fora da igreja. Em uma pesquisa recente realizada aqui em Phoenix, 60% daqueles que manifestaram interesse em estudar a Bíblia não estavam ligados a nenhuma igreja.

Há uma razão pela qual muitas pessoas desejam conhecer melhor a Bíblia: elas sabem que a Bíblia *as tornará* pessoas melhores.

O impacto positivo que as Escrituras produzem tanto no indivíduo como nas famílias e na sociedade tem sido constantemente comprovado. Um estudo que envolveu cem mil pessoas ao longo de oito anos revelou resultados surpreendentes. Essa pesquisa, que foi conduzida por Arnold Cole e Pamela Caudill Ovwigho, do *Center for Bible Engagement*, revelou que as pessoas que se dedicam ao estudo da Bíblia numa frequência de quatro ou mais vezes por semana apresentaram um comportamento menos destrutivo do que os demais. Entre os participantes no estudo, 62% tiveram menos contato com embriaguez, 59% usaram menos pornografia, 59% praticaram menos pecados sexuais e 45% revelaram menor participação em jogos de azar. Esses resultados foram obtidos a partir de marcas objetivas de transformação pessoal, ou seja, não foram considerados relatos que expressam sentimento de culpa. O estudo também revelou que a mensagem positiva das Escrituras Sagradas produziu uma diminuição no sentimento de amargura em 40% dos participantes; redução de pensamentos destrutivos em 32%; diminuição na tendência ao isolamento em 32%; menor sentimento de solidão em 30%, assim como produziu aumento da capacidade de perdoar em 31% deles.[1]

A pessoa que adota os princípios da Bíblia melhora sua autoestima, estrutura familiar e suas interações sociais. É o "maior e melhor indicador de crescimento espiritual".[2] Portanto, se você tem esse desejo de conhecer melhor a Bíblia, essa busca fará de você uma pessoa melhor.

Já que tantas pessoas que desejam compreender melhor a Bíblia não frequentam nenhuma igreja, não podemos esperar que os pastores sejam os únicos responsáveis pelo ensino das Escrituras Sagradas. Assim sendo, líderes leigos devem assumir a responsabilidade de levar as verdades bíblicas às suas redes de relacionamento, seja no trabalho, em casa ou na comunidade. Esse é o propósito deste livro, que não foi elaborado para torná-lo mais esperto, mas foi planejado para que você se torne mais efetivo. A pessoa que parte da curiosidade e torna-se segura de seu conhecimento bíblico é muito mais propensa a exercer seus dons servindo aos outros para a glória de Deus. A segurança no conhecimento da Bíblia promove engajamento social, atos de compaixão e transformação da comunidade.

Por que tantas pessoas desejam conhecer melhor a Bíblia e tão poucas realmente chegam lá? Você provavelmente já conhece as razões disso: (1) nós somos muito ocupados, e (2) não sabemos por onde começar.

E se você pudesse remover essas duas barreiras? E se você tivesse um programa definido que facilmente coubesse dentro da sua frenética agenda? É exatamente isso que este livro tem a lhe oferecer! Se você separar quinze minutos por dia, cinco dias por semana, pelo período de um ano, você vai adquirir o conhecimento da maior parte dos assuntos abordados por todos os pregadores. Isso pode parecer um desafio bastante audacioso, mas está dentro das suas possibilidades. Em relação à Bíblia, a gente tem de, simplesmente, colocar em prática o Princípio de Pareto, também conhecido como Regra do 80/20. Essa regra afirma hipoteticamente que em praticamente todas as nossas ações, usando 20% do nosso esforço, obtemos o rendimento referente a 80%. Esse princípio também se aplica à Bíblia.

Você tem em suas mãos 52 das mais poderosas passagens da Bíblia, uma representação fiel de toda a mensagem da Bíblia. Conhecendo esses poucos e "essenciais" versículos, sua mente terá uma dimensão global da Bíblia empregando um mínimo de tempo e esforço. Cada um destes versículos representa um itinerário que percorre toda a Bíblia. Ao compreender um único versículo desta seleção, você conseguirá entender dezenas de outros, os quais refletem o mesmo princípio espiritual. Se você compreender a passagem principal, dezenas de outras se encaixarão com ela.

Antes de prosseguir, porém, eu gostaria de me apresentar. Fui professor do Novo Testamento na Ozark Christian College, no estado de Missouri, nos Estados Unidos. Meu trabalho lá consistia em treinar pastores. No ano de 2012, resolvi mudar meu título de Professor Moore pelo de Pastor Mark junto à Christ's Church of the Valley, que fica em Phoenix, no Arizona. É uma daquelas igrejas absurdamente grandes que muitas vezes acabam sendo mais convenientes para pessoas que nunca foram à igreja do que para aquelas que cresceram dentro de uma. Atuo como pastor na área de ensino, auxiliando pessoas que se acham longe de Deus a navegar através do grande e intimidante livro chamado Bíblia.

Este livro que você tem em mãos é realmente resultado da junção dessas minhas duas funções. Durante décadas eu me aprofundei nas Escrituras. Agora, quero trazer à superfície as águas frescas retiradas do ponto mais profundo da fonte. As pessoas são capazes de reter aquilo que lhes é suficiente. Por isso, escolhi passagens específicas com um maior ROI (retorno sobre o investimento) e com um maior potencial de aplicação prática. Com esta chave, rapidamente você irá mais longe, partindo da curiosidade até o ponto de sentir segurança no conhecimento bíblico. Considere-me seu *personal trainer* espiritual. Cada exercício que você fizer representará um momento único com um enorme potencial de excelência (quero respeitar o seu tempo). Com o auxílio do Espírito Santo, você vai tirar o máximo proveito do seu investimento estratégico nas Escrituras a fim de aumentar de maneira significativa seu impacto na sociedade.

Para isso, apresento aqui uma estratégia de abordagem tripla, a qual adotei para organizar este projeto:

1. Identificar os 52 textos mais influentes da Bíblia;
2. Mostrar, em um breve texto semanal, o itinerário de cada texto e, de forma prática, mostrar como ele se relaciona com a sua vida;
3. Complementar cada texto com quatro ferramentas específicas para lhe ajudar a estabelecer conexões e ampliar o impacto do texto na sua vida: (1) uma passagem bíblica que ilustra o texto-chave, (2) os versículos do itinerário para sua meditação, (3) uma fase de ação para que coloque em prática, e (4) um novo recurso para você ir além.

Então temos aqui o plano estratégico para ajudá-lo a conhecer toda a Bíblia em um único ano — quinze minutos por dia, cinco dias por semana:

- **PRIMEIRO DIA:** *Leia o texto da semana.* Ao longo do texto você encontrará três pontos-chaves que lhe ajudarão a compreendê-lo. Leia novamente os trechos do texto se algum ponto não estiver claro. (Se for melhor para você, leia primeiro os pontos-chaves e então leia o texto para saber o que deve encontrar nele.)

- **SEGUNDO DIA:** *Memorize o texto-chave* e reveja os versículos das duas semanas anteriores.
- **TERCEIRO DIA:** *Leia uma história ou outra passagem da Bíblia* que sirva de ilustração para o texto da semana. Ao ler essas histórias à luz do texto-chave, você perceberá como o princípio-chave é evidenciado na vida real do povo de Deus.

  Entretanto, nem todas essas histórias se aplicam diretamente ao texto da semana. E, então, por que ler tais histórias? Porque elas estão relacionadas às biografias centrais que melhor contextualizam a teologia relacionada aos versículos-chave. Essa associação entre os versículos-chave e as passagens principais vão melhorar sua compreensão da bíblia.
- **QUARTO DIA:** *Leia as três passagens relacionadas ao itinerário*, meditando sobre suas implicações e conexões. Você pode começar revisando de memória o texto-chave.
- **QUINTO DIA:** *Coloque em prática o que aprendeu*, agendando um horário para a fase de ação. Nenhum exercício deve levar mais de 30 minutos, e cada um deve ser cumprido naquela mesma semana, dessa maneira o princípio será integralizado na sua vida por meio da aplicação prática.
- *Opções adicionais:* Você verá que para cada semana há um "desafio de superação" — uma passagem-chave adicional que você poderia memorizar. (Se você os memorizar juntamente com os versículos-chave, ao final de um ano você terá em seu repertório mais de uma centena de versos!) Há também um programa semanal no qual é referenciado um livro auxiliar caso você queira saber mais, como um "bônus de leitura".

Bem-vindo à jornada, partindo da curiosidade rumo à confiança. Você consegue! Ao dominar o conteúdo de *52 Passagens*, você desenvolverá uma estrutura firme para ser um embaixador de Jesus Cristo em um mundo faminto pela verdade que transforma.

Agora você é mais necessário do que nunca. Ao deixar de lado o conhecimento bíblico, a nossa geração está vacilando. Quando você ganhar confiança no conhecimento da Bíblia, você se sentirá no centro da solução de Deus, na esfera do seu próprio grupo de influência. Deus o designou de maneira singular para este momento.

A Criação

No princípio, Deus criou o céu e a terra.
—Gênesis 1:1

Pergunta: Por que estamos aqui?

Vivemos em uma bola azul incrivelmente pequena dentro de um universo imenso. É uma verdadeira obra-prima e, no centro dela, estamos nós: os seres humanos. E cada um de nós, nos movendo nesse espaço sagrado, nos perguntamos qual é a razão de estarmos aqui. Qual é o nosso papel a desempenhar nesse teatro da vida?

Para entender isso, precisamos responder às três seguintes perguntas:

Quem criou este mundo?

As digitais do artista ficam impressas em suas produções. Então, ao conhecer a criação, temos um vislumbre da natureza do criador. A Bíblia revela que Deus é um ser único em três pessoas: Pai, Filho e Espírito Santo. Muito embora os sinais claros desta "Trindade" estejam no Novo Testamento, todos os três são vislumbrados por detrás das cortinas bem antes disso, no texto de Gênesis 1:1-3.

Deus, o Pai, é o arquiteto. É assim que a Bíblia começa: "Deus criou." De maneira específica, Deus criou os elementos a partir do nada. Isso parece simples, até mesmo óbvio. Muito embora outras histórias da criação do Oriente Médio sugiram que a matéria física que é eterna, e não Deus. Os deuses só teriam dado forma à matéria que já existia no mundo, a exemplo de uma criança brincando com massa de modelar.

A Bíblia, no entanto, declara que só Deus é eterno. Portanto, o universo é uma derivação de Deus, não o contrário. Essa cosmovisão cristã está em oposição a todas as visões de mundo que afirmam que a matéria é eterna, e não Deus. Entre esses pensamentos, estão o politeísmo (crença em vários deuses) e o panteísmo, que vê Deus presente em objetos inanimados, tais como o vento, as ondas do mar ou os animais. A cosmovisão cristã também se opõe à teoria da evolução das espécies conhecida como Darwinismo, que substitui o Deus eterno por "coisas" eternas.

A ideia de que Deus criou a Terra é uma crença comum entre as religiões monoteístas: o judaísmo, o islamismo e o cristianismo. No entanto, há um princípio adotado pelo cristianismo que inexiste em outras religiões: *o Espírito Santo é o engenheiro*. Conforme lemos em Gênesis 1:2: "Era a Terra sem forma e vazia; trevas cobriam o abismo, e o Espírito de Deus pairava sobre as águas." A palavra hebraica "pairava" equivale a uma vibração. O Espírito "vibrou" para colocar em ordem o caos existente. É bem semelhante a uma anfitriã andando de um lado para o outro trinta minutos antes de os convidados para o jantar chegarem. O Espírito tinha em mente colocar a criação em devida ordem para que se tornasse um jardim cheio de vida.

A palavra hebraica para "sopro" também é traduzida como "espírito". Por exemplo, o sopro de Deus deu vida a Adão em Gênesis 2:7. Em Gênesis 7:22, a palavra "sopro" é a mesma palavra hebraica traduzida como "espírito": "Tudo o que vivia em terra firme e tinha nas narinas o sopro da vida morreu."

Verdade essa se aplica também aos animais, conforme afirma o Salmo 104:30: "Quando sopras o teu fôlego, eles são criados, e renovas a face da Terra." Cada animal vivo que respira é sustentado pelo Espírito. No Espírito Santo reside a força doadora de vida, da respiração e que mantém a vida na Terra. Ele está envolvido na formação de nosso ambiente aqui na Terra de maneira constante, íntima e perpétua. Deus, o Pai, *criou*; Deus, o Espírito, *cria*.

Há um indício quando a pessoa ignora o Espírito Santo na criação. Ou seja, o ambiente em que vive torna-se um recurso para ser explorado em vez de um dom a ser protegido. Os elementos se tornam sem expressão, deixam de declarar a glória de Deus (Salmos 19:1-3). Deixamos de ver a glória de Deus manifestada na chuva e no vento, no desabrochar de uma flor e na majestade de uma montanha. A nossa falta de sensibilidade com aquilo que nos cerca revela a nossa ignorância quanto à ação contínua do Espírito Santo em cuidar de cada parte da Terra. Como consequência, em vez da prática da devoção diária tendo como templo a criação como um todo, os cristãos limitaram a adoração a um prédio aos domingos onde o senso comum substituiu o amor do Espírito pela lei da selva.

Precisamos reconhecer o Espírito Santo revelado na criação.

Deus, o Pai, é o arquiteto. Deus, o Espírito Santo, é o engenheiro. *Jesus, o filho, é o construtor.* Ele trabalhou duro na criação. Vemos isso em Gênesis 1:3: "Disse Deus: 'Haja luz', e houve luz." Se confrontarmos esse versículo com João 1:1-3, vemos como a criação foi operada: "No princípio era a Palavra. Ela estava com Deus e era Deus. Ela existia, no princípio, junto de Deus. Todas as coisas foram feitas por intermédio dela; sem ela, nada do que existe teria sido feito." A Palavra, conforme podemos ver no versículo 14, não é nenhum outro senão Jesus. Mesmo antes de ter vindo ao mundo em forma humana, ele era completamente Deus. A encarnação é, portanto, a Palavra de Deus revelada. Quando Deus deu o comando, Jesus — a Palavra — ordenou que as coisas fossem criadas.

Essa verdade foi confirmada pelo apóstolo Paulo:

"Ele é a imagem do Deus invisível, o primogênito de toda a criação. Pois nele foram criadas todas as coisas no céu e na Terra, as visíveis e as invisíveis, sejam tronos, soberanias, poderes ou autoridades; todas as coisas foram criadas por ele e para ele." (Colossenses 1:15–16)

O que acontece quando ignoramos o papel que Jesus desempenhou na criação? Normalmente, a salvação se torna um estado espiritual futuro no céu em vez de uma realidade concreta na Terra. É perfeitamente seguro o fato de que temos um futuro no céu. No entanto, Jesus, o criador, está igualmente interessado na sua vida eterna aqui e agora.

Então, você já sabe: a Trindade de Deus está presente nos três primeiros versículos do livro de Gênesis. Deus é o arquiteto, o Espírito é o engenheiro e Jesus é o construtor. Todos os três são um e essenciais à criação. Se ignorarmos qualquer um dos três, faremos uma interpretação errada não apenas da natureza da criação, como também da nossa própria natureza e do papel de dignidade que Deus planejou para nós.

Por Que Deus Criou Este Mundo?

Alguns acreditam que Deus resolveu criar o universo porque se sentia solitário. Isso é impossível de provar e muito difícil de engolir. Deus tinha em sua companhia miríades de anjos, os quais podiam se comunicar com Ele, realizar trabalhos e tantas outras ações a fim de proporcionar alegria, serviço e deleite. Além disso, Deus tinha a si mesmo. Conforme vimos, Deus é um em três pessoas: Pai, Filho e Espírito. Os três entes se amam, se comunicam e divertem um ao outro. Não há nada faltando nele próprio que o compelisse a criar alguém para lhe fazer companhia.

Então, *por que* Deus criou?

Uma simples olhada nos Salmos 102:18 é o que basta para encontrarmos uma resposta: "Escreva-se isto para as futuras gerações, para que um povo que ainda será criado louve ao Senhor." Cada geração que Deus criou — desde os nossos primeiros pais no Éden até nossos filhos que ainda não nasceram — possui um único propósito divino: oferecer glória a Deus. O que não deveria ser surpresa para ninguém. A impressão digital de Deus deixada em nossas próprias almas nos conduzirá na mesma direção. Por que andamos na moda? Para ter uma boa aparência. Por que decoramos nossas casas? Para impressionar os membros da comunidade. Por que nos esforçamos para apresentar uma refeição gourmet com tanto requinte? Para agradar aos outros e receber elogios. Não seria nosso impulso mais íntimo fazer coisas para o prazer do outro e para o nosso louvor? Deus criou com o mesmo impulso. Estamos aqui com o propósito de expressar e oferecer glória a Deus.

Ficamos impressionados sempre que contemplamos nossa complexidade genética: a impressão digital de um bebê, a estrutura dos nossos olhos, as sinapses elétricas de nosso cérebro. Nossos corpos são obras de arte compostas com perfeição. Ficamos maravilhados com a obra de Deus, seja ao contemplar espetáculos olímpicos ou a um balé, assistir à Copa do Mundo ou a um documentário da *National Geographic*.

Davi soube expressar isso muito bem: "Tu criaste o íntimo do meu ser e me teceste no ventre de minha mãe" (Salmos 139:13). Sem pronunciar uma só palavra, mesmo objetos inanimados como montanhas, rios, estrelas e arco-íris aclamam o seu Criador (89:12; 148:3-10). A própria criação é a maior prova da existência de Deus (Romanos 1:20,25). Procurando suas impressões digitais no mundo criado, somos atraídos para seu autorretrato na Bíblia.

É aqui onde ele fica mais magnífico. Nós fomos criados para administrar a criação de Deus: "Porque somos criação de Deus realizada em Jesus Cristo para fazermos boas obras, as quais Deus preparou de antemão para que nós as praticássemos" (Efésios 2:10). Nós prosseguimos ao ato de criação de Deus. O que torna isso mais surpreendente, e também aumenta o grau de importância desta obra, é que Deus está pessoal e continuamente envolvido na criação e recriação desta obra-prima com a participação dos seres humanos. Deus criou o céu e a Terra, e ele nos deixou a tarefa de fazer do mundo um lugar ainda mais encantador.

Como Deus Restaurou a Criação?

Este mundo está arruinado. Tudo se complicou em Gênesis 3, quando Eva foi enganada pela serpente. Aquele momento inadequado iniciou um efeito dominó de consequências ruins. Nada disso pegou Deus de surpresa. Mas isso o tirou do sério. Ele sofreu com a condição em que se encontrava sua tão amada criação.

Esse acontecimento deságua na história do dilúvio (Gênesis 6-8), quando Deus acionou o botão "reiniciar" do mundo. Deus sabia que essa não seria uma solução definitiva, da mesma maneira que o primeiro casal caiu no jardim, a família de Noé também falhou após o dilúvio. Assim como os hebreus também se rebelaram. Mas, desde o início, o plano de Deus era trazer de volta para si a criação caída. Perceba que ele começou com um casal, depois com uma família e então com uma nação. E, agora, sua misericórdia se estende por toda a Terra, por cada tribo, língua e nação. A história da Bíblia é o trabalho de restauração do Éden.

O capítulo final, é claro, é a história de Jesus. Pelo seu sangue, Jesus concede nova vida ao espírito humano, nos renovando por meio de seu próprio espírito. "Portanto, se alguém está em Cristo, é nova criação. As coisas antigas já passaram; eis que surgiram coisas novas!" (2 Coríntios 5:17). "Porque somos a criação de Deus realizada em Jesus Cristo" (Efésios 2:10). Não se trata de uma solução rápida, tampouco fácil.

Essa restauração não é apenas para os homens, mas para toda a criação. Paulo expressou isso da seguinte maneira:

"A criação criada aguarda, com grande expectativa, a manifestação dos filhos de Deus... Sabemos que toda a natureza criada geme e sofre dores do parto até agora." (Romanos 8:19,22)

Pontos-chave

- Cada parte da Trindade desempenha um papel vital na criação;
- As razões pelas quais Deus criou o mundo são as mesmas das nossas: para a satisfação dos outros e para sermos elogiados;
- Assim como Deus *criou* a Terra, nós somos cooperadores na *recriação* de um mundo refletindo o seu amor.

Esta semana

☐ **PRIMEIRO DIA:** Leia o texto da semana.

☐ **SEGUNDO DIA:** Memorize Gênesis 1:1.

☐ **TERCEIRO DIA:** Leia Gênesis 1-2.

☐ **QUARTO DIA:** Medite em João 1:1; Efésios 2:10; Colossenses 1:15-16.

☐ **QUINTO DIA:** Identifique algo pequeno que você possa fazer hoje para ajudar a restaurar o Éden de onde você vive.

Desafio de Superação: Memorize João 1:1.

Bônus de Leitura: Guillermo Gonzalez e Jay W. Richards, *The Privileged Planet*: How Our Place in the Cosmos Is Designed for Discovery.

2

Nossa Verdadeira Identidade

Então disse Deus: "Façamos o homem à nossa imagem."
—Gênesis 1:26

Pergunta: O que significa eu ter sido criado à imagem de Deus?

Depois de Deus ter criado o céu e a Terra, o mar e suas criaturas, os pássaros e os animais; Ele coroou a sua criação ao formar o homem do pó da terra. O texto de Gênesis 1:26-27 descreve em detalhes esse momento único. Veja a declaração bíblica:

> Então disse Deus: "Façamos o homem à nossa imagem e semelhança. Que ele domine os peixes do mar, as aves do céu, os animais de toda a Terra e todos os pequenos animais que se movem rente ao chão."
>
> Criou Deus o homem à sua imagem,
> à imagem de Deus o criou;
> homem e mulher o criou.

Essa passagem revela que possuímos características divinas, mesmo sendo humanos. Não quero dizer com isso que temos as habilidades que são exclusivas de Deus, contudo, compartilhamos alguns dos seus atributos. Essa simples conclusão traz consigo implicações importantes, transformando a forma como encaramos praticamente todas as atividades humanas. Com isso em mente, convido você a dissecar o versículo-chave desta semana a fim de descobrir quem realmente você é.

Então disse Deus: "Façamos o homem à nossa imagem." Embora a Trindade seja um mistério que nunca conseguiremos compreender plenamente, um aspecto que podemos concluir é que Deus é um ser social. Embora tendamos a ficar distraídos com o aspecto físico espiritual do princípio "três em um", vamos focar no assunto em questão: a natureza humana, não a divina. Uma vez que Deus é um ser social, nós também somos.

Jovens que chegam à idade adulta com frequência deixam suas famílias, comunidades e tradições a fim de "encontrar a si próprios". Nessa busca, eles podem se perder, porque não podemos encontrar nosso verdadeiro eu estando isolados. De fato, nós nos conhecemos na medida em que somos conhecidos. Quem somos é o resultado da soma dos nossos relacionamentos. Embora as nossas características sejam peculiares, o nosso caráter é forjado na bigorna da nossa vida social.

Mas qual é a importância disso? O fato é que vivemos em um mundo que defende com unhas e dentes o individualismo. Este, por sua vez, raramente proporciona a satisfação prometida. A importância de pensar sobre isso no contexto da igreja decorre da tentativa equivocada de se relacionar com Deus apenas de maneira individual, o que entra em conflito com a nossa natureza, ou seja, fomos projetados para ter experiência com Deus em comunidade.

Aqui temos alguns exemplos de como temos errado o alvo quanto a isso:

1. Desafiamos as pessoas a aceitar a Jesus como seu Senhor e Salvador "pessoal"; mas, na verdade, a Bíblia nos chama para um reino e para sermos integrados ao corpo de Cristo;
2. A comunhão é outro exemplo, pois se tornou o evento mais individualista da igreja, muito embora o próprio sentido da palavra indique uma celebração em comunidade;
3. A leitura da Bíblia como uma disciplina individual quando a maior parte dos livros da Bíblia foram escritos para grupos de pessoas, não para indivíduos;
4. Geralmente somos convidados a orar, cada um com "a cabeça curvada e de olhos fechados". Na Bíblia, no entanto, a oração era, antes de tudo, uma prática comunitária. Essa verdade é evidenciada na igreja em Atos dos Apóstolos, em orações registradas nas epístolas e nos salmos escritos para ser cantados no templo.

Portanto, o nosso individualismo radical é uma negação da nossa real identidade. Deus nos criou para *viver em* comunidade e *para a* comunidade.

Sem o círculo social em que Deus nos colocou, nossa visão de nós mesmos seria diminuta e a nossa visão de lugar e propósito seria egoísta.

A imagem de Deus é a segunda ideia que se destaca no versículo-chave da semana. O que isso poderia significar, exatamente? Deus é espírito, não matéria. Sendo assim, que tipo de característica ele colocou em nós que define a nossa identidade?

A fim de elucidar isso com o devido tratamento que o assunto merece, vamos primeiramente identificar as formas de vida existentes no cosmos, quais sejam: divina, angélica, humana, animal e vegetal. Cada tipo de vida tem seu próprio conjunto de atributos e habilidades. Podemos, por ora, deixar de lado a vida vegetal e a angélica, já que as duas não são relevantes para este ponto de comparação que desejamos propor. A tabela abaixo, embora incompleta, mostra uma variedade de características que são compartilhadas de forma parcial entre três formas de vida:

Divina	Humana	Animal
Emoção	Emoção	Emoção
	Corpo	Corpo
	Vontade	Vontade
	Vergonha	Vergonha
	Culpa	
Honra	Honra	
Tempo	Tempo	
Beleza	Beleza	
Língua	Língua	
Amor	Amor	
Reino	Reino	

Tanto os animais quanto os seres humanos e Deus compartilham de emoções: alegria, afeto, tristeza, compaixão etc. Os animais e os seres humanos compartilham de uma série de atributos, como um organismo que tem desejos e a capacidade de sentir vergonha quando não vivem dentro de determinados padrões. A culpa, por sua vez, é um sentimento exclusivo dos seres humanos. Deus, sem sombra de dúvidas, não sente culpa alguma. Tampouco os animais, uma vez que não são capazes de pensar no que passou. Os cachorros, por exemplo, podem sentir vergonha por terem desapontado seus donos, mas não se sentem culpados por violarem a própria consciência. Além disso, há uma variedade de percepções que os seres humanos compartilham com Deus, mas não com animais, por exemplo: a honra, o tempo, a língua, a beleza, o amor e o reino. Essas coisas, acredito, envolvem a "imagem de Deus" em nós. Para ser mais claro, deixe-me explorar mais essa lista de capacidades, não ignorando que certamente existem outras.

A honra é o fator subjacente de praticamente tudo que nos atrai, diverte ou ocupa. É por ela que nos vestimos bem, trabalhamos muito e escovamos os dentes. Precisamos (não uso essa palavra levianamente) ser honrados. Isso não deve ser surpresa para ninguém, já que aquilo que moveu Deus a criar o mundo foi Seu desejo de ser honrado. Esse princípio, que é inerente ao ser humano, quando corrompido se torna a fonte de todo o pecado. Chamamos isso de orgulho. Nossa natureza divina, quando vai contra a vontade de Deus, sempre se transforma em idolatria.

O tempo é outra construção humana que deriva diretamente da natureza de Deus. Embora Ele seja eterno, Deus age no tempo. É por essa razão que ele possui aspirações, paciência e estratégias. Ele tem ciência do passado, vê o futuro, é provável que experimente os dois simultaneamente. Portanto, quando cumprimos uma meta, anotamos um compromisso na agenda, checamos o horário ou antecipamos um evento, estamos exercitando em nós mesmos a natureza divina.

A beleza deriva do divino. Cores e formas, contemplação e saboreio, apreciar uma canção e sentir o aroma — respiramos beleza como uma experiência espiritual. Somos os únicos animais capazes de fazer arte, arrumar a mesa para o jantar e reorganizar a mobília. Nenhum outro animal pode cantar. As aves e as baleias podem se comunicar, mas não podem compor música. Nós não apenas criamos a beleza, a criamos constantemente. Mudamos o estilo do cabelo e compomos nosso vestuário. Escrevemos novas canções, criamos até mesmo novos instrumentos e inventamos gêneros de romance. Não apenas contamos histórias, somos capazes de criar novos meios para aquelas expressões artísticas em livros, filmes, peças de teatro, musicais, desenhos animados, seriados etc. Olhe ao seu redor. A menos que você esteja rodeado apenas pela natureza, você verá neste exato momento, bem a seu alcance, algum tipo de arte. Parece que não conseguimos viver sem arte, é só verificar os registros arqueológicos.

A língua é outra característica exclusiva do ser humano. Utilizamos linguagem abstrata para escrever poesia ou prosa, realizar debates jurídicos e trabalhar com a matemática. Uma criança é capaz de criar um amigo imaginário e conversar com ele. Habilidade esta que também nos permite falar com bebês que ainda não nasceram. É a máquina que faz o mundo funcionar. Essa faculdade incendeia nossas paixões, faz girar nossa imprensa e cria ficções. A nossa imaginação é um reflexo da chama divina em nós.

Então, *o amor*. Veja, alguns argumentarão que os animais também amam, e não estão errados. Naturalmente, um animal protege seus filhotes. Os animais de estimação ficam apegados a seus donos, mas nenhum animal sacrificaria a sua própria vida por um desconhecido. Nenhum animal já se doou, sacrificando a si mesmo em favor de vítimas de um terremoto. Nenhum animal é solidário com a perda de um desconhecido. A mais nobre característica da nossa humanidade com atributos divinos é a nossa capacidade de amar o estranho, o estrangeiro e o nosso inimigo.

Finalmente, a palavra *reino* expressa a obrigação da humanidade em reinar a criação. O rei Davi compôs uma canção inteira sobre esse tema:

Ó SENHOR, nosso Deus,
   como é glorioso o teu nome em toda a Terra!

Quando contemplo o teu céu, obra dos teus dedos,
   a lua e as estrelas que ali firmaste,
pergunto: o que é o homem, para que com ele te importes?
   E o filho do homem, para que com ele te preocupes?

Tu o fizeste pouco inferior aos anjos
e o coroaste de glória e de honra.
Tu o fizeste reinar sobre as obras das tuas mãos;
   sob os seus pés tudo puseste...

Ó SENHOR, nosso Deus,
   como é glorioso o teu nome em toda a Terra! (Salmos 8:1,3-6,9)

Somos os guardiões do jardim de Deus. Nosso propósito criador é complementar o que Deus fez. Como seres criativos, adicionamos criatividade à sua criação. Fizemos isso de muitas maneiras, por meio da agricultura, da arte, da indústria, da educação, da medicina e da tecnologia. A criação de Deus trata-se de um ambiente perfeito que Ele desenhou para nós, mas seria incompleto sem nós.

Cada um de nós tem um dom, uma visão de como agradar a Deus acrescentando à criação do cosmos. Em cada ato criativo que realizamos, seja ele musical, arquitetônico, atlético ou intelectual. É, portanto, de natureza teológica. Nós participamos com o Pai, o arquiteto, criando a partir da matéria-prima que ele forneceu. Também participamos com o Espírito Santo no desenvolvimento de ambientes favoráveis ao sustento e à celebração da vida. E participamos com o Filho, construindo lugares e espaços onde pessoas possam ser restauradas para Deus e sua criação.

Quando falhamos no cumprimento deste chamado para sermos administradores da terra de Deus, ficamos a gravitar em nossos atributos naturais, a exemplo da cobiça, egoísmo, medo e violência. Como consequência, por meio do vício, da pobreza, da dor e da alienação, somos dominados pela criação em vez de reiná-la. É por essa razão e nesse contexto que em Hebreus 2:6-8 é citado o Salmo 8 em referência a Jesus. Ele não é só o Salvador do mundo, é também o modelo de homem que remiu sua própria criação. Em certo sentido, ele nos concedeu uma segunda oportunidade relacionada ao Éden, a fim de que cumpríssemos nosso destino divino. Nem mesmo a queda poderia obscurecer a natureza divina!

Podemos exultar diante de Deus por causa disso, da mesma maneira que o fez Davi: "Eu te louvo porque me fizeste de modo especial e admirável. Tuas obras são maravilhosas! Disso tenho plena certeza" (Salmos 139:14).

Deus designou o homem para ser seu parceiro como administrador da criação. Esse é seu direito de nascimento, o qual Jesus restaurou ao se tornar um de nós.

Pontos-chave

- Nossa verdadeira identidade é percebida em nossa experiência em comunidade, não no individualismo;
- A natureza divina em nós é exercida em pequenas ações, nas conversas, na arte, no planejamento, em dividir as refeições etc;
- O projeto que Deus tem para nós, nos assegura e ao mesmo tempo requer a nossa participação no que concerne sua criação.

Esta semana

☐ **PRIMEIRO DIA:** Leia o texto da semana.

☐ **SEGUNDO DIA:** Memorize Gênesis 1:26.

☐ **TERCEIRO DIA:** Leia Efésios 1.

☐ **QUARTO DIA:** Medite em Salmos 8:4-5; 139:13-14; Hebreus 2:6-8.

☐ **QUINTO DIA:** Identifique uma área da sua vida na qual você está vivendo de maneira muito individualista e, em seguida, convide alguém para fazer parte dessa área.

Desafio de Superação: Memorize o Salmo 8:4-5.

Bônus de Leitura: John Piper, *Desiring God*: Meditations of a Christian Hedonist.

3

A Queda

> Quando a mulher viu que a árvore parecia agradável ao paladar, era atraente aos olhos e, além disso, desejável para dela se obter discernimento, tomou do seu fruto, comeu-o e o deu a seu marido, que o comeu também.
>
> —Gênesis 3:6

Pergunta: Qual é o meu problema?

Todos nós sentimos seus efeitos no profundo da alma, como aquele odor que exala no quarto e não conseguimos identificar nem remover. A Bíblia chama isso de pecado; é o mesmo que a sociedade chama de psicose.

Essa fraqueza faz parte de em cada um de nós e não a podemos remover nem a justificar. Seus efeitos são verificados no vestiário, em filmes e em processos judiciais. Desde ofensas pessoais até corrupção sistêmica, o pecado mancha a fibra da humanidade.

Tudo isso teve seu início no jardim.

A história toda é contada no capítulo 3 de Gênesis. Tudo começa com uma mulher nua, uma serpente falante, o fruto proibido, um marido que assistia a tudo passivamente de braços cruzados. Eva sabia que o fruto era proibido, mas a sedução da serpente falou mais alto. Ela caiu direitinho com uma mordida, enquanto seu marido permanecia calado, mas não surdo, ao seu lado. Os olhos da mulher foram abertos para o mal, para seu corpo nu e para a maldição que estava a caminho.

A partir daquele marco inicial, a morte deslizou vagarosamente sobre a humanidade.

Tentação Irresistível

A falha de Eva no jardim não é muito destoante da nossa realidade nem incomum. É uma experiência compartilhada por todos os homens. Eventualmente, deveríamos ir devagar o suficiente para nos perguntar: "Qual é o meu problema?"

Em primeiro lugar, deveríamos perguntar o que chamou a atenção de Eva, porque trata-se do mesmo tipo de coisa que nos atrai. Eva "viu que a árvore parecia agradável ao paladar, era atraente aos olhos e, além disso, desejável para dela se obter discernimento" (Gênesis 3:6). O que a seduziu foi a meia-verdade de Satanás revelada no versículo anterior: "Vocês serão como Deus." É isso aí! Trata-se da tentação da autodeterminação, a promessa de que podemos conduzir sozinhos nossos próprios assuntos, bem como determinar o nosso próprio destino. O orgulho se torna o nosso calcanhar de Aquiles.

Orgulho não é simplesmente *um* pecado, orgulho é *o* pecado. Ele é a gênesis de todo assassinato, roubo, mentira, adultério e vício. Sempre, ele é a raiz do porquê priorizamos a nossa vontade a despeito do bem dos outros e do interesse de Deus. É por isso que a bíblia reiteradamente chama atenção para o problema do orgulho: "O orgulho vem antes da destruição; o espírito altivo, antes da queda" (Provérbios 16:18). "Pois todo aquele que a si mesmo se exaltar será humilhado, e todo aquele que a si mesmo se humilhar será exaltado" (Mateus 23:12). "Deus se opõe aos orgulhosos, mas concede graça aos humildes" (Tiago 4:6; 1 Pedro 5:5; parafraseando Provérbios 3:34). "Humilhem-se diante do Senhor, e ele os exaltará" (Tiago 4:10). A Bíblia está repleta de advertências contra o orgulho e histórias que ilustram seus catastróficos resultados. Uma vez que essa é a causa do estado em que a humanidade se encontra, quase todos os livros da Bíblia chamam atenção a esse perigo. E provavelmente não precisamos ler um livro para descobrir isso, é só olhar no espelho.

Por causa disso, somos convidados a carregar uma cruz e entregar a nossa vida para ser crucificada com Cristo. Isso porque o crescimento pessoal, o respeito próprio e o autogerenciamento não nos livram das garras do pecado. O que pode contribuir para nossa liberdade é o autoaniquilamento, ou seja, a eliminação do nosso orgulho. Talvez a nossa cultura, a qual valida o nosso orgulho, seja um grilhão que tenhamos de nos livrar. Contudo, é uma crueldade afirmar qual é o mal que assola a alma de um indivíduo.

Não importa como os analistas sociais interpretem o processo de libertação do pecado, trata-se de uma sequência que vai se acelerando até a derrota do nosso orgulho para que nós, então, estejamos submissos ao poder do amor de Deus. Milhares de anos depois, a história de Eva foi resumida pelo melhor amigo de Jesus, o apóstolo João:

> Não amem o mundo nem o que nele há. Se alguém amar o mundo, o amor do Pai não está nele. Pois tudo o que há no mundo — a cobiça da carne, a cobiça dos olhos e a ostentação dos bens — não provém do Pai, mas do mundo. (1 João 2:15-16)

Essas três tentações, ou seja, os desejos carnais, a cobiça dos olhos e posição social, representam o principal arsenal de Satanás, o que é potencializado pelo nosso orgulho. São eles o orgulho das paixões, da posse e do prestígio social.

Não foi só Eva, assim como nós, que sofreu esse tipo de tentação. No deserto, Jesus também foi tentado da mesma maneira (Lucas 4:1-13). Satanás o tentou transformar uma pedra em pão, um tipo de desejo carnal. Foi-lhe oferecido todos os impérios do mundo à bagatela de uma simples reverência; desta maneira, assim Satanás o tentou usando a cobiça dos olhos. E, por último, ele foi desafiado a lançar-se do pináculo do templo, assim ele seria resgatado por Deus na presença da elite religiosa, para, dessa maneira, receber adoração e satisfazer o orgulho da vida.

Não queremos dizer com isso que as nossas tentações sejam as mesmas que Jesus enfrentou. Afinal, Satanás estava oferecendo a Ele a chance de escapar da cruz a fim de poupá-lo de sofrimento humano. Ainda que as tentações enfrentadas por Jesus reflitam as nossas, na esfera do arsenal que Satanás utiliza de maneira constante (e sempre seu arsenal limita-se) aos desejos carnais, à cobiça dos olhos e ao orgulho da vida. Conhecendo a artimanha de Satanás, conseguimos enfrentar seus ataques com maior confiança.

Somente ler uma solução como essa no papel parece fácil. Cara a cara, porém, Satanás apresenta argumentos que parecem bastante convincentes.

A Sedução Estratégica

Satanás mentiu à Eva. Ele falou que ela não morreria se comesse do fruto proibido. Ela morreu depois de comê-lo?

É claro que não, pelo menos não naquele exato momento. Ela morreria? É claro que sim. Todos nós vamos morrer, em decorrência da escolha de Eva. A questão é que poucas vezes o que Satanás diz é totalmente mentira. Dificilmente alguém cairia. Ele não diria coisas como "quadrados são redondos". Qualquer criança saberia que isso não é verdade. Em vez disso, ele utiliza meias verdades, para desviar do alvo certo, desorientar acerca do caminho a seguir e desvirtuar o mérito de algo. Quando promete satisfação em uma cama ou em uma garrafa, ele espera o momento certo para receber sua parte na troca. Por alguns momentos, Satanás parece sincero. O que ele não revela a princípio é seu trunfo de consequências a longo prazo. Há um sentimento de prazer na busca pelo dinheiro, na excitação produzida no uso de entorpecentes e no frenesi da popularidade. Não se engane, Satanás raramente faz uma promessa que a princípio e parcialmente ele não seja capaz de cumprir. O que ele deixa bem escondido é a etiqueta com o preço. Depois do contrato assinado, chega a fatura para pagamento, que nos deixa falidos, sem fôlego e envergonhados.

Pergunte ao meu amigo Rick. Depois de uma série de acontecimentos durante um tempo em que atuava como ministro do evangelho, seu segredo foi revelado e seu mundo, arruinado. Só depois disso, de acordo com suas próprias palavras, ele passou a dizer: "Olhe o preço na etiqueta." Em uma das etiquetas de preço estava o nome de sua esposa; em outra, sua filha; outra, seu ministério; e ainda havia outras com os nomes de seus amigos. Também estavam na etiqueta seus netos, sua segunda esposa e sua vocação. Se Satanás tivesse partilhado com ele diretamente talvez um os dois daqueles preços a serem pagos, Rick nunca teria caído em troca daqueles momentos de prazer sem sentido. No calor da paixão, ele nunca imaginou a gravidade das consequências. Nenhum de nós pensa nisso quando mentimos, vemos pornografia, nos envolvemos em más companhias ou em um negócio duvidoso, ou simplesmente quando nos envolvemos em algum tipo de roubo. Só se olharmos a partir de uma retrospectiva de uma década será possível reconhecer totalmente os preços e condições. O preço é tão elevado quanto o padrão da Santidade de Deus.

A Retribuição Divina

Deus amaldiçoou Adão e a Eva, ambos culpados por transgressão. O que foi justo, pois eles não apenas pegaram aquilo que não lhes pertencia como também cometeram uma transgressão. O que provocou a fúria de Deus não foi a perda de algo que lhe pertencia, mas pela ofensa direta à sua posição. Ele criou este universo maravilhoso em questão de dias. A perda de um simples fruto de uma única árvore dificilmente é uma ofensa grave e condenável. A questão não era a invasão de um espaço, mas a transgressão de uma ordem.

Eva, querendo se tornar parecida com Deus, mordeu a isca. Por causa desse ato, naquele simples momento de descuido, ela foi afastada da presença de

Deus, perdendo o que lhe era mais caro. Esse pedaço de carne, recém-formado da costela de Adão, teve a audácia de desafiar a sabedoria eterna de Deus, duvidar do seu divino plano, ignorar a genialidade do Criador e desconsiderar sua autoridade espiritual.

Praticamos a mesma e escandalosa sedição cada vez que declaramos que ninguém manda em nós. Na realidade, nenhum ser humano tem a capacidade de assumir uma posição ocupada por Deus. Essa é a razão pela qual imperadores e ditadores, isso apenas para não mencionar celebridades locais, se autodestroem no peso de sua própria arrogância.

Por causa dessa transgressão, Adão e Eva teriam de vestir, juntamente com suas novas e pesadas vestimentas de pele de animais, o peso da maldição de Deus. A serpente teria de se arrastar no pó e por fim ser aniquilada pela semente da mulher (Gênesis 3:14–15). A mulher experimentaria terríveis dores quando desse à luz e seu desejo estaria em oposição ao de seu marido, sem a menor chance de vencer (versículo 16). O homem só ganharia a vida com o suor do seu rosto (versículos 17-19). Embora isso pareça pesado, na realidade, trata-se mais de disciplinar do que punir.

Por causa da transgressão, o que esperar senão o exílio? Adão e Eva foram expulsos do jardim para o seu próprio bem (versículos 22-24). O Coração de Deus e não o jardim é nosso real objetivo. Não é vantagem alguma viver nos utópicos prazeres se estamos desprovidos de caráter, sem relacionamentos e afastados de Deus. O nosso lar é o próprio Deus, não o seu jardim. Seus dons de procriação e de realização no jardim se tornam sem sentido sem a companhia de Deus na hora mais fresca do dia.

Necessitamos desesperadamente de sentido para preencher um vazio espiritual. Nosso afastamento do jardim fez com que nossas almas clamassem por uma religação com o nosso Criador. A maldição é precisamente o que nos chama de volta para nosso destino original. Nós retornamos para Deus por meio do arrependimento, restabelecendo nossos passos de acordo com o comando do nosso Criador.

Aqui está a boa notícia, uma moeda de ouro de duas faces. De um lado, o nosso Criador enviou seu próprio filho a fim de pagar o preço para remover a maldição. Do outro, o Filho de Deus enviou seu Espírito Santo para nos dar os recursos necessários para fazermos melhor do que Adão e Eva. Aqui está a promessa: "Não sobreveio a vocês tentação que não fosse comum aos homens. E Deus é fiel; ele não permitirá que vocês sejam tentados além do que podem suportar. Mas, quando forem tentados, ele lhes providenciará um escape, para que o possam suportar" (1 Coríntios 10:13).

Pontos-chave

- O orgulho é a chave para todo pecado, isso é, o desejo de se autodeterminar;
- O pecado nos seduz em uma destas três formas: o orgulho associado ao prazer, à posse e ao prestígio social;
- Satanás engana utilizando-se de meias verdades, não com mentiras descaradas.

Esta semana

☐ **PRIMEIRO DIA:** Leia o texto da semana.

☐ **SEGUNDO DIA:** Memorize Gênesis 3:6.

☐ **TERCEIRO DIA:** Leia Gênesis 3:1–4:16.

☐ **QUARTO DIA:** Medite em Provérbios 16:18; Tiago 4:6; 1 João 2:15-16.

☐ **QUINTO DIA:** Se você tiver pecados que ainda não confessou, procure um parceiro ao qual você presta contas ou um mentor espiritual. Esse é o primeiro passo de volta ao Éden.

Desafio de Superação: Memorize Tiago 4:6.

Bônus de Leitura: John Owen, *Overcoming Sin and Temptation*: Three Classic Works by John Owen, org. Kelly M. Kapic e Justin Taylor.

A Aliança

Abrão creu no Senhor, e isso lhe foi creditado como justiça.
—Gênesis 15:6

Pergunta: Como posso fazer parte daquilo que Deus está realizando neste mundo?

Jesus de Nazaré é, incomparavelmente, a figura mais influente na história da humanidade. Contudo, há um homem considerado por muitos como o pai da fé. Ele viveu na antiguidade, chamava-se Abraão e é considerado o pai tanto do judaísmo quanto do islamismo. Ele também é, por extensão, o pai da fé cristã. Para termos uma ideia, 31% do mundo afirma-se cristão, 24% são islâmicos e 0,2% identificam-se como judeus. Portanto, aproximadamente três em cada cinco pessoas no mundo têm Abraão como pai da sua fé.

De acordo com a afirmação de Gênesis 15:6, "[Abrão, mais tarde passou a ser chamado Abraão] creu no Senhor, e isso lhe foi creditado como justiça". Essa declaração se tornou um refrão na biografia de Abraão (Romanos 4:1-25; Gálatas 3:6; Tiago 2:23). Abraão é o modelo de fé para cada seguidor das religiões monoteístas. Uma sinopse de sua história mostra o porquê.

Deus chamou a este homem que viveu no antigo Iraque para que deixasse sua família e sua terra para trás. Ele confiou em Deus e, por causa disso, deixou a Mesopotâmia e imigrou para Israel, seguindo apenas aquilo que Deus ainda mostraria para dar os próximos passos. E nada muito mais que isso para que prosseguisse em seu caminho. Por outro lado, Abrão, já com seus 90 anos, não tinha filhos biológicos, nem um único metro quadrado de terra em seu nome. No entanto, Deus prometeu que seus descendentes seriam uma grande nação, e Abraão creu que Deus cumpriria sua palavra. Por fim, e contra todas as probabilidades, Deus cumpriu sua promessa a Abraão, cujo filho biológico, Isaque, teve dois rebentos, e estes se multiplicaram tornando-se uma comunidade, que mais tarde se tornaria uma multidão.

Um cordão dourado, a promessa, se desenvolve ao longo da biografia de Abraão. É importante pensar nisso porque os cristãos seguram outra extremidade daquele cordão dourado ao depositar sua fé em Jesus. Essa promessa, que na Bíblia é chamada de Aliança, é um acordo juridicamente vinculativo. O conceito de aliança teoricamente fundamenta cada relacionamento que Deus firmou com qualquer pessoa. Você precisa estar seguro se pretende ter um relacionamento produtivo com Deus. A nossa fé em Jesus, a nossa ligação com o Espírito Santo e o nosso pertencimento ao corpo de Cristo dependem de uma aliança.

Veja como isso funciona e como sempre foi na relação com Deus. Uma aliança, ou testamento, é basicamente um acordo entre duas partes. Entre os antigos, havia uma espécie de contrato conhecido como acordo de suserano. As regras eram bastante simples: (1) a maior entre as duas partes estabelecia as condições; (2) essas condições estabeleciam a recompensa se o contrato fosse mantido e, por outro lado, a punição se ele fosse quebrado; (3) geralmente, a aliança era ratificada por um sacrifício de sangue, a fim de demonstrar a seriedade do mesmo. Havia a possibilidade de os dois caminharem juntos entre a carcaça que havia sido cortada ao meio, como compromisso de lealdade ao contrato. Isso parecia ser um símbolo indicando que aquele fim experimentado pelo animal poderia se tornar o destino daquele que quebrasse o contrato (Jeremias 34:18). Era pouco mais pesado que um simples aperto de mão. Foi exatamente isso que Deus fez com Abraão em Gênesis 15:7-21.

As Principais Alianças Na Bíblia

As duas alianças mais importantes da Bíblia compõem o Antigo e o Novo Testamentos. A primeira delas veio a partir de Moisés e a segunda por meio de Jesus. O Antigo Testamento inclui mais quatro importantes alianças, as quais foram estabelecidas com Adão, Noé, Abraão e Davi. Poderíamos detalhar melhor, mas aqui temos um sumário que nos basta:

A Aliança	Condição(ões)	Bênçãos	Maldições
Adão	Não comer do fruto de uma árvore	Comunhão com Deus	A morte e o exílio
Noé	Construir uma arca	Sobrevivência	Destruição
Abraão	Circuncisão	Descendência e a terra	Ser cortado do plano divino
Moisés	Os Dez Mandamentos	A Terra Prometida e o Reino	Exílio
Davi	Fidelidade a Javé	Trono em Israel	Divisão do Reino
O Novo	Fidelidade a Jesus	Vida eterna	Condenação eterna

A partir desse modelo, vamos nos deter de maneira mais específica na aliança de Abraão, o que nos ajudará a formular um mapa mental acerca da nossa aliança com Cristo. Deus fez a seguinte promessa a Abraão:

"Farei de você um grande povo e o abençoarei. Tornarei famoso o seu nome, e você será uma bênção. Abençoarei os que o abençoarem, e amaldiçoarei os que o amaldiçoarem; e por meio de você todos os povos da terra serão abençoados." (Gênesis 12:2-3)

Dê mais uma olhada na última frase. Ela garante que os descendentes de Abraão impactariam profundamente o mundo. Mas como? A maioria dos rabinos judeus interpretaram essa promessa como uma adesão das nações à Israel, se voltando para ela e se arrependendo. Como resultado, essas nações seriam abençoadas. Era uma perspectiva focada internamente na religião, ou seja, venha para Israel, torne-se Israel e você será abençoado com Israel.

No entanto, alguns rabinos, dentre os quais Jesus, interpretavam que a promessa de Abraão deveria ter um olhar para fora. Os "de fora" não virão até nós. Temos de ir até eles. A terra será abençoada ao deixarmos nossas casas e irmos ao lugar aonde Deus nos manda para anunciar o que Deus falou. Tal ação de espalhar o conhecimento de Deus resultaria na inclusão de todas as culturas, não a proteção de uma única. Jonas é o melhor exemplo disso no Antigo Testamento. O profeta Jonas queria manter seu foco na religião interna; Deus o obrigou a ir além das suas próprias limitações.

Paulo afirmou em Romanos 11:29 que "os dons e o chamado de Deus são irrevogáveis". Deus possuía um compromisso de honra em abençoar o filho de Abraão. Então, quando Abraão teve um filho de Hagar, serva de sua esposa, Deus honrou sua promessa. É por esta razão que Ismael tinha direito a uma herança similar à de Isaque. Ambos eram filhos biológicos de Abraão, por meio de quem a bênção de Deus era recebida. Muito embora o Messias não seja descendente da linhagem de Ismael, a bênção de Deus foi também a ele estendida. Deus disse a Abraão:

> "E, no caso de Ismael, levarei em conta o seu pedido. Também o abençoarei; eu o farei prolífero e multiplicarei muito a sua descendência. Ele será pai de doze príncipes e dele farei um grande povo. Mas a minha aliança, eu a estabelecerei com Isaque, filho que Sara lhe dará no ano que vem, por esta época." (Gênesis 17:20–21)

Desde então, tem havido uma tensão sangrenta. Os descendentes de Ismael, representados na modernidade pelos estados islâmicos do Oriente Médio, estão entre os povos que mais se opõem a Jesus, o Messias. Um simples ato de incredulidade de Abraão trouxe consequências permanentes, com as quais ainda lidamos nos dias de hoje.

Quando observamos a Aliança de Deus, colhemos bons frutos. Quando tentamos impor o nosso querer sobre a vontade de Deus, podem advir consequências devastadoras.

Por Que Isso Tudo É Importante?

Em termos práticos, existem três importantes implicações disso.

Primeiro, *temos um relacionamento com Deus baseado em uma aliança,* o que implica tanto em responsabilidade quanto em participação. Deus nos chama para ser parte de uma nação, uma herança, um povo. Nós chamamos isso de igreja, mas é bem maior que isso. Somos membros de um projeto global — um reino — que se estende por todos os fusos horários e em todas as eras. A linhagem deste reino nos remete ao nosso Pai Abraão, aquele homem que seguimos como um exemplo de fé.

Em nossa caminhada com Jesus encontramos com maior frequência a palavra "nós" do que "eu". Quando perdemos de vista a aliança, nosso discipulado pode facilmente se deteriorar em regras religiosas, ou seja, no fazer meras coisas para Deus, em vez de cumprir nossas responsabilidades que resultariam em benefício da Sua família.

Em segundo lugar, *Jesus cumpriu todas as alianças anteriores.*

- A maldição sobre a aliança com Adão foi removida quando Jesus cumpriu a profecia de pisar na cabeça da serpente (Satanás) conforme Deus havia prometido em Gênesis 3:15: "este lhe ferirá a cabeça, e você lhe ferirá o calcanhar."
- A arca de Noé foi uma pequena sombra da nossa salvação prefigurando o batismo: "e isso é representado pelo batismo que agora também salva vocês — não a remoção da sujeira do corpo, mas o compromisso de uma boa consciência diante de Deus — por meio da ressurreição de Jesus Cristo" (1 Pedro 3:21).
- Deus pediu que Abraão sacrificasse seu filho prometido, Isaque. No último segundo, um anjo interveio e Deus providenciou um cordeiro, e então Abraão deu àquele lugar o nome de "O Senhor proverá" (Gênesis 22:14). Esse evento apontava para Jesus, o cordeiro providenciado por Deus.
- Inerente à aliança estabelecida com Davi, há a promessa de que seu herdeiro sentaria para sempre em seu trono. Jesus, citando as próprias palavras de Davi, afirmou que ele mesmo era o rei prometido: "O Senhor disse ao meu Senhor: Senta-te à minha direita" (Mateus 22:44).
- Na noite anterior à morte de Jesus, ele estabeleceu uma ligação entre a aliança de Moisés com a nova aliança. O cordeiro pascal foi um prenúncio do "Cordeiro de Deus, que tira o pecado do mundo" (João 1:29). O registro desse momento é encontrado em Mateus 26:27-28: "Em seguida tomou o cálice, deu graças e o ofereceu aos discípulos, dizendo: 'Bebam dele todos vocês. Isso é o meu sangue da aliança, que é derramado em favor de muitos, para perdão de pecados.'"

Terceiro, a fé é a condição para cada aliança. A maioria das pessoas define a fé como uma simples crença, ou seja, uma crença irracional. Contudo, de acordo com a Bíblia, a fé não é um salto no escuro, mas um caminhar na luz. Tendo Deus demonstrado sua fidelidade, Abraão ofereceu a ele sua lealdade. Fé é isso!

Aqui temos um exercício simples que pode mudar tanto sua visão quanto sua prática de fé. Sempre que você encontrar a palavra *fé* na Bíblia, substitua-a pela palavra *fiel*. Essa substituição tornará a passagem mais clara na maioria das vezes em que o termo aparece. Por exemplo, vamos reformular o versículo-chave desta semana: "[Abraão] *foi fiel* ao Senhor, e imputou-lhe isto por justiça" (Gênesis 15:6).

Utilizando a terminologia de um casal (outro tipo de relacionamento estabelecido por aliança), se o marido afirma que confia na esposa, ele está fazendo um elogio; mas, se ele diz que é fiel esposa, está afirmando um compromisso.

A fé oscila de acordo com nossas emoções e circunstâncias. A fidelidade permanece inabalável naquilo que se compromete. O cumprimento de nossas promessas decorre do amor que nutrimos pela pessoa por quem juramos lealdade. A força desta relação é equivalente à sua capacidade de se manter fiel à aliança feita. Esse princípio é verdadeiro nos negócios, no casamento, nas relações internacionais e, mais importante, em nosso relacionamento com Deus. Mantenha a fé!

Pontos-chave

- A confiança que Abraão tinha em Deus (fé) é o modelo de fidelidade para os cristãos do nosso tempo;
- Uma aliança é um contrato entre duas partes que inclui termos, condições e consequências;
- Todas as antigas alianças da Bíblia foram cumpridas por Jesus.

Esta semana

☐ **PRIMEIRO DIA:** Leia o texto da semana.

☐ **SEGUNDO DIA:** Memorize Gênesis 15:6.

☐ **TERCEIRO DIA:** Leia Gênesis 21:1–22:18.

☐ **QUARTO DIA:** Medite em Gênesis 12:1-9; Romanos 4; Gálatas 3:6.

☐ **QUINTO DIA:** Leia Romanos 3:21-31, substituindo a palavra *fé* por *fidelidade*.

Desafio de Superação: Memorize Gálatas 3:6.

Bônus de Leitura: Mont W. Smith, *What the Bible Says About Covenant*.

5

Santidade

> Eu sou o Senhor que os tirou da terra do Egito para ser o seu Deus; por isso, sejam santos, porque eu sou santo.
> —Levítico 11:45

Pergunta: Como posso viver conforme o padrão moral de Deus?

Quando falamos em santidade, surgem em nossa mente imagens de natureza religiosa com diversos sentidos. Isso é perfeitamente compreensível, uma vez que o termo "santo" é usado na Bíblia para se referir a todo tipo de objeto religioso, como, por exemplo, o templo, os sacerdotes, as vestimentas sagradas, o óleo da unção, os utensílios do santuário e os animais para sacrifício. Em várias partes da Bíblia observa-se que praticamente tudo o que era tocado pelo sacerdote durante a realização de seu ofício sacerdotal era considerado santo. Mesmo assim, é um engano colocar a "santidade" no mesmo patamar da "pureza". Em sua origem, o termo "santidade" não tem como designação principal o sentido de "sagrado". Ele traz mais a ideia de "separado para [algo ou alguma função]". Aqui está uma importante distinção a ser feita que, em última análise, afetará como você vê a si próprio.

A Declaração de Santidade

O que torna um objeto ou uma pessoa "santa"? A santidade se torna real quando Deus separa objetos comuns e os reivindica para seu uso de acordo com seu próprio propósito. Por exemplo, um terreno comum pode se tornar sagrado se Deus assim o revelar. Um simples animal ao ser separado para o sacrifício torna-se sagrado de uma hora para outra. Uma pessoa escolhida por

Deus se torna um pregador ou um profeta. Ao olhar estes exemplos, observa-se que não foi uma alteração na natureza do objeto ou da pessoa que o torna sagrado, mas por que houve uma mudança de finalidade em cada um deles. Em dado momento, eles eram comuns, podendo ser utilizados por qualquer pessoa. De repente, Deus os reivindica para seu próprio propósito. Eles continuam sendo a mesma "coisa" que eram antes, e nenhuma de suas propriedades físicas foram transformadas em um passe de mágica.

A santidade acontece quando Deus a declara, não quando a pessoa pratica. A nossa santidade é um dom que Deus nos concede, não um presente que entregamos a ele. A santidade é recebida, não alcançada. Essa simples verdade transformará a maneira como vemos a nossa posição diante de Deus. A santidade é algo que você exercita? Ela é evidenciada em suas ações? Bem, claro que ela é. No entanto, a nossa santificação resulta da declaração de santidade feita por Deus, não de outra maneira qualquer que seja. Somente quando Deus declara a nossa santidade, ou seja, a declaração de que ele quer nos "separar para", é que esta penetra em nossas almas fazendo com que nossas ações sejam transformadas para se alinhar com o seu caráter e sua natureza.

Essa ideia de que a santidade é algo que recebemos, não que temos de alcançar, não devia ser um choque para ninguém. Todos nós fazemos a mesma coisa com objetos do dia a dia. Tome como exemplo uma escova de dentes. Trata-se de um objeto comum que pode ser usado para muitas finalidades. Mas, uma vez que você a colocar na sua boca, não permitirá que nenhum outro a utilize para nenhum outro propósito. Ou, então, imagine se você pegasse uma peça de tecido de linho branco e o usasse para confeccionar um lindo vestido e, depois, o vestisse em uma noiva. Seria impensável usar essa vestimenta para fazer sua caminhada matinal. Por quê? Porque, quando objetos comuns são santificados para um uso em particular, eles ficam "fora do alcance" — ou, para usar a terminologia bíblica, se tornam "santos".

Antes de prosseguir, só para garantir que estamos na mesma página, permita-me reiterar o que disse, de uma maneira ainda melhor. *Você é santo não em decorrência do seu desempenho, mas por causa do que Deus declarou.* Você não se tornará santo mediante a prática de ritos religiosos. Você não aumentará sua santidade por meio da disciplina pura e simples. Você se torna santo naquele milésimo de segundo em que Deus coloca sua mão sobre você e diz: "você é meu."

Com isso em mente, dê uma olhada no nosso versículo-chave. Em Levítico 11:45, Deus disse: "Eu sou o Senhor que os tirou da terra do Egito para ser o seu Deus; por isso, sejam santos, porque eu sou santo."

Observe que a declaração de santidade se baseia na seleção feita pelo próprio Deus e não decorrente da ação do povo de Israel. Entre todas as nações da Terra, Deus colocou sua mão sobre Israel e disse: "você é meu." A partir daquele momento, Israel foi separado para o serviço de Deus e escolhido para ser o seu povo. Tal declaração os tornou santos. De acordo com Êxodo 19:6, "vocês serão para mim um reino de sacerdotes e uma nação santa". O comportamento deles tornou-se santo? Nem tanto. Na verdade, Israel teve milhares de sacerdotes, mas um israelita comum não se envolvia no serviço sagrado. Por quê? Porque esperavam alguém "especial" para ser um mediador entre eles e Deus. Um indivíduo comum não pode somente se aproximar de Deus e orar. O cidadão comum não pode oferecer um sacrifício!

Se a santidade for baseada nas nossas próprias ações, então estavam corretos. Se, contudo, a santidade derivar da escolha feita por Deus, então infelizmente estavam errados.

Sempre foi a intenção de Deus que todos os seus seguidores tivessem um acesso pessoal a Ele assim como um sagrado propósito. No Novo Testamento, depois da morte e ressurreição de Jesus, um dos seus principais líderes, o apóstolo Pedro, repetiu a ordem dada no livro de Êxodo, só que desta vez aplicada à igreja: "Vocês, porém, são raça eleita, sacerdócio régio, nação santa, povo adquirido por Deus, para proclamar as obras maravilhosas daquele que os chamou das trevas para a sua maravilhosa luz" (1 Pedro 2:9).

O que isso significa? Deus trocou Israel pela Igreja? Não, definitivamente não. A Igreja não substituiu Israel, ela cumpriu o destino último de Israel. Nós, que chamamos Jesus de "Senhor", fomos enxertados em Israel e, desta forma, adotados na linhagem abraâmica. O nosso livre acesso a Deus em oração, por meio do sangue de Jesus, é simplesmente um cumprimento e uma aceitação do plano original de Deus de conceder o status sagrado a cada israelita que o segue.

Esse é o destino último da Igreja, conforme retratado em Apocalipse 20:6: "Felizes e santos os que participam da primeira ressurreição! A segunda morte não tem poder sobre eles; serão sacerdotes de Deus e de Cristo, e reinarão com ele durante mil anos." (Veja também Apocalipse 1:6; 5:10.)

A Prática da Santidade

A santidade se torna real quando Deus se revela. É a sua presença e a sua declaração que nos torna santos. Depois disso, as nossas ações se alinham com aquilo que Deus declarou. As nossas vidas representam a natureza do Deus que nos separou. Quando esquecemos disso, tentamos ganhar a graça de Deus em vez de permitir que sua graça nos transforme. Em vez disso, quando a prática da santidade é resultado da nossa gratidão e o temor é a nossa resposta natural por Deus ter nos escolhido, a nossa santidade declarada se transforma em obediência marcada pela humildade.

Esse é o ensino principal da passagem em 2 Timóteo 1:9, onde o apóstolo Paulo afirma que Deus "nos salvou e nos chamou com uma vocação santa, não em virtude das nossas obras, mas por causa da sua própria determinação e graça. Esta graça nos foi dada em Jesus Cristo desde a eternidade". Para uma multidão de expectadores, esse tipo de santidade é atrativo e digno de ser imitado.

Então, como é esse tipo de santidade?

Você já viu um jovem ficar apaixonado? Videogames dão lugar a passeios românticos. Refeições rápidas preparadas no micro-ondas são substituídas por jantares à luz de velas. Você pegou o espírito. Você não tem de culpar ou tiranizar um namorado por causa disso. Ele altera seu comportamento por causa dessa afeição.

Jake era um desses. Ele era um desses garotos adoráveis. Mas algo afetou sua personalidade o tornando um rapaz bastante agitado. Infelizmente, seu pai não estava por perto, o que não o tornou amargo, apenas imprudente. Então, durante o ensino médio, ele sempre optou pelo caminho mais fácil, que lhe proporcionasse prazer imediato, porque era ele quem animava a festa, ele escolheu a vida da diversão. Como era de se esperar, os esportes, as garotas e as drogas vieram de maneira fácil, o que não tornou sua vida mais fácil. Durante os anos do ensino médio, Jake enfrentou problemas com notas baixas, as quais o atormentavam grandemente nos fins de semana.

Essa não é uma história incomum. O seu encontro com Jesus foi comum. Nada nos detalhes seria considerado dramático. Depois da formatura, seu antigo treinador de futebol do ensino médio o convidou para ir à Igreja. De cabeça fria, ele ouviu a mensagem simples do evangelho. Então, Jake decidiu seguir a Jesus. Imediatamente e de uma vez por todas ele foi santificado. Ao mesmo tempo que o círculo de amigos de Jake mudou, seus passatempos e diversões também mudaram. De novo, essa não é mais uma dessas histórias malucas da graça com uma intervenção miraculosa. É simplesmente um processo normal de conhecer alguém que conquista o seu coração. Para Jake, sua escolha de abandonar as festas, drogas e bebedeira não foi uma batalha difícil. Ele estava colocando de lado a entrada quando chega o prato principal para ser servido.

Paulo explica isso da seguinte maneira:

Portanto, irmãos, rogo-lhes pela misericórdia de Deus que se ofereçam em sacrifício vivo, santo e agradável a Deus; este é o culto verdadeiro de vocês. Não se amoldem ao padrão deste mundo, mas transformem-se pela renovação da sua mente, para que sejam capazes de experimentar a vontade de Deus e comprovar o que é bom, o que é agradável e o que é perfeito. (Romanos 12:1-2)

Às vezes, a santidade torna-se um desafio. Sexo hoje à noite ou construir um casamento sólido para depois? Falar o que penso agora ou deixar a construção do relacionamento para depois? Roubar agora ou manter minha dignidade intacta para depois? Bem, essas não são decisões difíceis. A dificuldade está em deixar para depois — aquele irritante "depois". Quando resistimos à santidade, não é porque realmente acreditamos que aquilo que o mundo tem a nos oferecer é o melhor. Mas porque nós não acreditamos que a presença e a declaração de Deus de que somos santos sejam de fato reais.

É preciso repetir isso. Cada decisão que tomamos de abandonar a prática da santidade é porque não acreditamos que Deus está presente agora ou porque não acreditamos que ele virá a se revelar mais tarde. É por isso que Paulo insiste na santificação à luz das promessas de Deus: "Amados, visto que temos essas promessas, purifiquemo-nos de tudo o que contamina o corpo e o espírito, aperfeiçoando a santidade no temor de Deus" (2 Coríntios 7:1).

À luz (e no cerne) da nossa cultura, o chamado à santidade parece ser algo inocente e limitante. Contudo, do ponto de vista da eternidade, à luz da própria santidade de Deus, torna-se trivial qualquer sacrifício que fazemos relacionado à satisfação temporal. De fato, nos sacrificamos agora para receber uma recompensa futura. É importante ainda destacar o que é mais importante nesta vida: primeiro, (1) os caminhos de Deus são caminhos melhores, conduzindo a uma felicidade muito maior daquela que um indivíduo pode experimentar neste mundo; e (2) o fato de Deus ter nos escolhido merece que o representemos da melhor maneira possível.

Pontos-chave

- A santidade está baseada no fato de você ter sido escolhido, não no que você faz;
- Israel foi chamado para ser um reino de sacerdotes. A igreja é o cumprimento desse chamado depois que Israel falhou;
- Um comportamento reto é a resposta natural e apropriada de uma pessoa que é chamada a viver uma vida digna que esteja de acordo com o propósito de Deus.

Esta semana

☐ **PRIMEIRO DIA:** Leia o texto da semana.

☐ **SEGUNDO DIA:** Memorize Levítico 11:45.

☐ **TERCEIRO DIA:** Leia 2 Samuel 11; Salmos 51.

☐ **QUARTO DIA:** Medite em Êxodo 19:6; 2 Coríntios 7:1; 1 Pedro 2:9.

☐ **QUINTO DIA:** Procure um lugar para você realizar serviços voluntários, assim você poderá descobrir o propósito de Deus para sua vida.

Desafio de Superação: Memorize Êxodo 19:6.

Bônus de Leitura: Jerry Bridges, *The Pursuit of Holiness*.

6

Jesus e Moisés

> Levantarei do meio dos seus irmãos um profeta como você; porei minhas palavras na sua boca, e ele lhes dirá tudo o que eu lhe ordenar.
>
> —Deuteronômio 18:18

Pergunta: Jesus é aquele que haveria de substituir Moisés?

De acordo com a promessa de Deus, o Messias seria uma pessoa semelhante a Moisés. Os rabinos conheciam bem tal profecia. Para eles, Moisés prefigurava o futuro Messias. Os cristãos entenderam da mesma maneira, considerando Jesus como o novo Moisés. Ambos foram libertadores, legisladores e pastores. Os dois foram resgatados do Egito quando crianças, foram provados no deserto e sofreram pela nação.

Comparar qualquer judeu ao fundador da nação seria no mínimo uma afirmação escandalosa. Seria melhor demonstrar isso do que simplesmente declarar. De qualquer maneira, as comparações mais efusivas envolvendo Jesus e Moisés no contexto do Novo Testamento, foram, em sua maioria, alusões e não propriamente afirmações. Mesmo assim, o imenso volume dessas comparações representa um argumento convincente de que Jesus cumpriu a profecia messiânica.

Então, vamos dar uma olhada no Novo Testamento para ver como são essas alusões. Podemos começar com Jesus mesmo. No sermão da montanha, encontramos seis menções como esta: "Moisés disse... mas eu digo" (Mateus 5:17-48). Uma afirmação bastante ousada, considerando o clima religioso da época. De maneira bastante clara, Jesus se considerava mais do que um simples intérprete da lei de Moisés, mas sim aquele que não só cumpriria a lei de Moisés, mas também ampliaria aquela lei dada por Deus.

Mateus parecia concordar com essa visão, já que todo o seu livro foi produzido à sombra de Moisés. Jesus reflete Moisés desde o seu nascimento. No Egito, ele foi salvo da tirania de um déspota. Ele também foi provado no deserto depois de passar pelas águas. Os cinco maiores sermões de Jesus apontavam para a Torá, os cinco livros de Moisés. Tanto Jesus quanto Moisés ficaram conhecidos por serem líderes humildes (Números 12:3; Mateus 11:29; 21:5). Os dois travaram uma conversa no topo de uma montanha por ocasião da transfiguração (17:3). Ainda, na Última Ceia, Jesus estava participando da refeição pascoal, a qual fora estabelecida por Moisés (26:17-29). Não resta dúvidas de que Moisés era uma prefiguração de Jesus.

Contudo, para Lucas, fica bem claro que não há como colocar Jesus no mesmo pé de igualdade que Moisés. Em sua maneira de ver, Jesus é infinitamente maior do que Moisés. Isso porque, primeiramente, na ocasião da transfiguração, Lucas registrou a voz de Deus em frente a Moisés, a qual dizia: "Ouçam a ele" (Lucas 9:35). Para ele, Jesus é o incomparável Filho de Deus. Mais tarde, Lucas registraria esta vívida declaração de Paulo a respeito de Jesus: "Por meio dele, todo aquele que crê é justificado de todas as coisas das quais não podiam ser justificados pela lei de Moisés" (Atos 13:39).

Deixando o Evangelho Segundo Lucas e olhando o Evangelho de João, da mesma maneira, identificamos a superioridade de Jesus, o Messias, em relação a Moisés, o profeta. Em João 3:14-15, Jesus faz uma alusão ao livro de Números, citando a passagem de 21:4-9, que relata como víboras mortais apareceram causando terror e atacando os israelitas rebelados. Moisés clamou a Deus para que abrandasse aquela situação. Para resolver o problema, Deus mandou que Moisés colocasse uma serpente de bronze no alto de um poste. Qualquer israelita que olhasse com fé para a serpente levantada era curado da picada mortal. Jesus comparou sua morte por crucificação com a serpente de bronze de Moisés: "Da mesma forma como Moisés levantou a serpente no deserto, assim também é necessário que o Filho do homem seja levantado, para que todo o que nele crer tenha a vida eterna" (João 3:14-15).

Já no capítulo cinco do mesmo evangelho, encontramos Jesus debatendo com os líderes religiosos. Na ocasião, Moisés é invocado a testemunhar:

"Não pensem que eu os acusarei perante o Pai. Há outro que os acusa: Moisés, em quem estão as suas esperanças. Se vocês cressem em Moisés, creriam em mim, pois ele escreveu a meu respeito. Porém, se não creem no que ele escreveu, como crerão no que eu digo?" (5:45–47).

Portanto, nos capítulos 3 e 5 do Evangelho Segundo João, Jesus é apresentado como alguém superior a Moisés, e não seu igual. Jesus não apenas é o cumprimento da profecia feita por Moisés. Mais que isso, Ele o suplanta.

No capítulo seguinte de João, há um grande debate sobre o maná (6:26–58). Declarou-lhes Jesus: "Digo-lhes a verdade: Não foi Moisés quem lhes deu pão do céu, mas é meu Pai quem lhes dá o verdadeiro pão do céu. Pois o pão de Deus é aquele que desceu do céu e dá vida ao mundo" (João 6:32-33). De maneira inequívoca, Jesus declara sua superioridade em relação a Moisés. Ele não era um simples mensageiro de Deus; Jesus é a dádiva de Deus, o pão da vida (versículo 48). Além disso, os israelitas que viviam sob a lei de Moisés comeram o maná no deserto e morreram. Contudo, Jesus é "o pão que desce do céu e que fornece vida eterna" (versículos 48-51). Esse texto exalta a Jesus muito acima de Moisés.

Da mesma maneira, Paulo traçou um paralelo entre o primeiro e o segundo redentor. Para o apóstolo, Jesus é infinitamente superior ao primeiro. Isso fica bem claro na alegoria que faz em 1 Coríntios 10:1-4 na qual menciona Moisés e sua peregrinação pelo deserto. Nessa passagem, Jesus não é comparado a Moisés, o libertador (o qual parece ser uma conexão bastante óbvia). Em vez disso, Jesus é a rocha da qual os israelitas beberam água: "e beberam da mesma bebida espiritual; pois bebiam da rocha espiritual que os acompanhava, e essa rocha era Cristo" (versículo 4; veja também Êxodo 17:6). Em outras palavras, Moisés era um mensageiro de Deus para Israel, enquanto Jesus era a dádiva de Deus para Israel.

No capítulo 6 de João, o enfoque está no maná e no pão da vida; já no capítulo 10 de 1 Coríntios, o destaque está na rocha e na água da vida. Nos dois casos, Jesus é apresentado como sendo superior a Moisés.

Encontramos outro exemplo em 2 Coríntios 3:13-18, na ocasião em que Paulo recorda o incidente ocorrido em Êxodo 34:33. Após o encontro de Moisés com Deus no Monte Sinai, sua face brilhava porque ele contemplara a presença de Deus. De alguma maneira, ele absorveu um pouco a glória de Deus. Contudo, essa afetação não permaneceu por muito tempo. Moisés cobriu sua face depois de falar à multidão para que eles não vissem a glória esvanecer. De fato, nós não sabemos o número de vezes que este ciclo se repetiu: conversar com Deus, falar com a multidão, cobrir a face desvanecente.

Ao comparar Moisés com Jesus, Paulo faz um paralelo entre a glória esvanecente de Moisés e a glória imarcescível de Jesus do cristianismo: "E todos nós, que com a face descoberta contemplamos a glória do Senhor, segundo a sua imagem estamos sendo transformados com glória cada vez maior, a qual vem do Senhor, que é o Espírito" (2 Coríntios 3:18). Nesse texto, a partir de uma alegoria, a glória da lei é associada à glória esvaecente da face de Moisés. A razão desse desvanecimento era porque a lei seria superada por Jesus. Fica bastante claro que Moisés não estava sendo comparado a Cristo, mas ao cristianismo. Cristo é a própria glória imarcescível, a manifestação de uma nova lei que substitui a antiga.

Resumindo, Jesus não é Moisés. Em vez disso, Ele é o maná, a água e a glória de Deus. Moisés, o mensageiro, cede o lugar a Jesus, o meio de ligação com Deus.

Esse é exatamente o sentido apresentado em Hebreus 3:3-6:

> Jesus foi considerado digno de maior glória que Moisés, da mesma forma que o construtor de uma casa tem mais honra que a própria casa. Pois toda casa é construída por alguém, mas Deus é o edificador de tudo. Moisés foi fiel como servo em toda a casa de Deus, dando testemunho do que haveria de ser dito no futuro, mas Cristo é fiel como Filho sobre a casa de Deus; e esta casa somos nós, se é que nos apegamos firmemente à confiança e à esperança da qual nos gloriamos.

Quase todos os autores dos livros do Novo Testamento estabeleceram paralelos entre Moisés e Jesus. Isso não é surpresa para ninguém, já que Abraão, Moisés e Davi correspondem às três figuras-chave da história de Israel. O que surpreende é a facilidade com a qual os primeiros crentes retrataram Jesus como superior a Moisés. Moisés instituiu a Páscoa; Jesus é o cordeiro do sacrifício providenciado por Deus. Moisés serviu o maná; Jesus é o pão que desceu do céu. De forma miraculosa, Moisés providenciou água da rocha; Jesus é aquela rocha.

Não deixe de notar a seriedade dessas verdades. Moisés era reverenciado em Israel. Na verdade, em muitos textos e tradições judaicas lhe é atribuído status de semideus. Ele era considerado um super-herói pelos judeus. A afirmação de que um simples carpinteiro era superior ao fundador da nação representava um ataque direto ao sentimento religioso dos judeus. Que movimento tectônico sem precedentes permitiu esta exaltação de Jesus? Como eles se atrevem colocar Jesus em uma posição superior a Moisés contrariando todas as nossas expectativas fruto dos nossos costumes? Como os primeiros seguidores de Jesus convenceram multidões a acreditar em tal afirmação?

Apenas duas razões contribuíram diretamente para essa alteração na maré. A primeira contribuição está relacionada à incomparável vida moral de Jesus, o que é resultado de uma demonstração real do poder de Deus em operação na alma humana. A segunda razão diz respeito à irrefutável ressurreição que testificou a vindicação de Deus acerca de Jesus como sendo seu Filho. Sem a vida de Jesus, sua morte e ressurreição, não haveria explicação válida de que a profecia de Moisés teria se cumprido na pessoa de Jesus, muito menos que Jesus tivesse suplantado o próprio status que Moisés possuía.

Pontos-chave

- Moisés, Abraão e Davi constituem o trio de heróis hebreus. Além disso, qualquer comparação entre Jesus e Moisés teria despertado a ira dos religiosos judeus;

- Quase todos os autores do Novo Testamento compararam Jesus a Moisés. Jesus não é apenas como Moisés; Ele é superior a este *superstar* hebreu;

- Qualquer explicação da superioridade de Jesus frente a Moisés deve estar fundamentada na imaculada vida moral de Jesus e em sua ressurreição.

Esta semana

☐ **PRIMEIRO DIA:** Leia o texto da semana.

☐ **SEGUNDO DIA:** Memorize Deuteronômio 18:18.

☐ **TERCEIRO DIA:** Leia Êxodo 2-3.

☐ **QUARTO DIA:** Medite em João 5:45-47; Atos 13:39: 1 Coríntios 10:1-4.

☐ **QUINTO DIA:** Pergunte ao seu colega de trabalho ou da escola sobre o que o atual presidente dos Estados Unidos teria de fazer para se tornar maior que George Washington. Depois de ouvir a resposta, explique que Jesus foi maior que Moisés, e aproveite essa oportunidade para tornar Jesus conhecido daquela pessoa.

Desafio de Superação: Memorize Atos 13:39.

Bônus de Leitura: Dale C. Allison Jr., *The New Moses*: A Matthean Typology.

7

O Reino de Deus

Não considere a sua aparência nem sua altura, pois eu o rejeitei. O Senhor não vê como o homem: o homem vê a aparência, mas o Senhor vê o coração.

—1 Samuel 16:7

Pergunta: Como se tornar um grande líder?

No plano original de Deus para Israel, o próprio Javé (nome de Deus para os judeus) seria seu único soberano. Essa visão de Deus de ser o governador exclusivo de Israel integra a história dos hebreus: "Pois o Senhor é o nosso juiz, o Senhor é o nosso legislador, o Senhor é o nosso rei; é ele que nos salvará" (Isaías 33:22).

O Desejo de Israel de Ter um Rei Humano Representou uma Rejeição ao Governo de Deus

O propósito de Deus ser o soberano de Israel era tão claro que o estabelecimento da monarquia judaica representou uma rejeição ao próprio Javé. Samuel, o primeiro grande profeta de Israel, ficou chocado com o pedido de Israel de um rei para os governar. O profeta os alertou quanto ao custo envolvendo um monarca terreno. "Ele tomará os filhos de vocês para servi-lo como soldados, as filhas de vocês para serem criadas e partes das colheitas como tributos" (1 Samuel 8:11-15). No entanto, Deus consentiu que o povo fosse atendido em sua demanda. Deus falou ao profeta, Samuel: "Atenda a tudo o que o povo está lhe pedindo; não foi a você que rejeitaram; foi a mim que rejeitaram como rei" (versículo 7). Embora isso tenha ocorrido muito tempo atrás, todos sabemos que esse tipo de escolha implica deixar de confiar em Deus, depositando a confiança em qualquer outra coisa, como o dinheiro, o poder, os relacionamentos ou o sexo.

Samuel tentou alertá-los disso por três vezes, sem sucesso (1 Samuel 10:19; 12:15, 20). Mas Israel estava empolgado demais com a ideia de monarcas humanos.

Na verdade, a proteção militar era o que realmente os motivava a ter um rei. Eles confiaram mais em um combatente humano do que em um Deus invisível, muito embora, ao longo de toda a história do povo de Israel, Javé tenha provido proteção extraordinária. Contudo, aparentemente a monarquia invisível de Deus também levou a uma anarquia visível. Por duas vezes encontramos relatos a respeito disso: "Naquela época não havia rei em Israel; cada um fazia o que lhe parecia certo" (Juízes 17:6; 21:25). Esse era um texto secundário do livro de Juízes. Ficou claro que Israel precisava de um rei para governar a nação.

Eles não estavam satisfeitos com aquele governo teocrático, razão pela qual estavam inquietos. Ao rejeitar Deus, receberam dele a permissão para ter um rei humano em Israel. Mais tarde surgiram as inevitáveis consequências.

Saul, um Homem que Todo Mundo Desejava como Rei

Saul foi a primeira experiência de Israel com a monarquia. A partir de uma perspectiva humana, ele cumpria todos os requisitos. Era de família rica, alto, forte e atraente (1 Samuel 9:1-2). Mas, se você olhar melhor para seu modo de fazer as coisas, encontraria uma quantidade enorme de defeitos imperdoáveis.

Saul fez exatamente o que Deus falou para que ele *não* fizesse. Um exemplo disso foi quando suas tropas encontravam-se perturbadas depois da batalha em Gilgal. Saul foi além das suas competências ao oferecer o sacrifício antes que Samuel chegasse (13:8-9). Por causa dessa insubordinação, Deus tirou-lhe o reino, muito embora ele tenha permanecido no trono por aproximadamente mais uns 40 anos. As seguintes palavras marcam o fim da sua dinastia: "Mas agora seu reinado não permanecerá; o Senhor procurou um homem segundo o seu coração e o designou líder de seu povo, pois *você não obedeceu ao mandamento do Senhor*" (1 Samuel 13:14).

Depois deste incidente, Saul fez um voto que acabou não cumprindo. Ele havia feito um voto bobo completamente desnecessário. Os homens de Israel estavam exaustos naquele dia, pois Saul havia lhes imposto um juramento, dizendo: "Maldito seja todo o que comer antes do anoitecer, antes que eu tenha me vingado de meus inimigos! Por isso ninguém tinha comido nada" (1 Samuel 14:24). Naquele dia, Jônatas estava na frente de batalha numa perseguição acirrada aos filisteus, portanto, não tomou conhecimento do voto feito pelo pai. Querendo ganhar energia para a batalha, Jônatas provou mel mergulhando a ponta de seu equipamento em um favo (versículo 27). Ao tomar conhecimento do ocorrido, Saul ficara obrigado a cumprir seu juramento, tendo de executar seu próprio filho. Seus soldados o convenceram a mudar de ideia e não deixaram que Jônatas fosse morto (versículos 43-45).

Além disso, todos testemunharam Saul deixando de cumprir um mandamento bastante específico que fora ordenado por Deus. Isso aconteceu depois que Deus lhe falou para erradicar todos os seres viventes entre os Amalequitas. Deus estava fazendo justiça castigando os Amalequitas por terem atacado os israelitas durante a sua peregrinação rumo à terra prometida. (Deuteronômio 25:17-19; 1 Samuel 15:2-3). Saul *afirmou* de maneira categórica que tinha obedecido ao mandamento de Deus (1 Samuel 15:13). Porém, ao ouvir o balido das ovelhas dos Amalequitas, Samuel percebeu que Saul estava mentindo (versículo 14). Saul tentou explicar sua desobediência jogando a culpa para cima dos soldados e justificando que os animais foram mantidos vivos para serem sacrificados a Deus (versículo 15), mas suas ações falaram mais alto.

Aquela foi a gota d'água. Deus falou a Samuel: "Arrependo-me de ter feito Saul rei, pois ele me abandonou e não seguiu as minhas instruções" (1 Samuel 15:11).

Dê uma olhada nessa pequena biografia e você encontrará defeitos mortais em Saul. Em primeiro lugar, ele dava mais importância à opinião dos outros do que às ordens de Deus. Todas as vezes que a opinião pública conflitava com uma ordem clara recebida de Deus, ele falhava. Segundo, Saul promovia seu reinado mediante manipulação em vez de descansar à sombra da aprovação divina. Ele forçava a situação para obter os resultados que queria em vez de aguardar pela provisão de Deus. Terceiro, quando Saul falhava, ele culpava outra pessoa. Quando um líder não assume as responsabilidades por suas próprias falhas, ele está fadado a repetir seus erros.

Mas por que estamos falando tanto em Saul se Davi é o tema central da nossa passagem principal? A verdade é que, se não observarmos as fraquezas de Saul, não daremos o devido valor a seu substituto, Davi.

A reação de Deus diante dos atos de Saul foi enviar o profeta Samuel para que ungisse um novo rei. Do ponto de vista humano, Saul era o homem perfeito para a posição. Era alto, forte e capaz. Mas, de acordo com os olhos de Deus, nenhuma dessas características o qualificavam. Deus busca líderes produzidos com um material diferente. Veja a orientação de Deus a Samuel: "Não considere a sua aparência nem sua altura, pois eu o rejeitei. O Senhor não vê como o homem: o homem vê a aparência, mas o Senhor vê o coração" (1 Samuel 16:7; veja 13:14; Atos 13:22).

Davi, um Homem Segundo o Coração de Deus

A razão pela qual Davi se tornou um líder modelo em Israel foi precisamente porque ele colocou sua liderança nas mãos de Javé, o Supremo Rei de Israel. Ele era um simples servo de Deus disposto a conduzir o povo de Deus de acordo com as suas leis. O alvo de Davi era a glória divina, não a sua própria. Ele lutou para honrar a Deus, não em função da reputação própria. Esse é o tipo de líder que Deus busca. Na verdade, é assim que Deus quer que você seja dentro de seu círculo de influências.

Davi busca a Deus de coração. Ele se tornou o rei ideal por essa razão. Contudo, ele não foi um rei perfeito. A verdade é que ele falhou em diversos níveis, da mesma maneira que você e eu falhamos. É por isso que Israel precisava de um Messias, um rei que liderasse segundo o coração de Deus e não alguém voltado para si próprio. É por isso que nós precisávamos de Jesus Cristo. As fraquezas de Davi não o desqualificaram para ser um líder, mas o desqualificavam para comandar o reino de Deus perpetuamente.

Muito embora Davi fosse um ser humano imperfeito, ele se tornou o modelo no qual foi depositada a esperança da vinda do Messias. A vida e o legado de Davi apontam para Jesus. Em 1 Samuel 16:7, encontramos um lembrete poderoso para considerarmos o que está no coração do homem, e não na sua aparência.

Qual Foi o Conceito de Jesus Sobre o Reino?

Jesus sabia que era o Supremo Rei de Israel. E, de muitas maneiras, ele deve ter olhado para Davi, seu predecessor, como modelo para seu próprio estilo de liderança. Embora Jesus tivesse reclamado o reino (Mateus 4:17), ele nunca reclamou seu título de rei abertamente. Ele jamais formou um grupo armado, tampouco legislou. Nunca sentou em um trono. Por quê? Porque Jesus se considerava rei sem reivindicar sua posição real durante o tempo em que viveu aqui na Terra. Há duas principais razões para isso.

A primeira delas é que Deus é o único e verdadeiro rei. Sempre houve muita dúvida se a monarquia era uma boa ideia. As próprias Escrituras a consideram um desvio do plano original de ordenação política. Jesus devia ter muita dúvida a respeito de qualquer função de liderança que lembrasse os antigos reis de Israel. Não há dúvida, haveria de ter um governante da linhagem de Davi para estabelecer o reino de Deus (2 Samuel 7:12). Mas como ele seria? Talvez um "juiz" semelhante ao que foi Moisés fosse para Jesus um tipo de governo melhor que a monarquia.

Uma vez que a mensagem principal de Jesus era sobre o reino de Deus, era óbvio que ele estava mais interessado no governo de Deus do que no seu próprio. Ele sabia bem que a crítica à monarquia era uma tradição em Israel.

A segunda razão decorre de que, se Jesus governasse Israel, ele teria de ser diferente de todos os outros reis em, pelo menos, quatro aspectos: primeiro, ele teria de promover e defender o governo único de Javé (1 Samuel 12:12–15). Segundo, ele teria de viver de acordo com as leis de Deus conforme apresentadas na Torá e impô-las (Deuteronômio 17:18-19). Terceiro, ele deveria viver junto de seus conterrâneos israelitas bem como viver para eles, porque todos foram criados à imagem de Deus (versículos 15,20). E, quarto, ele empregaria seu poder com generosidade para fazer justiça em benefício dos pobres (Jeremias 22:3-4). É exatamente isso o que vemos acontecer no ministério de Jesus.

A monarquia não estava no projeto original de Deus para Israel. Ela veio com dores de parto e feridas insanáveis. Mesmo que Deus tenha permitido esse tipo de governo, a monarquia parece ter sido um mal necessário. Sim, Jesus era um descendente de Davi com uma função real a desempenhar. Mas seu estilo de liderança deveria ser caracterizado pela submissão e pelo sacrifício.

Se esse é o tipo de reino idealizado por Jesus, os evangelhos conseguiram capturá-lo com muita precisão. Por essa razão, é possível afirmar que 1 Samuel 16:7 é mais precisamente uma descrição de Jesus como Messias do que de Davi como Rei. Esse também deveria caracterizar a nossa própria ambição se estamos desejosos de seguir os passos de Davi e os de Jesus.

Pontos-chave

- O reinado humano nunca foi o ideal porque contradizia o governo exclusivo de Deus para a nação de Israel;

- A autopromoção de Saul levou Deus a substituí-lo por Davi, um homem que buscava a Deus de coração;

- Jesus era rei por direito porque ele projetava essa autoridade de volta para Javé, o único verdadeiro rei de Israel.

Esta semana

☐ **PRIMEIRO DIA:** Leia o texto da semana.

☐ **SEGUNDO DIA:** Memorize 1 Samuel 16:7.

☐ **TERCEIRO DIA:** Leia 1 Samuel 15-16.

☐ **QUARTO DIA:** Medite em Juízes 21:25; 1 Samuel 8:1–18; 13:14.

☐ **QUINTO DIA:** Compartilhe este texto com um amigo ou mentor e veja os três defeitos fatais de Saul e as quatro características da liderança de Jesus. Peça a seu amigo ou mentor para pontuar seus maiores pontos fortes como imitador de Jesus e seus maiores riscos de ser conduzido de acordo com o modelo de Saul.

Desafio de Superação: Memorize 1 Samuel 13:14.

Bônus de Leitura: Gene Edwards, *A Tale of Three Kings*: A Study in Brokenness.

8

Jesus e Davi

> Quando a sua vida chegar ao fim e você descansar com os seus antepassados, escolherei um dos seus filhos para sucedê-lo, um fruto do seu próprio corpo, e eu estabelecerei o reino dele.
>
> —2 Samuel 7:12

Pergunta: Jesus foi um Rei Literal ou Espiritual?

Davi foi um herói nacional que conduziu Israel durante sua Era Dourada, tanto na esfera política quanto na espiritual. Ele ficou conhecido como o matador de gigantes, foi um músico famoso, construiu a nação e amava Deus, as mulheres e os amigos. É posicionado ao lado de titãs hebreus como Abraão e Moisés, que juntos compõem o trio de heróis hebreus. Não é surpresa para ninguém que as Escrituras registrem haver pessoas que ansiavam pelo retorno de Davi. E por que não? Israel chegou a seu ápice durante seu reinado.

Deus Prometeu um Novo Davi

Deus prometeu a Davi que ele sempre teria um de seus herdeiros ocupando o trono: "Quando a sua vida chegar ao fim e você descansar com os seus antepassados, escolherei um dos seus filhos para sucedê-lo, um fruto do seu próprio corpo, e eu estabelecerei o reino dele. Será ele quem construirá um templo em honra do meu nome, e eu firmarei o trono dele para sempre" (2 Samuel 7:13). Sua promessa é repetida na oração feita pelo salmista Etã, o Ezraíta:

> Tu disseste: "Fiz aliança com o meu escolhido,
>   jurei ao meu servo Davi:

Estabelecerei a tua linhagem para sempre
 e firmarei o teu trono por todas as gerações" (Salmos 89:3–4).

Deus falou por meio do profeta Isaías que "Um ramo surgirá do tronco de Jessé, e das suas raízes nascerá um broto" (Isaías 11:1).

O anseio pelo retorno de Davi foi registrado em inúmeros escritos judaicos que não fazem parte da Bíblia. Os Salmos de Salomão incluem a oração: "Tu, Ó Senhor, escolhestes a Davi (para ser) rei de Israel, e lhe fez um juramento solene no tocante à sua descendência que seu reino jamais falharia diante de Ti."[1] Nessa mesma direção aponta um dos rolos de Qumran encontrado junto ao Mar Morto, o qual predizia que a herança de Davi reinaria para sempre.[2] Mais tarde, o Talmude (aprox. 500 d.C.) anunciou que o filho de Davi viria com som de trovão e grande milícia.[3]

O anseio pela volta dos dias gloriosos de Davi é percebido em todas as correntes do judaísmo. Imagine o choque que deve ter causado quando os escritores dos evangelhos associaram essa grandiosa promessa a um simples carpinteiro. Quando todas as passagens correspondentes são unidas, elas se tornam uma pequena montanha.

O Cumprimento da Promessa de Deus na Pessoa de Jesus

O Novo Testamento é iniciado com uma genealogia. Sua leitura é considerada cansativa por muitos, até o ponto que se percebe aonde Mateus queria chegar com aquele detalhamento. O antigo cobrador de impostos foi brilhante na maneira como organizou sua lista de nomes, em três grupos de 14 gerações, conforme ele mesmo sintetiza: "Assim, ao todo houve 14 gerações de Abraão até Davi, 14 de Davi até o exílio na Babilônia e 14 do exílio até o Cristo" (Mateus 1:17).

É provável que você nunca tenha parado para conferir a matemática de Mateus. Fazendo um exame cuidadoso, descobriremos que o segundo grupo inclui somente 13 nomes, e não 14 como deveria ser. Será que Mateus errou na contagem? Conquanto que isso poderia ser possível, essa não deveria ser a primeira suspeita envolvendo o evangelista. Será que ele quis arredondar a contagem por conveniência? Para dizer a verdade, não se trata disso. Podemos comparar a genealogia de Mateus com a genealogia paralela que está registrada no capítulo 3 do primeiro livro das Crônicas. Naquela passagem, descobrimos que Mateus tinha retirado 17 nomes de lá e omitido outros 4. Por que ele fez isso?

Aparentemente, Mateus criou o grupo central para ter 13 nomes, não 14. No contexto da nossa sociedade moderna e mecanizada, aquilo não faz o menor sentido, porque para nós os números são dispostos para ser contados de forma precisa. No entanto, para os judeus, os números tinham valores simbólicos, não apenas valores numéricos. Nesse caso, Mateus estava fazendo o que todo pai judeu fazia quando distribuía sua herança. Ele dava uma porção dobrada para o irmão mais velho. Em sentido figurado, na lista de Mateus o irmão mais velho é Davi. Se contarmos Davi duas vezes, atribuindo-lhe dupla honra, então teremos precisamente 3 grupos de 14 nomes. Davi é a figura mais importante porque, sendo o rei dos judeus, ocupava uma posição central no Antigo Testamento. Olhe novamente a passagem de Mateus 1:1 e você encontrará uma pista escondida que lhe ajudará a entender o lugar de importância ocupado por Davi. Ele aparece no topo da lista, mesmo antes de Abraão, que viveu milhares de anos antes de Davi nascer.

Entretanto, se por um momento pensarmos como um judeu, veríamos algo que salta aos olhos de todo rabino: o número 14. Você sabe, a contagem dos judeus é feita com letras, não usando números. Cada letra do nome de uma pessoa possui um valor numérico. Em hebraico, Davi é soletrado com apenas três letras, correspondendo a *DVD* em português. No alfabeto hebraico, D corresponde à quarta letra e V à sexta. Ao juntar os valores das letras do nome de Davi, *D* mais *V* mais *D*, temos a seguinte equação: 4+6+4 = 14. Tal número encontrado na genealogia confirma a supremacia de Davi, o qual é concedido porção dobrada. Consequentemente, desde o parágrafo inicial do Novo Testamento, um leitor usando um quipá poderia facilmente juntar as peças. Jesus é o cumprimento da promessa que Deus fez a Davi que seus descendentes ocupariam o trono eternamente.

Mesmo Lucas, na qualidade de gentio, compreendeu a conexão existente entre Jesus e o Rei Davi. O anjo Gabriel anunciou à Maria que o filho que ela esperava "será grande e será chamado Filho do Altíssimo. O Senhor Deus lhe dará o trono de seu pai Davi" (Lucas 1:32). Essa era a razão pela qual o Messias teria de nascer em Belém, a cidade de Davi (Lucas 2:4,11). E foi também por isso que esse Filho de Davi entrou em Jerusalém, a capital, montado em um jumento, o que era costume dos outros reis quando eram coroados (Mateus 21:2-9,15).

Depois da ressurreição de Jesus, no primeiro sermão pregado por Pedro, ele afirmou aos ouvintes que Jesus era herdeiro de Davi; sobre o rei Davi, Pedro falou que "ele era profeta e sabia que Deus lhe prometera sob juramento que colocaria um dos seus descendentes em seu trono" (Atos 2:30).

O Concílio de Jerusalém foi um momento importante na história da igreja (Atos 15:1-29), quando foram debatidos assuntos relacionados aos princípios básicos da salvação. Os gentios teriam de se converter primeiro ao judaísmo para que então pudessem se tornar cristãos? Definitivamente não, foi a firme resposta. Mesmo não praticando a religião judaica, os gentios cristãos foram "nacionalizados" por meio da conversão. E, dessa maneira, se tornaram participantes do reino davídico. Tiago, o irmão de Jesus, cita a palavra de Deus proferida pelo profeta Amós, onde lemos: "Depois disso voltarei e reconstruirei a tenda caída de Davi. Reedificarei as suas ruínas, e a restaurarei" (Atos 15:16; paráfrase de Amós 9:11), afirmou que a casa de Davi era habitação também destinada aos gentios.

Paulo, o grande apóstolo, um antigo rabino, abre seu magistral livro de Romanos com uma descrição de Jesus com as seguintes palavras: "acerca de seu Filho que, como homem, era descendente de Davi, e que mediante o Espírito de santidade foi declarado Filho de Deus com poder, pela sua ressurreição dentre os mortos: Jesus Cristo, nosso Senhor" (Romanos 1:3-4). Já em sua última carta, continuava a destacar a ascendência davídica de Jesus: "Lembre-se de Jesus Cristo, ressuscitado dos mortos, descendente de Davi, conforme o meu evangelho" (2 Timóteo 2:8).

Podemos observar a mesma coisa nas palavras do apóstolo João em Apocalipse: "Então um dos anciãos me disse: 'Não chore! Eis que o Leão da tribo de Judá, a Raiz de Davi, venceu para abrir o livro e os seus sete selos'" (Apocalipse 5:5). Jesus afirmou o seguinte: "Eu, Jesus, enviei o meu anjo para dar a vocês este testemunho concernente às igrejas. Eu sou a Raiz e o Descendente de Davi, e a resplandecente Estrela da Manhã" (Apocalipse 22:16).

Por que Jesus Não Reivindicou o Trono?

Uma vez que o Novo Testamento não deixa dúvidas quanto a Jesus ser o herdeiro do trono de Davi, por que Ele nunca reclamou seu direito de forma aberta durante o período em que viveu aqui na Terra? É seguro afirmar que naquela encenação política que se observa na Entrada Triunfal em Jerusalém, bem como na purificação do templo, Jesus está claramente fazendo valer de sua posição real (Mateus 21:1-16). Nesse mesmo sentido, o ato de Jesus chamar os 12 apóstolos assemelha-se à formação de um gabinete político para comandar as 12 tribos de Israel. Tais ações foram suficientes para justificar sua crucificação sob a acusação de querer se tornar rei dos judeus. O procurador romano Pilatos chegou a mandar inscrever aquele título na cruz de Cristo (João 19:19). Contudo, Jesus nunca reivindicou ser rei de maneira aberta. Por quê?

É justamente aqui que entra em cena a lição anterior no primeiro livro de Samuel. Deus é o verdadeiro Rei de Israel (1 Samuel 16:7). Qualquer vassalo que venha a sentar-se no trono de Israel jamais deve usurpar a posição de Javé. A própria reclamação ao trono representa um perigoso passo na direção errada. O herdeiro legítimo ao trono deveria ser ungido por Deus sem nunca ter lutado para obter tal posição. Ele deveria ser elevado ao trono no tempo estabelecido por Deus, e não como fruto de sua própria campanha política. Foi justamente neste ponto que reis anteriores falharam, especialmente o rei Saul. Na tentativa de promover e proteger a si mesmos, eles terminaram destruindo seus reinos.

É na autoabnegação de Jesus que ele se torna, a exemplo do rei Davi, o verdadeiro modelo de reino voltado aos interesses de Deus. Davi foi ungido muitos anos antes de finalmente poder se sentar no trono. Durante todos aqueles anos ele foi rejeitado, difamado, abusado e atacado, isso até o momento que o reinado de Saul chegou ao seu ponto final, depois de um longo processo de autodestruição. Assim, se inicia o governo de Davi em Israel. O mesmo ocorreu com Jesus. Seu sofrimento foi o prelúdio da sua coroação, isso porque em momento algum ele reivindicou seu trono.

> Por isso Deus o exaltou à mais alta posição e lhe deu o nome que está acima de todo nome, para que ao nome de Jesus se dobre todo joelho, no céu, na terra e debaixo da terra, e toda língua confesse que Jesus Cristo é o Senhor, para a glória de Deus Pai. (Filipenses 2:9-11)

Pontos-chave

- Deus prometeu a Davi um herdeiro para sentar no seu trono para sempre;
- O Novo Testamento declara que Jesus é o cumprimento da promessa feita a Davi;
- Sendo Jesus o Rei que ocupa o trono de Davi, os cristãos são cidadãos do seu reino, ou seja, do reino de Israel.

Esta semana

☐ **PRIMEIRO DIA:** Leia o texto da semana.

☐ **SEGUNDO DIA:** Memorize 2 Samuel 7:12.

☐ **TERCEIRO DIA:** Leia Mateus 21-22.

☐ **QUARTO DIA:** Medite em Mateus 1:1; Filipenses 2:9-11; Apocalipse 5:5.

☐ **QUINTO DIA:** Pergunte ao seu pastor qual seria a diferença prática entre ser um cidadão do reino e ser apenas um membro de igreja.

Desafio de Superação: Memorize Filipenses 2:9-11.

Bônus de Leitura: Norman Perrin, *The Kingdom of God in the Teaching of Jesus.*

9

Encontrando a Felicidade

Como é feliz aquele
  que não segue o conselho dos ímpios,
não imita a conduta dos pecadores,
  nem se assenta na roda dos zombadores!
Ao contrário, sua satisfação está na lei do Senhor,
  e nessa lei medita dia e noite.

É como árvore
  plantada à beira de águas correntes:
Dá fruto no tempo certo
  e suas folhas não murcham.
Tudo o que ele faz, prospera!

—Salmos 1:1–3

Pergunta: Deus quer que você seja feliz?

Antes de responder a essa pergunta, precisamos estar bem conscientes de que a felicidade é uma busca de todo ser humano. A busca por felicidade é tão forte quanto o desejo por comida, sexo ou sono. É por isso que as pessoas são inclinadas a determinar sua ética pelo sentimento de felicidade. Se um relacionamento, hábito ou ação me deixa feliz, então isso deve ser moralmente correto. Certo?

Talvez devêssemos refletir melhor sobre isso.

Será mesmo que deveríamos determinar o que é certo com base no que nos deixa feliz? É bastante comum pessoas usarem a felicidade para medir a moralidade de suas ações. Embora nenhum pai ou mãe aplique essa regra para seus filhos. Por quê? Porque seus pequenos poderiam ser destruídos caso essa regra lhes fosse aplicada. Para um garoto de 8 anos, a felicidade é saltar de skate de cima do telhado para dentro da piscina. Não, isso não pode. Crianças pequenas são apaixonadas por tomadas e ferramentas elétricas. Não pode. Os pais sabem que momentos de felicidade podem representar décadas de arrependimento. No entanto, continuamos ouvindo que, se algo nos faz feliz, então é correto. A artista Sheryl Crow fez uma verdadeira homenagem ao sentimento de felicidade com a canção *If it makes you happy, it can't be that bad* ["Se isso te faz feliz, não pode ser tão ruim", em tradução livre]. Quando transferimos sua letra para dentro da nossa teologia, ficaria mais ou menos assim: "Deus quer que eu seja feliz."

Mas ele quer mesmo isso?

Antes de eu te oferecer uma resposta, permita-me compartilhar minha experiência como pastor. Em 100% das vezes que uma pessoa diz, "Deus quer que eu seja feliz", ela está a ponto de cometer um erro trágico, quase sempre relacionado ao seu casamento. Um marido justifica à sua esposa, "Deus quer que eu seja feliz. *Você* não me faz feliz. Aquela mulher que trabalha comigo me faz feliz". A sua felicidade é a grande prioridade de Deus? Não! Por outro lado, quando alguém diz, "Deus *não* quer que eu seja feliz" (quase sempre como resposta a uma situação difícil), nós responderíamos: "É claro que Deus quer que você seja feliz! Não fique aí prostrado, levante a cabeça e enfrente isso!"

Aqui está o paradoxo da felicidade no contexto do cristianismo: todos aqueles que invocam a Deus buscando a própria felicidade estão quase sempre errados e aqueles que invocam a Deus não buscando a própria felicidade também estão quase sempre errados.

Então, quem está certo?

Deus Quer Que Você Seja Feliz

Qual pai não deseja a felicidade de seus filhos? É provável que você já tenha ouvido o seguinte: "Deus não quer que você seja feliz, Ele quer que você seja santo!" Essa declaração parece razoável, pelo menos superficialmente. Contudo, esse pensamento apresenta um erro fatal, porque pressupõe que felicidade e santidade são princípios antagônicos, mas esses dois sentimentos não se excluem mutuamente. A Santidade e a felicidade andam de mãos dadas na maior parte das vezes.

A Bíblia é bastante explícita ao falar sobre o assunto: "Deleite-se no Senhor, e ele atenderá aos desejos do seu coração" (Salmos 37:4); "Alegrem-se no Senhor" (Filipenses 3:1); "Alegrem-se sempre" (1 Tessalonicenses 5:16); "Como vocês sabem, nós consideramos felizes aqueles que mostraram perseverança" (Tiago 5:11). O livro de Eclesiastes inteiro é um tratado sobre a felicidade, e o livro de Provérbios é um tipo de manual da felicidade. Portanto, quem diz que Deus deseja mais sua obediência que sua felicidade pode estar redondamente enganado. A obediência a Deus potencializa nossa felicidade.

Há uma passagem sobre esse assunto que se sobressai aos demais. Porém, antes de olhar na Bíblia, vamos dar uma olhada nos nossos corpos. De acordo com a ciência, fomos projetados para sermos felizes.

A Ciência da Felicidade

Quando Deus desenvolveu sua massa cinzenta, ele lubrificou as sinapses com três produtos químicos específicos que se relacionam à felicidade. Para seu cérebro, eles representam os refrescos da alegria.

A *oxitocina* é um hormônio que produz uma sensação de conforto. Ela é liberada com um aperto de mãos ou um abraço. A oxitocina produz uma sensação de segurança e de confiança.

A *dopamina* é o hormônio da aventura. Ela é liberada quando sua mente está em ação com alguma atividade e vigor criativo. Quando você inventa um novo produto, escreve uma música, resolve um problema ou aprende algo novo você está recebendo dopamina em gotas. Ela estimula a produtividade, o movimento e a aventura.

A *serotonina* é o hormônio do respeito. Esse neurotransmissor é liberado quando alguém pergunta a sua opinião, o trata com respeito ou aplaude seu desempenho.

Neste ponto, precisamos compreender algumas coisas que são muito importantes. Primeiro, esses hormônios são altamente viciantes. O que pode soar como algo negativo, não o é. Deus te presenteou com esses insaciáveis desejos por uma razão. Ele quer que você seja feliz. Seu projeto leva você nessa direção.

Segundo, esses hormônios vivem pouco tempo. Você recebe uma pequena esguichada que logo se dissipa. Sendo assim, Deus não o criou para permanecer em estado de felicidade por um período muito longo. Ao contrário, ele te fez para ter momentos curtos de felicidade, que precisam ser repetidos. Por quê? Porque a felicidade depende de hábitos persistentes que liberem bombinhas de hormônios. Como resultado, o projeto de Deus conduz ao desenvolvimento de hábitos duradouros que contribuam para a construção de comunidades saudáveis. É um projeto muito bem pensado.

Terceiro, a felicidade é um coquetel de hormônios que você pode controlar. Isso merece um pouco mais de explicação.

Além desses três hormônios, existem ainda outras três fontes de felicidade em cada ser humano: a genética, as circunstâncias e as escolhas. Qual desses três você considera pesar mais para a variação da sua felicidade?

Algumas pessoas são animadas por natureza, são otimistas até a alma. Outras, porém, bem mais pessimistas, ou realistas, como preferem ser chamadas. Ou seja, todos nós temos um "ponto determinado" para a felicidade. Para alguns, o parâmetro é pouco acima; para outros, em contrapartida, pouco abaixo. Mas a verdade é que todos nós temos algum grau de propensão biológica à felicidade. De acordo com uma pesquisa científica substancial, a genética corresponde por aproximadamente 50% na variação da nossa felicidade.

As circunstâncias são o segundo recurso de felicidade. A maioria de nós gasta muito da nossa energia tentado mudar as circunstâncias para ter mais felicidade, muito embora elas representem uma fração dessa equação. A nossa felicidade pode ser alterada pelas circunstâncias em apenas 10%. Ainda mais porque os altos e baixos nas circunstâncias que nos cercam não duram por muito tempo. Em média, a duração dos efeitos das circunstâncias em nosso sentimento de felicidade dura apenas 90 dias. Em um interessante estudo, os pesquisadores mediram a felicidade de ganhadores de loteria e de paraplégicos e tetraplégicos. Evidentemente, os paraplégicos e os tetraplégicos consideraram que o acidente que provocou sua condição foi um evento negativo, os vencedores de loterias classificaram como positivo o evento no qual a sorte lhes sorriu. Entretanto, nenhum dos dois eventos foram classificados de forma positiva ou negativa como era de se esperar, e quando perguntados acerca da expectativa quanto ao nível de felicidade para os anos seguintes, os dois grupos projetaram níveis de felicidade semelhantes.[1] Ou seja, o que faz as pessoas se sentirem felizes ou tristes não são as experiências que tiveram, mas sim as escolhas que fazem.

Por exemplo, escolher determinada dieta, tempo de descanso e tipos de relacionamento corresponde a 40% na variação da nossa felicidade.[2] Estatisticamente falando, isso é bastante significativo. Você não pode controlar sua genética mais do que você é capaz de controlar suas circunstâncias. Entretanto, você pode controlar suas escolhas, o que representa aproximadamente metade de toda sua felicidade. Colocando isso em perspectiva, se você pudesse controlar 40% da oscilação da bolsa de valores, você seria podre de rico.

Com isso em mente, o que a Bíblia tem a dizer sobre as escolhas que influenciam a sua felicidade?

As Escrituras sobre a Felicidade

O salmo 1 é a passagem mais importante na Bíblia sobre o tema felicidade. O texto começa com a palavra-chave *feliz* ou *bem-aventurado*. "Feliz é aquele que não segue o conselho dos ímpios, não imita a conduta dos pecadores, nem se assenta na roda dos zombadores" (versículo 1). Se você ambiciona uma vida feliz, o Salmo 1 é seu ponto de partida.

Os nossos relacionamentos têm um peso importantíssimo na nossa felicidade. A nossa felicidade aumenta quando construímos relacionamentos saudáveis. A maior fonte de oxitocina são os nossos amigos e a nossa família. Diante disso, primeiro de tudo, escolha companhias que te ajudem a tomar decisões acertadas. Esse é o primeiro passo a ser tomado.

O segundo passo é aumentar o nível de dopamina, o hormônio da descoberta. O versículo 2 mostra o caminho a ser percorrido, falando sobre a pessoa que "sua satisfação está na lei do Senhor, e nessa lei medita dia e noite". Dentre as diversas maneiras de liberação da dopamina, a meditação se destaca como a mais eficiente. Em inúmeros estudos sobre a felicidade, a meditação ocupa um lugar de destaque. E isso a partir de uma perspectiva cristã, não se tratando apenas da meditação mística oriental. A neurocientista Caroline Leaf descobriu como podemos renovar o nosso cérebro. Uma vez que as proteínas são responsáveis por armazenar os nossos pensamentos, estes literalmente tomam conta do espaço do nosso cérebro. Sendo assim, quanto mais meditamos em um pensamento positivo, maior será o espaço ocupado por ele em nosso cérebro. À medida que meditamos, nós liberamos a dopamina viciante que determina nossa felicidade.[3]

O terceiro passo é a liberação da serotonina, o hormônio da significância. Ser prestativo é a chave para a liberação de serotonina. Enquanto servimos aos outros, ganhamos um senso de importância. O versículo 3 descreve o processo: "É como árvore plantada à beira de águas correntes: dá fruto no tempo certo e suas folhas não murcham. Tudo o que ele faz, prospera." Quando nos tornamos produtivos, encontramos significado para nossas vidas — não importa se estamos ajudando um Presidente da República ou um indigente. Isso quer dizer que não precisamos chegar ao topo da carreira profissional ou vencer um evento olímpico para sermos encharcados de serotonina. Atos simples de bondade às pessoas próximas serão bastante eficazes em te proporcionar uma boa dose de hormônios da felicidade.

O Salmo 1 acertadamente destaca que as nossas escolhas são mais importantes que as circunstâncias que nos envolvem. Mesmo tendo sido escrito há três mil anos, ele nos oferece um processo fácil de entender como experimentar uma vida abençoada: (1) Desenvolva relacionamentos com pessoas que honram ao Senhor com suas vidas. (2) Crie espaços em sua mente para armazenar as verdades da Palavra de Deus. (3) Estenda a mão para ajudar os outros de maneira significativa.

São passos bem simples e muito efetivos. É importante lembrar que esses hormônios são liberados em pequenas doses, portanto, não se faz necessário o emprego de uma força descomunal para que entrem em operação. As pequenas coisas que você faz hoje podem aumentar a sua felicidade. Um simples ato de agradecer a um amigo, cinco minutos de meditação ou um ato qualquer de gentileza pode liberar os hormônios da felicidade em seu cérebro. O segredo da felicidade reside nos pequenos momentos que se tornam hábitos. Hábitos, mantidos ao longo do tempo, se tornam uma biografia com um final feliz.

Pontos-chave

- A sua felicidade é um coquetel de hormônios que você pode controlar desenvolvendo hábitos que favoreçam a liberação de oxitocina, dopamina e serotonina;

- Enquanto a genética representa 50% na variação da sua felicidade, as circunstâncias são responsáveis por 10%, relegando significativos 40% da sua felicidade à qualidade das suas próprias escolhas;

- O Salmo 1 oferece um sábio conselho sobre como ser feliz.

Esta semana

☐ **PRIMEIRO DIA:** Leia o texto da semana.

☐ **SEGUNDO DIA:** Memorize o Salmo 1:1-3.

☐ **TERCEIRO DIA:** Leia Jó 1-2.

☐ **QUARTO DIA:** Medite no Salmo 37:4; Filipenses 3:1; 1 Tessalonicenses 5:16.

☐ **QUINTO DIA:** Reserve cinco minutos de hoje para colocar em prática, de maneira intencional, uma única ação das listadas no Salmo 1, das quais a felicidade é proporcionada.

Desafio de Superação: Memorize o Salmo 37:4.

Bônus de Leitura: Jonathan Haidt, *The Happiness Hypothesis*: Finding Modern Truth in Ancient Wisdom.

10

Profecia

Tu és meu filho;
eu hoje te gerei.

—Salmos 2:7

Pergunta: Existem provas de que Jesus é o Filho de Deus?

No livro dos Salmos, muitos deles foram cantados para homenagear ao rei. Muito embora cada rei tenha decepcionado Israel em diversos níveis e cada um deles tenha morrido um dia, esses cânticos reais foram repetidamente cantados em Israel, na expectativa do tão esperado dia no qual o Messias, o tema dessas canções, surgisse para se tornar o rei diante do qual dobrariam seus joelhos.

Identificando o Messias no Salmo 2

Observamos o *crescendo* dessa poesia real nas palavras do nosso versículo-chave. O próprio Deus parafraseou esse versículo em dois momentos durante o ministério de Jesus. A primeira vez foi no seu batismo, quando Deus o declarou em voz audível, ouvida pela multidão. Essa declaração de Deus foi confirmada pelo Espírito Santo quando desceu em forma de uma pomba (Mateus 3:16-17). Esse momento foi muito importante. Deus citou o Salmo 2:7 pela segunda vez no meio do ministério de Jesus, o qual se estendeu por três anos. Nessa ocasião, Jesus foi transfigurado em uma alta montanha ao lado de Moisés e Elias (Mateus 17:1-8). Em determinado sentido, trata-se de um importante acontecimento, que marcou o ápice da vida de Jesus aqui na

Terra. Foi a melhor oportunidade que teve para revelar a glória de Deus neste mundo.

Essa não foi uma simples afirmação de aprovação. Foi uma confirmação que Jesus era o herdeiro ao trono com todas as prerrogativas para ser o soberano de Israel. Milhares de anos antes de Jesus nascer, a Bíblia profetizou a vinda do Messias. O termo *Messias* significa "o ungido", referindo-se a uma coroação real. O Messias de Israel era destinado a sentar no trono de Davi, resgatar Israel assim como Moisés o fizera e abençoar todas as nações como descendentes de Abraão. Acima de tudo, aquela era a tarefa do mais alto oficial político escolhido por Deus para representá-lo.

O texto de Salmos 2:7 é apenas uma dentre dezenas de importantes profecias messiânicas que identificavam quem seria o Rei-Salvador e o que ele faria. As profecias apontavam o local que ele nasceria (Miqueias 5:2), como ele morreria (Isaías 53:3–5), o preço que seria pago a seu traidor (Zacarias 11:12) e a natureza do seu ministério (Isaías 61:1). Os cristãos sempre consideraram Jesus como a pessoa que cumpre a todos os requisitos encontrados nessa série de profecias. Nenhum outro cumpre todas essas predições. Na verdade, não há nenhum que ao menos se aproxime disso. Antes de Jesus, indivíduo algum foi proclamado como sendo o Messias. Depois de Jesus, defensores de qualquer outro "Messias" foram poucos e fracos. Por exemplo, Josefo, um historiador judeu que viveu no primeiro século da era cristã, sugeriu que o imperador romano Vespasiano certamente seria o Messias judeu.[1] Ninguém comprou a ideia. No segundo século, Akiva, um famoso rabino promoveu o líder rebelde conhecido pelo nome Bar Kokhba como sendo o salvador messiânico da nação. Entretanto, com a derrota e morte de Bar Kokhba em 135 d.C., declarações de outros messias perderam força.[2]

Diante disso, ao longo dos últimos dois mil anos, Jesus é a única pessoa que foi bem-sucedida ao reivindicar o título de Messias. Agora que isso ficou claro, vamos olhar novamente o Salmo 2. Encontramos mais de uma profecia neste salmo. Na verdade, há três delas aqui. A primeira delas, encontrada nos versículos 1–2, foi citada na oração dos cristãos em Atos 4:25–26, em uma menção ao julgamento de Jesus. Cada pessoa listada pelo Rei Davi — nações, povos, reis e dominações — são interpretadas no versículo 27 como participantes do drama envolvendo a paixão de Cristo: gentios, judeus, Herodes e Pilatos. Ao mesmo tempo que muitos rabinos negaram ser esta a interpretação correta, eles não poderiam firmemente negar que a descrição se encaixava.

A segunda, encontrada no versículo 7 do Salmo 2, foi parafraseada em cada um dos evangelhos sinóticos — Mateus, Marcos e Lucas — tanto no batismo (Mateus 3:17; Marcos 1:11; Lucas 3:22) como na transfiguração (Mateus 17:5; Marcos 9:7; Lucas 9:35). O que confere maior peso, uma vez que Deus falou de forma audível apenas três vezes durante o ministério de Jesus, sendo que, em duas delas, esse versículo foi parafraseado.

A terceira é encontrada no versículo 9, o qual é mencionado no livro do Apocalipse por três vezes para descrever o governo de Jesus (2:27; 12:5; 19:15): "Tu as quebrarás com vara de ferro e as despedaçarás como a um vaso de barro." É uma descrição surpreendente de um homem que veio a ser conhecido como "O Bom Pastor", e que ao ser pendurado em uma cruz intercedeu em favor de seus algozes, "Pai, perdoa-lhes, pois não sabem o que fazem" (Lucas 23:34). Podemos concluir, a partir dessa última declaração, que o manso e suave Filho do Homem retornará com vingança a qual tivemos um vislumbre no episódio da purificação do templo (João 2:13–17). Ele não é alguém com quem se brinque.

Esse poema fascinante, juntamente com o Salmo 1, abre o livro de liturgia tanto para Israel quanto para a Igreja. O Salmo 2 termina com a palavra *feliz,* a mesma usada para começar o primeiro. Esses dois salmos são dos dois pilares da adoração autêntica: relacionamentos santos com as pessoas que nos cercam (Salmo 1) e reverência santa para com o nosso Messias (Salmo 2). Quando a nossa comunidade desenvolve hábitos de bondade e quando honramos Jesus como nosso Senhor, as nossas orações, a nossa música e nosso serviço aprofundam nosso entendimento de Deus e da nossa ligação com ele.

Analisando o conteúdo de cada passagem bíblica, é difícil encontrar uma passagem com mais sentido messiânico do que o Salmo 2. É por isso que podemos usar esse poema como ponto de partida para compreender o universo da profecia messiânica. Há muitas passagens que abrigam promessas messiânicas: Salmos 110; 118; Isaías 53; Daniel 7; Zacarias 11–12.

Outras Profecias Messiânicas

No Antigo Testamento, encontramos mais de 60 profecias importantes relacionadas à vinda do Messias. Alguém poderia supor que Deus quer ser mais específico e detalhar melhor. Afinal, a espera por um Messias pode ser obscurecida pela rotina do dia a dia e por períodos de sofrimento. Deus quer que você tenha evidências o suficiente para ser fiel a Jesus.

Isso é importante especialmente nos momentos em que Jesus não faz o que você quer, o que acontece na maior parte das vezes. Mesmo no tempo em que ele viveu, Jesus não era o Messias que os judeus queriam. Ele não era um rei guerreiro, cheio de conquistas e vitórias, ao contrário, um salvador sofredor que morreu por eles. Enquanto esperavam por libertação, Deus garantiu-lhes salvação. Eles queriam as fronteiras vigiadas, mas o plano de Deus era que suas fronteiras fossem abolidas para que todas as pessoas tivessem acesso a ele. Ao passo que eles esperavam que Ele lhes enviasse socorro, Deus considerou mais adequado enviar-lhes a Si mesmo. Um tipo de mudança chocante requereria uma evidência irrefutável. É exatamente isso que temos nas profecias do Antigo Testamento. Em virtude de serem tão específicas e em razão de que muitas não poderiam ser cumpridas sem intervenção sobrenatural, as profecias constituem provas consistentes de que Jesus é o Messias.

Para citar alguns exemplos, destacamos sete profecias do Antigo Testamento que nos falam sobre o Messias:

1. Ele nasceria em Belém (Miqueias 5:2);
2. Ele seria precedido por um precursor (Malaquias 3:1);
3. Ele entraria em Jerusalém montado em um jumento (Zacarias 9:9);
4. Ele seria traído por um amigo, o que o levaria a ter suas mãos feridas (Zacarias 13:6);
5. Ele seria vendido por 30 moedas de prata, as quais seriam dadas para um oleiro (Zacarias 11:12-13);
6. Ele permaneceria em silêncio diante de seus opressores (Isaías 53:7);
7. Ele morreria por crucificação (Salmos 22:16).

Algumas dessas profecias são bastante específicas e inesperadas. Em sua grande maioria, elas não poderiam ser manipuladas nem combinadas (por exemplo, o local de nascimento). Assim, o peso de tudo isso é substancial.

Em seu livro *Science Speaks,* Peter Stoner calculou a probabilidade dessas passagens serem cumpridas por um homem só. Somente 1 em 100.000.000.000.000.000 — isso mesmo, uma em cem quatrilhões![3]

Esses exponenciais cem quatrilhões são números inconcebíveis para nós. Para se ter uma ideia, esse cálculo numérico feito por Stoner equivale a pouco mais que a área do estado do Texas preenchido com 60cm de moedas de prata. Na hipótese de você pintar uma dessas moedas de prata na cor vermelha e pedir a um andarilho com os olhos vendados andar de um lado para o outro em toda a extensão do estado e ao acaso escolher uma das moedas, suas chances de encontrar a moeda vermelha é a mesma de Jesus, de maneira fortuita, cumprir essas sete profecias.[4]

Ainda assim, Jesus não cumpriu só as sete. Existem ainda 50 profecias diretas relacionadas à vida de Jesus e sua morte, além de dezenas de referências secundárias. Em cada profecia acrescentada, a probabilidade infinitesimalmente pequena é reduzida exponencialmente até o ponto da quase impossibilidade. Assim, temos o título do livro escrito pelos autores Josh McDowell e Sean McDowell, no qual eles têm como referência a probabilidade de Stoner: *Evidência Que Exige um Veredito*.[5] Se quisermos negar que Jesus é o Messias, temos de explicar como é possível a um homem cumprir ao acaso tantas e detalhadas profecias.

Talvez você seja um cético. É bastante justo. Então me deixe ser claro. A predição profética é apenas uma evidência de Jesus, o Messias. Na verdade, as primeiras testemunhas entenderam com maior intensidade a ressurreição de Jesus e o caráter de sua vida (dois tópicos para outro momento). O Salmo 2 nos abre um leque de profecias messiânicas. Eu acredito que cada profecia pode ser devidamente explicada. Contudo, o efeito cumulativo, o peso de todo o conjunto, é uma firme fundação na qual se pode apoiar.

Pontos-chave

- Só Jesus tem as prerrogativas plausíveis para ser o Messias;
- O Salmo 2 é particularmente uma profecia messiânica determinante em função das três predições separadas que foram citadas no Novo Testamento e devido à sua posição introdutória no livro dos Salmos;
- As profecias messiânicas são provas convincentes acerca de Jesus porque são bastante específicas e também muitas são impossíveis de serem intencionalmente cumpridas.

Esta semana

☐ **PRIMEIRO DIA:** Leia o texto da semana.

☐ **SEGUNDO DIA:** Memorize o Salmo 2:7.

☐ **TERCEIRO DIA:** Memorize o Salmo 22; 110; 118.

☐ **QUARTO DIA:** Medite nos Salmos 22:1; 118:22–29; Apocalipse 19:15.

☐ **QUINTO DIA:** Escolha uma das sete profecias que prediziam a vinda do Messias e conte a um amigo como sendo algo incrível e empolgante que você acabou de descobrir. Observe a reação de seu amigo.

Desafio de Superação: Memorize o Salmo 22:1.

Bônus de Leitura: John Ankerberg, Walter Kaiser e John Weldon, *The Case for Jesus the Messiah*: Incredible Prophecies That Prove God Exists.

11

O Bom Pastor

O Senhor é o meu pastor; e nada me faltará.
  Em verdes pastagens me faz repousar
e me conduz a águas tranquilas;
  restaura-me o vigor.

—Salmos 23:1–3

Pergunta: Se o Senhor é o meu pastor, qual é a minha responsabilidade para com as pessoas que lidero?

A exemplo de João 3:16, o Salmo 23 é muito provavelmente a passagem bíblica mais conhecida e a mais utilizada em cerimônias fúnebres. Ele tem um poder inexplicável de trazer conforto em meio às maiores tragédias da vida, como se as palavras deste poema fossem a respiração profunda de um peito apertado. Ele consola o enlutado, acolhe o estrangeiro, acalma o ferido e projeta um raio de esperança ao excluído.

"O Senhor é o meu pastor" é o poema mais famoso composto pelo rei Davi. Sussurros desse tema foram ouvidos desde os tempos de Abel (Gênesis 4:4) e dos descendentes de Jacó (48:15). O tema reverbera entre os Salmos e os profetas (Salmos 28:9; 78:52; 79:13; 80:1; 95:7; 107:41; Isaías 40:11; Jeremias 31:10; Ezequiel 34:15; Zacarias 9:16). Por trás dessas descrições, vislumbramos um Deus amoroso e atencioso trazendo conforto a seu povo. "Pois ele é o nosso Deus, e nós somos o povo do seu pastoreio, o rebanho que ele conduz" (Salmos 95:7). "Como pastor, ele cuida de seu rebanho, com o braço ajunta os cordeiros e os carrega no colo" (Isaías 40:11). Mesmo quando anda por um vale de trevas e morte, mesmo sob a disciplina do seu cajado, mesmo na presença dos nossos inimigos (Salmos 23:4-5), sentimos que Deus tem um propósito feliz para nós.

Líderes Que Pastoreiam

Toda vez que Deus delega autoridade, seja a reis, sacerdotes e profetas, ele deseja que estes liderem como pastores. Para Javé, a palavra "pastor" não é uma simples metáfora, trata-se de um método de Deus que autoriza o exercício da autoridade. O poder de um líder deve ser aplicado a fim de proteger. A vara e o cajado, para conduzir. O pastor se sacrifica pelas ovelhas e não o contrário. Essas características ficam bem evidentes na vida de Davi, o grande rei pastor que compôs esse salmo e que ganhou fama ao abater um gigante com uma funda de pastor (1 Samuel 17:40–49).

Verifica-se que aquele período que Davi passou no campo foi a melhor preparação para o trono. Lemos que:

> [Deus] escolheu o seu servo Davi
>   e o tirou do aprisco das ovelhas,
> do pastoreio de ovelhas para ser o pastor de Jacó, seu povo,
>   de Israel, sua herança.
> E de coração íntegro Davi os pastoreou,
>   com mãos experientes os conduziu (Salmo 78:70-72).

O mesmo pode ser dito sobre Moisés (Êxodo 3:1; Salmos 77:20; Isaías 63:11). Moisés passou 40 anos no deserto junto às ovelhas de Jetro, o que o preparou para conduzir Israel pelo deserto nos 40 anos seguintes. Antes dele, a Bíblia fala de Abraão (Gênesis 13:2-6), que foi famoso pelo tamanho de seus rebanhos.

Ao longo da história de Israel, os líderes têm sido comparados a pastores em virtude dos heróis israelitas do passado terem sido pastores no sentido literal. Tal designação foi aplicada a reis, governadores, profetas e sacerdotes (1 Reis 22:17; Jeremias 10:21; 17:16). Deus inclusive atribuiu esse título ao imperador pagão Ciro, o qual resgatou Israel, declarando "Ele é meu pastor" (Isaías 44:28).

Os Maus Pastores

É interessante a honra atribuída à metáfora "pastores" (líderes), uma vez que essa ocupação, em sentido literal, era uma das mais desprezadas. Por exemplo, quando os filhos de Jacó imigraram para o Egito a fim de escapar da fome, José tomou o cuidado de assentá-los em Gósen, deixando-os separados dos egípcios. A necessidade de um espaço para separá-los do povo do Egito era porque os egípcios poderiam sentir-se ofendidos com a ocupação dos imigrantes israelitas. Observe o conselho de José a seus irmãos em Gênesis 46:34: "Respondam-lhe assim: 'Teus servos criam rebanhos desde pequenos, como o fizeram nossos antepassados.' Assim lhes será permitido habitar na região de Gósen, pois todos os pastores são desprezados pelos egípcios." Visivelmente, no conceito daquela sociedade os pastores eram os últimos em sua escala de valores.

Em razão das constantes mudanças dos pastores de uma região e outra, eles carregavam a pecha de serem desonestos. O aspecto dos pastores era de gente suja, ossos do ofício. Além disso, era uma atividade naturalmente suja, já que tinham de abater animais e lidar diretamente com o cuidado das ovelhas. Ou seja, eles viviam à margem das comunidades, estando na parte mais baixa da escala social.

Paradoxalmente, pastores de ovelhas eram a escória da sociedade e os pastores espirituais eram considerados heróis. Tal preconceito sofrido pelos pastores de ovelhas foi usado para fazer uma analogia à decadência moral dos pastores espirituais. Tais líderes não viviam de acordo com os padrões de Deus e receberam uma considerável repreensão na Bíblia. Por exemplo, o profeta Jeremias (que pegava pesado em suas críticas) nos entregou estas palavras de Deus:

> "Ai dos pastores que destroem e dispersam as ovelhas do meu pasto!", diz o Senhor. Portanto, assim diz o Senhor, Deus de Israel, aos pastores que tomam conta do meu povo: "Foram vocês que dispersaram e expulsaram o meu rebanho, e não cuidaram dele. Mas eu cuidarei de vocês pelos seus maus procedimentos", declara o Senhor.
> (Jeremias 23:1-2)

Profecias bastante parecidas são observadas nos demais profetas (Isaías 56:11; Jeremias 10:21; 12:10; 25:34–36; 50:6; Ezequiel 34:1–10; Zacarias 10:3; 11:1–17). A mais notável dentre elas é encontrada em Ezequiel 34. É um soco na boca do estômago dos governantes de Israel que usavam sua influência para explorar o rebanho em vez de alimentá-lo.

> "Vocês comem a coalhada, vestem-se de lã e abatem os melhores animais, mas não tomam conta do rebanho. Vocês não fortaleceram a fraca nem curaram a doente nem enfaixaram a ferida. Vocês não trouxeram de volta as desviadas nem procuraram as perdidas. Vocês têm dominado sobre elas com dureza e brutalidade" (versículos 3–4).

O Senhor Como Pastor

A liderança fraca se tornou pandêmica. Esse problema fez com que o povo judeu ansiasse por um novo Davi, ou seja, um novo rei pastor para tomar conta do rebanho de Deus. Profecias messiânicas com esse teor vinham de um significativo número de profetas: "Porei sobre elas um pastor, o meu servo Davi, e ele cuidará delas; cuidará delas e será o seu pastor" (Ezequiel 34:23).

A implicação de profecias como essa são evidentes: a forma de Deus liderar é semelhante ao pastoreio. Em vista disso, a pessoa a quem Deus delega liderança deve seguir esse modelo. Uma vez que falharam em seguir esse paradigma, sua designação ficou sem efeito, e outro pastor foi prometido.

Desde o seu nascimento em Belém, o status de Jesus como o rei pastor prometido ficou evidente (Miqueias 5:2-44, citado em Mateus 2:6); e até sua morte em Jerusalém (Zacarias 13:7, citado em Mateus 26:31, Marcos 14:27; João 16:32).

Jesus falou que julgaria tanto as ovelhas quanto os bodes (Mateus 25:32). Em João 10:1-18, Jesus criticou os falsos pastores assim como os profetas o fizeram nos tempos do Antigo Testamento. Ao escrever sobre as multidões que esperavam por Jesus, Marcos as descreve como "ovelhas sem pastor" (6:34). Na verdade, ele estava fazendo uma alusão à descrição feita por Moisés sobre Josué (*Joshua*) como um líder que cuidaria para que Israel "não seja como ovelhas sem pastor" (Números 27:17). Josué era quem lideraria Israel à terra prometida. É exatamente esse tipo de liderança nacional que Marcos estava atribuindo a Jesus, particularmente porque o nome Jesus em hebraico é *Joshua*.

O papel de Jesus como o pastor é mencionado por três autores do Novo Testamento. "O Deus da paz, que pelo sangue da aliança eterna ressuscitou dos mortos, nosso Senhor Jesus, o grande pastor das ovelhas, os aperfeiçoe em todo o bem para fazerem a vontade dele, e opere em nós o que lhe é agradável, mediante Jesus Cristo, a quem seja a glória para todo o sempre. Amém" (Hebreus 13:20-21). "Pois vocês eram como ovelhas desgarradas, mas agora se converteram ao Pastor e Bispo de suas almas" (1 Pedro 2:25). "Pois o Cordeiro que está no centro do trono será o seu pastor; ele os guiará às fontes de água viva. E Deus enxugará dos seus olhos toda lágrima" (Apocalipse 7:17).

Na última parte da Bíblia, o pastor apresentado no Salmo 23 aparece com um novo nome, uma nova aparência e um novo endereço. Jesus é o Javé encarnado e reside entre nós para entregar sua vida em favor das ovelhas. É exatamente isso que o Bom Pastor faz.

Na verdade, o Bom Pastor, em uma mudança extraordinária, passa a ser o Cordeiro de Deus. Seu sacrifício pascoal substituiu de uma vez por todas o sistema de sacrifícios judaicos. Na primeira Páscoa, a páscoa dos judeus, um cordeiro que pertencia ao Senhor era oferecido em substituição ao filho mais velho. Jesus é o nosso substituto que cobre todos os nossos pecados. Ele é o perfeito sacrifício pascoal.

Essa mudança ocorrida no Novo Testamento não se trata de uma nova mensagem. Ela está toda integrada no livro dos Salmos. O Salmo 23, a canção do pastor, é precedido pelo Salmo 22, a canção do Cordeiro, que fora dos evangelhos é a mais clara descrição do Calvário.

A liderança deixa de ser aquilo que você obtém da ovelha e passa a ser aquilo que você faz em sacrifício por elas. Consequentemente, todo líder cristão que se junta à Sua obra também está aceitando o cajado do servo sofredor. Os apóstolos, evangelistas e pastores (Efésios 4:11), juntamente com os anciões (Atos 20:28–29; 1 Pedro 5:2–3), desfrutam do privilégio de conduzir e alimentar as ovelhas, uma vez que estejam dispostos a sacrificar suas vidas por elas. Na primeira carta de Paulo a Timóteo, usando o termo "bispo", título sinônimo de "ancião", o autor esboça as qualificações específicas que os mesmos devem possuir (3:1-7). Observe suas palavras: "Esta afirmação é digna de confiança: se alguém deseja ser bispo, deseja uma nobre função" (1 Timóteo 3:1).

Elevado princípio. Assim como Jesus é Javé, os líderes cristãos exercem hoje o papel dos líderes do Antigo Testamento. Utilizamos bem o título de líderes, com humildade e autossacrifício, ou incorreremos nos mesmos erros cometidos pelos reis e pelos líderes do passado, vindo a sofrer as mesmas consequências. A grandeza do pastoreio reside no sofrimento. Trata-se de uma guinada teológica que não é assimilada por aqueles que não conhecem o Bom Pastor — o nosso Deus que sofreu em nosso favor.

Pontos-chave

- "Pastor" é a principal metáfora sobre Deus como nosso líder. Seu exemplo deveria ser seguido por qualquer um que lidera em seu nome;

- O desgaste de uma liderança marcada pelo menosprezo às ovelhas conduziu a um anseio por um pastor melhor, ou seja, o prometido Messias;

- Os líderes da igreja — apóstolos, evangelistas, pastores, anciãos — assumem o manto do pastorado.

Esta semana

☐ **PRIMEIRO DIA:** Leia o texto da semana.

☐ **SEGUNDO DIA:** Memorize o Salmo 23:1-3.

☐ **TERCEIRO DIA:** Leia João 10.

☐ **QUARTO DIA:** Medite em Ezequiel 34:3–4; 1 Timóteo 3:1; 1 Pedro 2:25.

☐ **QUINTO DIA:** Identifique duas práticas de pastoreio que você pode implementar em uma destas áreas: (1) criação de filhos, (2) liderança de equipe de trabalho, (3) liderança de equipe de voluntários da igreja, e (4) treinamento de time de futebol infantil.

Desafio de Superação: Memorize 1 Timóteo 3:1.

Bônus de Leitura: W. Phillip Keller, *A Shepherd Looks at Psalm 23*.

…

O Messias

"O Senhor disse ao meu Senhor:
   Senta-te à minha direita
até que eu faça dos teus inimigos um estrado para os teus pés."

—Salmos 110:1

Pergunta: Existem provas de que Jesus é o Messias prometido por Deus?

De todos os textos do Antigo Testamento, o Salmo 110 é a passagem mais citada no Novo. Jesus foi quem o citou pela primeira vez, conforme registro em Mateus 22:44. A citação foi feita depois de um dia inteiro de debates quando os oponentes de Jesus enviaram mestres para experimentá-lo por meio de perguntas. Após responder cada uma delas, ele mesmo fez uma: "O que vocês pensam a respeito de Cristo? De quem ele é filho?" (versículo 42).

Quem é o Messias?

A palavra *Cristo* é uma palavra grega traduzida do termo hebraico *Messias*. São termos estrangeiros, portanto, precisamos ter certeza que entendemos o sentido que eles carregam.

Em primeiro lugar, precisamos lembrar que Cristo não é o sobrenome de Jesus. Cristo é um título que significa "o ungido". É um sentido aproximado do termo *rei*. Segundo, a expressão "o ungido" no Antigo Testamento sempre indicou um governante humano, nunca se referindo a um personagem divino. Jesus é um ente Divino? Sim. No entanto, este não é o ponto em questão do título *Cristo* ou *Messias*. A terceira questão é que a vinda do Messias não era uma conversa comum nos dias de Jesus. Dos 800 documentos que foram encontrados em Qumran, os Manuscritos do Mar Morto, em apenas 12 deles havia a menção da palavra Messias.[1]

No Antigo Testamento encontramos dezenas de profecias messiânicas, incluindo Deuteronômio 18:15–18; 2 Samuel 7:12; Salmos 2; 22; 118:22; Isaías 9:1–7; 53; 61:1–2; Daniel 7:13–14; Miqueias 5:2; Zacarias 9:9; 12:10. Muitos desses versículos fazem parte do *52 Passagens*.

Então, quando Jesus entrou em cena, os judeus daquele tempo já tinham uma ideia de como seria o Messias a partir de seus textos sagrados. Um dos exemplos está em Isaías 11:4, onde lemos: "Com suas palavras, como se fossem um cajado, ferirá a terra; com o sopro de sua boca matará os ímpios." Alguns textos estavam na Bíblia, outros em bibliotecas locais, porém todos eram considerados oficiais. De maneira específica, eles prenunciavam um homem de guerra que destruiria seus inimigos.

Temos aqui alguns fragmentos daqueles textos: "Os gentios serão destruídos diante do Messias"[2], "No início, ele os trará vivos antes do julgamento, e após suas condenações, ele os destruirá"[3], "O último líder daquele tempo será deixado vivo, quando suas numerosas hostes serão acossadas à espada, e ele será atado, o colocarão no alto do Monte Sião, e o Meu Messias o condenará por todas as suas impiedades."[4]

O retrato que faziam do Messias nos dias de Jesus era de um dominador e guerreiro real e um destruidor davídico. O Salmo 110 caminha nessa mesma direção:

> O Senhor estenderá o cetro de teu poder desde Sião,
>   e dominará sobre os teus inimigos!
>
> O Senhor está à tua direita;
>   ele esmagará reis no dia da sua ira. Julgará as nações,
> amontoando os mortos e esmagando governantes
>   em toda a extensão da Terra (versículos 2, 5–6).

No momento em que Jesus reivindicou o título sem, contudo, atender às suas expectativas, homens menearam a cabeça e temperamentos se acaloraram.

Como Jesus Aplicou o Salmo 110

Na terça-feira antes de morrer, Jesus se encontrava no templo em Jerusalém. De pé e em silêncio perturbador, seus oponentes viram suas privilegiadas mentes teológicas serem derrotadas por um carpinteiro do interior (Mateus 21:23-22:40). Logo depois disso, Jesus tornou a inquiri-los fazendo-lhes uma pergunta relacionada ao Salmo 110. Era uma pergunta muito simples de responder: Quem é o Cristo? É claro que os líderes religiosos da nação poderiam explicar seus posicionamentos. Até porque o Salmo 110 era uma passagem bem conhecida.

Aqui, o assunto se torna mais complexo para aqueles que não conhecem bem a cultura judaica. Para clarificar o tema, precisamos colocar luz sobre dois pontos. O primeiro deles está no versículo 1, quando lemos "O Senhor disse ao meu Senhor", você pode notar que na tradução para o português a primeira palavra "Senhor" aparece com letra maiúscula. Por quê? Porque é uma palavra hebraica diferente. Na língua hebraica, literalmente se diz assim: "Javé (Senhor) disse a meu Adonai (Senhor)". De maneira inequívoca, *Javé* é uma referência a Deus. *Adonai,* entretanto, pode tanto se referir tanto a Deus como a um dignitário humano. Então, qual é o sentido disso? Jesus está reivindicando ser divino ou apenas um ser humano descendente de Davi?

Essa pergunta levanta uma segunda questão, cujo esclarecimento é de fundamental importância. Na cultura judaica, o pai era sempre superior ao filho. Portanto, se o Messias (ou Cristo) era um descendente de Davi, quem é superior? Mesmo que o ancestral fosse sempre superior, isso não batia com aquilo que Davi escreveu. Ele disse que o Messias era *seu* Senhor. Como isso é possível?

Foi a questão levantada por Jesus: "Se, pois, Davi o chama 'Senhor', como pode ser ele seu filho?" (Mateus 22:45). Ele deixou seus interlocutores sem resposta. "Ninguém conseguia responder-lhe uma palavra; e daquele dia em diante ninguém jamais se atreveu a lhe fazer perguntas" (versículo 46). Eles não foram apenas silenciados; eles foram dominados (uma situação complicada para um rabino).

O grande problema é que não havia em seus estudos nenhum lugar para o assunto da encarnação. E, se não é possível Deus se tornar humano, a declaração de Davi fica sem sentido. Contudo, se admitirmos a possibilidade da encarnação divina, o poema inteiro ganha destaque. Encontramos duas declarações em particular que só fazem sentido no contexto da encarnação.

A primeira delas é a seguinte: "Senta-te à minha direita" (Salmo 110:1). "A mão direita de Deus" é uma expressão que indica uma posição de poder divino (Marcos 16:19; Mateus 26:64; Atos 7:55). Se Jesus não fosse divino, ele não poderia sentar-se à mão direita de Deus, seu lugar permanente depois da Ascensão: "Depois de lhes ter falado, o Senhor Jesus foi elevado ao céu e assentou-se à direita de Deus" (Marcos 16:19; veja também Lucas 22:69; Atos 5:31; 7:55; Romanos 8:34; Hebreus 1:3).

A segunda declaração no Salmo 110 que sugere a deidade do Messias é esta: "Tu és sacerdote para sempre, segundo a ordem de Melquisedeque" (Salmos 110:4). Essa estranha menção de um personagem misterioso remete de volta ao tempo de Abraão. Abraão honrou a Melquisedeque, o rei de Salém, com o dízimo dos espólios de guerra (Gênesis 14:17–20). No judaísmo, Melquisedeque era uma história verídica, como a história de São Nicolau no ocidente, mas a história envolvendo Melquisedeque é de longe superior. Esse rei de uma cidade chamada Cananeia era um tipo de sacerdote do Deus Altíssimo. O que chama a atenção é que aquele rei e sacerdote não pertencia à ordenança sacerdotal do judaísmo. O reino davídico e o sacerdócio Aarônico eram duas ordens independentes. Logo, na hipótese de um rei judeu ser ao mesmo tempo sacerdote, suas qualificações para ambas as funções decorreriam de linhagens completamente distintas. Assim, Melquisedeque entra em cena. Melquisedeque é uma prefiguração do Messias, uma vez que ele não tem registrada nenhuma genealogia.

Um dos rolos de Qumran (11Q13) declara ainda mais: Melquisedeque fará vingança com julgamento divino.[5] No judaísmo, Melquisedeque é claramente uma metáfora do Messias. O cristianismo herdou essa mesma ideia. O livro de Hebreus foi escrito mais ou menos na mesma época que foram escondidos os rolos de Qumran. No capítulo 7 de Hebreus, lemos que:

> Esse Melquisedeque, rei de Salém e sacerdote do Deus Altíssimo,
> encontrou-se com Abraão quando este voltava, depois de derrotar os reis,
> e o abençoou; e Abraão lhe deu o dízimo de tudo. Em primeiro lugar,
> seu nome significa "rei de justiça"; depois, "rei de Salém", ou seja, "rei de
> paz". Sem pai, sem mãe, sem genealogia, sem princípio de dias nem fim
> de vida, feito semelhante ao Filho de Deus, ele permanece sacerdote para
> sempre (Hebreus 7:1-3).

Jesus é o único a corresponder integralmente o Salmo 110. Ele é o único homem que ao mesmo tempo foi ungido para ser rei, segundo a linhagem real de Davi, e ungido para ser sumo sacerdote, segundo a linhagem de Melquisedeque. Jesus fez esta declaração sobre si mesmo, e Pedro a repetiu no dia de Pentecoste, bem perto do mesmo local onde Jesus havia recitado o versículo: "Pois Davi não subiu ao céu, mas ele mesmo declarou: 'O Senhor disse ao meu Senhor: Senta-te à minha direita até que eu ponha os teus inimigos como estrado para os teus pés'" (Atos 2:34-35). Essa declaração foi tão convincente que a multidão perguntou o que deveria fazer para ser salva (versículo 37). O resultado disso foi que três mil pessoas se arrependeram e foram batizadas logo após ouvirem essa citação (versículo 41).

O apóstolo Paulo foi nessa mesma direção. Ele faz alusão ao Salmo 110 em três ocasiões, ao afirmar que Jesus está à direita de Deus (Romanos 8:34; Efésios 1:20; Colossenses 3:1). Concordando com esse entendimento, o autor de Hebreus descreve Jesus à direita de Deus na posição de corregente (Hebreus 1:3; 8:1; 10:12; 12:2). Assim, observamos que há uma unanimidade nas vozes do Novo Testamento afirmando que Jesus é o cumprimento da profecia do Salmo 110. Nenhum outro indivíduo atende a essas descrições. Somente Jesus pode afirmar que é Filho de Deus e o *Adonai* de Davi.

Existe alguma surpresa por Pedro reconhecer Jesus como Messias? Nenhum outro na história reivindicou tal título. Além disso, quando Jesus perguntou, "Quem vocês dizem que eu sou?", Pedro respondeu: "Tu és o Cristo, o Filho do Deus vivo" (Mateus 16:15-16). Esse momento representou um marco. Jesus assinalou essa memorável ocasião com as seguintes e imortais palavras: "Feliz é você, Simão, filho de Jonas! Porque isso não lhe foi revelado por carne ou sangue, mas por meu Pai que está no céu, eu lhe digo que você é Pedro, e sobre esta pedra edificarei a minha igreja, e as portas do inferno não poderão vencê-la" (versículos 17-18).

"Quem é Jesus?" é a mais importante questão a ser respondida por cada pessoa.

Pontos-chave

- O Messias (ou Cristo) era um rei terreno sobre quem pouco se falou até o surgimento de Jesus;

- A interpretação do Salmo 110 só pode ser elucidada com a encarnação de Jesus;

- Em toda história da humanidade, não houve nenhum outro indivíduo que se encaixasse com as descrições do Salmo 110.

Esta semana

☐ **PRIMEIRO DIA:** Leia o texto da semana.

☐ **SEGUNDO DIA:** Memorize o Salmo 110:1.

☐ **TERCEIRO DIA:** Leia João 5-6.

☐ **QUARTO DIA:** Medite em Mateus 16:6–18; 22:41–46; Atos 2:34–35.

☐ **QUINTO DIA:** Recite o Salmo 110 em oração, usando as palavras da passagem para elaborar sua própria aclamação a Jesus.

Desafio de Superação: Memorize Mateus 16:16–18.

Bônus de Leitura: Donald Guthrie, *Jesus the Messiah*: An Illustrated Life of Christ.

13

O Cristo Rejeitado

A pedra que os construtores rejeitaram tornou-se a pedra angular.
—Salmos 118:22

Pergunta: Se Jesus foi rejeitado por seu próprio povo, por que eu deveria aceitá-lo?

A simples sentença que encontramos no Salmo 118:22 causou desconforto em muita gente quando citada por Jesus no último debate no templo (Marcos 12:10). Pedro fez essa citação ao apresentar sua primeira defesa no Sinédrio (Atos 4:11) e mais tarde a incorporou na sua primeira carta (1 Pedro 2:7). Paulo a menciona em Efésios 2:20, ao descrever a fundação da igreja. Nessa passagem fundamental é construída uma verdadeira superestrutura.

A Parábola

Jesus contou uma história na terça-feira da semana que antecedeu sua morte. A história é uma parábola agrícola sobre uma vinha (Mateus 21:33-44). (As vinhas na Bíblia geralmente são metáforas relacionadas à nação de Israel, conforme Isaías 5:1-7). O enredo é bastante simples. Um homem rico investiu em uma vinha e arrendou-a. Quando chegou a época da colheita, os arrendatários se recusaram a pagar o que era devido ao proprietário. Na verdade, eles assassinaram os servos enviados para receber os haveres.

Após, sem sucesso, ter enviado duas delegações (dados como desaparecidas em combate), o proprietário enviou seu próprio filho. Ele acreditou que eles tratariam seu filho com o devido respeito. Contudo, os perversos arrendatários o assassinaram. Fazendo isso, eles acreditaram que a vinha seria deles.

Esse é um tipo de história que mexe com os nossos nervos. Jesus concluiu a história perguntando a seguinte questão: "Portanto, quando vier o dono da vinha, o que fará àqueles lavradores?" (versículo 40). Os chefes dos sacerdotes e os fariseus sabiam muito bem como Deus responderia aos amotinados. Responderam eles: "Matará de modo horrível esses perversos e arrendará a vinha a outros lavradores, que lhe deem a sua parte no tempo da colheita" (versículo 41). À medida que as palavras vertiam de suas bocas, eles compreenderam aonde Jesus queria chegar. Jesus fez com que eles caíssem em condenação mediante suas próprias palavras. Eles ficaram furiosos (versículos 45–46).

Embora a maioria das parábolas seja enigmática, essa era clara como o dia. Deus é representado pela figura do proprietário. Os servos representavam os profetas do Antigo Testamento. O próprio Jesus é representado pelo filho assassinado. A conspiração do Sinédrio para matar a Jesus é exposta a todos por meio dessa história. Jesus fez com que eles revelassem o que planejavam às escuras por meio de suas próprias palavras. Essa é a parábola. Ao concluí-la, Jesus fez uma citação que transformou a história de ficção em uma biografia. "A pedra que os construtores rejeitaram tornou-se a pedra angular" (versículo 42; citando Salmos 118:22). Essa simples sentença retirada do salmo profético é uma descrição do plano de Deus. A execução de Jesus pelos líderes de Israel resultaria na salvação da nação. A ironia divina é demais.

O Salmo

Para os escribas, o Salmo 118 não era um assunto desconhecido. Eles escreveram sobre esse Salmo no Targum — o que poderíamos chamar de paráfrase da Bíblia. Ele registra uma curiosa variante que aparentemente antecede Jesus: "O *menino* que os construtores rejeitaram; ele estava entre os *filhos de Jessé* e ele recebeu o privilégio de ser nomeado como rei e governador."[1] Por que cargas d'água eles mudaram a palavra "pedra" por "filho"? Para dizer a verdade, essas duas palavras em hebraico são grafadas quase de maneira idêntica. "Filho" é *ben*; "pedra" é *eben*. Um pequeno fonema no começo da palavra muda o sentido de garoto para pedra. Em outras palavras, o Targum faz um jogo de palavras que ajuda na interpretação do verso. A pedra da fundação de Deus se tornou uma pessoa, não uma rocha.

Bem, isso faz sentido. A base da construção do Reino de Deus não é o edifício, são as pessoas. Além disso, a pessoa sobre a qual a nação seria mantida era um descendente do Rei Davi ou, conforme a formulação do Targum, "estava entre os filhos de Jessé".

Por essa razão, muito antes da vinda de Jesus, os rabinos entenderam que o Messias das profecias seria um dia rejeitado. Contudo, Deus reverteria a rejeição, usando a mesma como meio para conduzir seu filho a ocupar a mais alta posição da nação. Se você fosse um dos chefes dos sacerdotes presentes naquela ocasião com Jesus, essa parábola representaria um soco na boca do seu estômago que o deixaria sem fôlego. Jesus não apenas expôs seu argumento como também, a partir das Escrituras, provou que ele era o Messias. Então eles planejaram sua morte para provar que Jesus *não* era o Messias. Jesus usou as Escrituras para mostrar que sua morte provaria que ele *era* o Messias. Isso deve ter deixado o Sinédrio louco de raiva. Por que eles simplesmente não podiam vencer aquele sujeito?

Jesus então lhes falou, "Portanto eu lhes digo que o Reino de Deus será tirado de vocês e será dado a um povo que dê os frutos do Reino. Aquele que cair sobre esta pedra será despedaçado, e aquele sobre quem ela cair será reduzido a pó" (Mateus 21:43-44). Fica evidente o brilhantismo de Jesus. Ele fez aquela tentativa de o colocar em descrédito transformar-se em uma evidência a seu favor.

A resposta do Sinédrio não poderia ser outra: "Quando os chefes dos sacerdotes e os fariseus ouviram as parábolas de Jesus, compreenderam que ele falava a respeito deles. E procuravam um meio de prendê-lo; mas tinham medo das multidões, pois elas o consideravam profeta" (Mateus 21:45-46).

O Salmo e os Apóstolos

Avancemos para a morte de Jesus. Um mês e meio depois, já nos encontramos em Atos 3-4. Pedro e João haviam curado um homem aleijado (3:1-8). Ele era um simples pedinte que ficava no portão do templo e que veio a ser uma grande testemunha do poder da Ressurreição. Como resultado disso, os três — Pedro, João e o pedinte curado — acabaram sendo presos (4:3).

Após terem permanecido na prisão a noite toda, Pedro e João — aqueles pescadores com pouca instrução — se acharam frente a frente com a elite religiosa. Ao ser inquirido para que oferecessem defesa a suas ações, Pedro respondeu:

> Visto que hoje somos chamados para prestar contas de um ato de
> bondade em favor de um aleijado, sendo interrogados acerca de como ele
> foi curado, saibam os senhores e todo o povo de Israel que por meio do
> nome de Jesus Cristo de Nazaré, a quem os senhores crucificaram, mas a

quem Deus ressuscitou dos mortos, este homem está aí curado diante dos senhores (Atos 4:9-10).

Então, Pedro segue bem de perto os passos de Jesus, citando o Salmo 118:22. "Este Jesus é a pedra que vocês, construtores, rejeitaram, e que se tornou a pedra angular" (Atos 4:11). Se você fosse Pedro — desarmado e sozinho — *você* não faria o mesmo que fez Jesus, citando a passagem que ele usara para silenciar seus oponentes? E funcionou! Pronto, você venceu. Acabou! Muito embora esse não seja um modelo de como fazer amigos e influenciar pessoas. Insultar um juiz quando você está sob julgamento não é a melhor coisa a ser feita. No entanto, Pedro não estava tentando convencer o juiz, ele estava ganhando a multidão. A rejeição a Jesus naquele tempo não é uma razão para alguém rejeitá-lo agora. O Salmo profético salienta que Deus sabia que isso aconteceria.

O que também explica por que Paulo faz uso do Salmo. Na sua carta aos Efésios, ele defende a unidade de todos os grupos raciais tendo como base o poder da morte e a ressurreição de Jesus.

> Pois por meio dele tanto nós como vocês temos acesso ao Pai, por um só Espírito. Portanto, vocês já não são estrangeiros nem forasteiros, mas concidadãos dos santos e membros da família de Deus, edificados sobre o fundamento dos apóstolos e dos profetas, *tendo Jesus Cristo como pedra angular* (Efésios 2:18-20).

A tentativa de desqualificar Jesus o conduziu à uma posição exaltada. Sua humilhação resultou na sua exaltação. Aqui temos um princípio universal extraído da Bíblia: a humilhação precede a exaltação. "Humilhem-se diante do Senhor, e ele os exaltará" (Tiago 4:10). Consequentemente, os gentios — que foram humilhados — agora ocupam um espaço no reino.

Ao longo de toda Bíblia, a humilhação e a exaltação andam de mãos dadas. Da mesma maneira que a vida de Jesus terminou na humilhação como precursora da exaltação, em seu nascimento identificamos ambas, humilhação e exaltação. Ele nasceu em uma cidade simples, em uma família humilde e foi deitado em um cocho usado para alimentar animais. Contudo, Ele fora concebido pelo Espírito Santo. Em outras palavras, por trás do mais humilde nascimento, estava o ato de gerar mais importante que Deus operou.

Isaías predisse seu nascimento detalhadamente: "Por isso o Senhor mesmo lhes dará um sinal: a virgem ficará grávida e dará à luz um filho, e o chamará

Emanuel" (Isaías 7:14). Preste atenção: esse sinal especial recebe o nome de Emanuel, que significa "Deus conosco". O Deus do universo vestiu a si próprio com carne humana. Sua divindade foi envolta pela humanidade.

Alguns cristãos acreditam que essa "virgem" que é mencionada em Isaías era realmente uma donzela que deu à luz mediante processo normal como um sinal nos dias de Isaías. A palavra "virgem", que foi traduzida do hebraico, tem o significado de "desapercebida", não necessariamente "intocada". Mesmo assim, essa profecia teve duplo cumprimento: o primeiro ocorrido no tempo de Isaías, e o segundo, no nascimento de Jesus. Portanto, o segundo e mais importante cumprimento da profecia trouxe o Messias ao mundo. A palavra grega *parthenos* usada no Novo Testamento (Mateus 1:23; Lucas 1:31) claramente significa "virgem" e não apenas "donzela".

Esse era um conceito único até aquele momento. Era uma surpreendente afirmação sem paralelos na história greco-romana. Muito embora o nascimento virginal não fosse uma afirmação necessária, pois tanto Marcos quanto João não incluíram este aspecto em seus evangelhos, foi uma declaração convincente proferida pelo evangelista Mateus, uma testemunha que andou nas mesmas ruas que Jesus passou, e também pelo médico Lucas, que conhecia bem o processo natural de reprodução humana. O testemunho deles é uma prova convincente da natureza divina de Jesus a despeito das circunstâncias humildes que envolveram seu nascimento.

A questão é: Deus escolheu se revelar como um bebê. Sua humilhação precedeu sua exaltação. O nascimento virginal era um lembrete de que esta era uma criança extraordinária e da excelente promessa. Jesus, o filho de Maria, é realmente o filho de Deus. Ele abriu o caminho para que nós o percorrêssemos. É um caminho de humilhação, mas que no fim conduz à glorificação. Justamente quando seus inimigos acreditaram terem se livrado de Jesus, acabaram descobrindo que a situação humilhante que o colocaram foi essencial para estabelecê-lo como o Rei dos Reis.

Isso é o mesmo que acontece a você. Como seguidores de Cristo, o caminho à exaltação é a mesma estrada acidentada, com acusações e lágrimas. O caminho é pavimentado com a humilhação ordenada por Deus e essencial para nossa exaltação e para sermos inseridos como pedras angulares no templo de Deus: a sua Igreja.

Pontos-chave

- A parábola da vinha, contada por Jesus, era na verdade a história de Israel e uma figura da sua coroação como rei;
- Alguns rabinos contemporâneos de Jesus interpretaram esta pedra como o descendente de Davi;
- O princípio bíblico da humilhação como precursora da exaltação foi observado na morte de Jesus.

Esta semana

- ☐ **PRIMEIRO DIA:** Leia o texto da semana.
- ☐ **SEGUNDO DIA:** Memorize o Salmo 118:22.
- ☐ **TERCEIRO DIA:** Leia Atos 3-5.
- ☐ **QUARTO DIA:** Medite em Isaías 7:14; Mateus 21:33–46; Atos 4:11.
- ☐ **QUINTO DIA:** Coloque em prática um ato humilde por vontade própria. Observe como as pessoas envolvidas te tratam, se com maior ou menor honra.

Desafio de Superação: Memorize Isaías 7:14.

Bônus de Leitura: J. Gresham Machen, *The Virgin Birth of Christ*.

Sabedoria

> O temor do Senhor é o princípio do conhecimento, mas os insensatos desprezam a sabedoria e a disciplina.
>
> —Provérbios 1:7

Pergunta: Como posso me tornar sábio?

Este texto é o tema do livro de Provérbios. O tema é repetido duas vezes, nas quais são empregadas praticamente as mesmas palavras: "O temor do Senhor é o princípio da sabedoria" (Provérbios 9:10), e "O temor do Senhor ensina a sabedoria, e a humildade antecede a honra" (Provérbios 15:33).

Essa famosa declaração utiliza duas palavras que requerem explicação: *temor* e *sabedoria*. O senso comum parece sugerir que temor é uma coisa ruim, enquanto sabedoria indica o contrário. Porém, elas andam de mãos dadas. Mas e se o temor for tudo de que precisamos para obter sabedoria?

Se perguntarmos para alguém preencher o espaço em branco, "O _____ do Senhor é o princípio do conhecimento", provavelmente a palavra temor não seria nem de longe a primeira escolha. É provável que eles respondessem "O amor do Senhor" ou "O conhecimento do Senhor" ou ainda "A obediência ao Senhor". Como se observa, as palavras *temor, conhecimento, amor* e *obediência* figuram como sinônimas dentro desse contexto. Como assim? Vamos iniciar o nosso estudo a fim de esclarecer o sentido bíblico da palavra *sabedoria*.

A Sabedoria Segundo a Bíblia

Geralmente a palavra sabedoria está associada a figuras como o Mestre Yoda ou algum guru sentado sobre as pernas cruzadas refletindo sobre os mistérios do universo. Para os judeus da Bíblia, a sabedoria estava bastante associada com as experiências do dia a dia. Na Bíblia, a sabedoria é a habilidade de colocar em prática na própria vida as verdades de Deus a fim de obter uma vida saudável tanto no aspecto individual como em família e em comunidade. Sabedoria é aquela habilidade que um construtor precisa ter para construir uma casa, o general necessita para vencer a guerra e o pai precisa para criar bem seus filhos.

Temos aqui um exemplo do significado da palavra sabedoria de acordo com os rabinos: "Vocês devem obedecer-lhes e cumpri-los, pois assim os outros povos verão a sabedoria e o discernimento de vocês. Quando eles ouvirem todos esses decretos dirão: 'De fato esta grande nação é um povo sábio e inteligente'" (Deuteronômio 4:6). Ou seja, quando as outras nações observassem as famílias judias, suas comunidades e sua ética, elas seriam atraídas a Javé. Suas "regras" tornariam suas vidas melhores.

Jesus se manteve naquela tradição de sabedoria prática. Ao responder seus críticos, Jesus falou: "Veio o Filho do homem comendo e bebendo, e dizem: 'Aí está um comilão e beberrão, amigo de publicanos e pecadores!', *Mas a sabedoria é comprovada pelas obras que a acompanham*" (Mateus 11:19).

A sabedoria bíblica sempre se revela na prática. A sabedoria de Josué o capacitou para se tornar o líder do povo de Israel (Deuteronômio 34:9). O que capacitou Esdras na administração comunitária foi a sua sabedoria (Esdras 7:25). Ao usar de sabedoria, Daniel manteve uma conduta ética no exílio mesmo vivendo entre inimigos.

E, como todos sabemos, o maior de todos os sábios foi o rei Salomão. Ao suceder seu pai, o rei Davi, Deus ofereceu-lhe um cheque em branco em forma de oração: "Peça-me o que quiser, e eu lhe darei" (2 Crônicas 1:7). Salomão respondeu à oferta divina da seguinte maneira: "Dá-me sabedoria e conhecimento, para que eu possa liderar esta nação, pois quem pode governar este teu grande povo?" (2 Crônicas 1:10). A resposta de Deus ressoa positivamente: "Deus deu a Salomão sabedoria, discernimento extraordinário e uma abrangência de conhecimento tão imensurável quanto a areia da praia" (1 Reis 4:29).

Aquela preciosa sabedoria é retratada como a uma mulher:

Procure obter sabedoria e entendimento;
   não se esqueça das minhas palavras nem delas se afaste.
Não abandone a sabedoria, e ela o protegerá;
   ame-a, e ela cuidará de você.
O conselho da sabedoria é: procure obter sabedoria;
   use tudo que você possui para adquirir entendimento.
Dedique alta estima à sabedoria, e ela o exaltará;
   abrace-a, e ela o honrará (Provérbios 4:5-8).

As Escrituras retratam a sabedoria como sendo o verdadeiro Espírito de Deus, não meramente como a uma mulher, isso porque a verdadeira sabedoria procede de Deus. A sabedoria é um dom do próprio Espírito. O Espírito vivente por meio de quem vivemos e respiramos, não um mero atributo inanimado. A sabedoria é tornada real quando o Espírito de Deus vivifica e envolve uma pessoa na obra de Deus (Deuteronômio 34:9; Isaías 11:2; Atos 6:3, 10; 1 Coríntios 2:13; Efésios 1:17; Colossenses 1:9).

Tomemos o próprio Salomão como exemplo. Quando ele orou pedindo sabedoria, Deus o presenteou com sua contínua presença por meio do Espírito, o qual seria um auxílio a Salomão para que este conduzisse o reino em Seu nome.

Salomão foi o homem mais sábio que jamais existiu? Ou seria Jesus?

Em certo sentido, o título se encaixa nos dois. Contudo, se o analisarmos partindo da perspectiva teológica, Salomão foi o homem mais sábio que existiu, enquanto Jesus é a própria sabedoria. Se por um lado Salomão obteve a sabedoria como consequência da presença do Espírito em sua vida, por outro, Jesus *é* a sabedoria por compartilhar da mesma essência do Espírito. Essa é a razão pela qual Paulo dizia que "Cristo é o poder de Deus e a sabedoria de Deus" (1 Coríntios 1:24). E também que em Jesus "estão escondidos todos os tesouros da sabedoria e do conhecimento" (Colossenses 2:3).

Vamos dar uma pausa agora e lançar um pouco de luz sobre a palavra *temor*, a outra palavra-chave de Provérbios 1:7.

O Temor do Senhor

Se Deus é amor, porque deveríamos temê-lo? A Bíblia não diz que "o perfeito amor expulsa o medo?" (1 João 4:18).

Uma vez que Cristo já pagou as nossas dívidas, nenhum cristão deveria temer o castigo. Tampouco deveríamos ter medo de falhar, uma vez que somos capacitados pelo poder do Espírito Santo. Mas é preciso lembrar que o temor e o amor não são ideias antagônicas. O exemplo mais óbvio disso é o amor e o respeito que nutrimos pelo nosso pai terreno. Você lembra quando na sua infância seu pai brincava contigo o jogando para cima? A mesma força pela qual você era arremessado também o fazia sentir-se seguro no escuro.

É o mesmo que acontece em relação ao nosso Pai celestial: "Como um pai tem compaixão de seus filhos, assim o Senhor tem compaixão dos que o temem" (Salmos 103:13). *Temor* e *amor* geralmente aparecem juntos no mesmo versículo: "Mas o Senhor protege aqueles que o temem, e os que firmam a esperança no seu amor" (Salmos 33:18). "Pois como o céu se eleva acima da terra, assim é grande o seu amor para com os que o temem" (Salmos 103:11). Você pode temer alguém em sinal de respeito à sua força sem encolher-se de medo diante dele em função da sua capacidade de irar-se. Mas para isso você precisa nutrir um relacionamento correto.

Se o medo e outras emoções podem andar lado a lado, não se trata da questão mais importante. O que eu devo fazer quando sinto temor por alguma pessoa é a questão crucial a ser respondida. Quanto a isso, é fácil responder: devo obedecer a tal pessoa. Essa correspondência é observada em uma simples declaração: "E agora, ó Israel, o que é que o Senhor seu Deus pede de você, senão que *tema* o Senhor, o seu Deus, que ande em todos os seus caminhos, que o ame e que sirva ao Senhor, ao seu Deus, de todo o seu coração e de toda a sua alma" (Deuteronômio 10:12). Se você ama e ao mesmo tempo teme alguém, sua resposta instintiva será honrar tal pessoa prestando-lhe obediência.

Salomão sumariza exatamente isso no seu último livro: "Agora que já se ouviu tudo, aqui está a conclusão: Tema a Deus e guarde os seus mandamentos, pois isso é o essencial para o homem" (Eclesiastes 12:13).

Se a sabedoria é a habilidade de viver bem a nossa vida, seu ápice está na disposição de obedecer aos mandamentos de Deus: "No temor do Senhor está a sabedoria, e evitar o mal é ter entendimento" (Jó 28:28). "O temor do Senhor é o princípio da sabedoria; todos os que cumprem os seus preceitos revelam bom senso" (Salmos 111:10). Essa é uma ideia tão central na cosmovisão dos hebreus que o temor de Deus se tornou a marca distintiva da fé israelita (Atos 13:16, 26; 2 Coríntios 5:11). Por outro lado, não temer a Deus é a marca que evidencia a pessoa ímpia (Salmos 36:1, citado em Romanos 3:18).

O temor a Deus não se restringe a algo que fazemos, mas define quem somos.

A Vantagem de Temer a Deus

"Temer a Deus" é um mandamento bíblico bastante impopular. Mas temer a Deus traz inúmeros benefícios.

"O Senhor *confia os seus segredos* aos que o temem, e os leva a conhecer a sua aliança" (Salmos 25:14). A expressão original hebraica "confia os seus segredos" poderia ser traduzida por "conselho secreto". Assim sendo, quando passar a temê-lo, você fará parte do Seu círculo íntimo.

Temer a Deus o tornará destemido. Encontramos centenas de versículos na Bíblia sobre temor. Um dos fios condutores desse tema é que o povo de Deus é ensinado a temer somente duas coisas: Deus e nada mais. "Não tenham medo deles. O Senhor, o Deus de vocês, é quem lutará por vocês" (Deuteronômio 3:22). Repetidas vezes, somos encorajados a sermos destemidos. Por quê? Porque uma vez que você teme a Deus, não há mais nada a temer.

O temor ao Pai é acompanhado pelo *conforto* do Espírito. "A igreja passava por um período de paz em toda a Judeia, Galileia e Samaria. Ela se edificava e, encorajada pelo Espírito Santo, crescia em número, vivendo no temor do Senhor" (Atos 9:31).

O temor propicia *santidade*: "Amados, visto que temos essas promessas, purifiquemo-nos de tudo o que contamina o corpo e o espírito, aperfeiçoando a santidade no temor de Deus" (2 Coríntios 7:1). E o temor propicia *saúde*: "O temor do Senhor prolonga a vida, mas a vida do ímpio é abreviada" (Provérbios 10:27). E ainda: "O temor do Senhor é fonte de vida, e afasta das armadilhas da morte" (Provérbios 14:27).

Finalmente, o temor e *a adoração a Deus* também andam de mãos dadas. (Salmos 22:23, 25; 40:3; Apocalipse 19:5). O temor se transforma em reverência, a reverência em admiração e a admiração em adoração. A nossa adoração se eleva até o alto não somente pelo amor, mas também pela honra que está profundamente arraigada no temor diante do poder, majestade e onipotência de Deus.

O anjo do Senhor é sentinela
    ao redor daqueles que o temem, e os livra.

Provem e vejam como o Senhor é bom.
    Feliz é o homem que nele se refugia!
Temam o Senhor, vocês que são os seus santos,
    pois nada falta aos que o temem. (Salmos 34:7-9)

Pontos-chave

- A sabedoria é a habilidade prática para ter uma vida de sucesso;
- O temor do Senhor é semelhante ao respeito que temos pelos pais: ele anda de mãos dadas com o amor;
- O temor do Senhor é demonstrado pela obediência a seus mandamentos.

Esta semana

☐ **PRIMEIRO DIA:** Leia o texto da semana.

☐ **SEGUNDO DIA:** Memorize Provérbios 1:7.

☐ **TERCEIRO DIA:** Leia 1 Reis 3; 10-11.

☐ **QUARTO DIA:** Medite em Deuteronômio 10:12; Eclesiastes 12:13; Tiago 1:5.

☐ **QUINTO DIA:** Ore pedindo sabedoria quando for preciso: "Se algum de vocês tem falta de sabedoria, peça-a a Deus, que a todos dá livremente, de boa vontade; e lhe será concedida" (Tiago 1:5).

Desafio de Superação: Memorize Tiago 1:5.

Bônus de Leitura: Mark DeMoss, *The Little Red Book of Wisdom*.

15

Expiação

Mas ele foi transpassado por causa das nossas transgressões,
   foi esmagado por causa de nossas iniquidades;
o castigo que nos trouxe paz estava sobre ele,
   e pelas suas feridas fomos curados.

—Isaías 53:5

Pergunta: De que maneira a morte de Jesus paga o meu pecado?

"Jesus morreu por mim". Esse é um tema bastante trabalhado nos círculos cristãos — nas músicas, nos sermões e em conversas. Mas qual é o sentido real dessa declaração?

Expiação é um importante termo teológico. Você se deparará com ele aqui e acolá nas Escrituras e nos sermões. Mais da metade das vezes que este tema é tratado na Bíblia, ele é encontrado em um único livro, o livro de Levítico. Nele encontramos a descrição quanto a função de um sacrifício para pagar os pecados do povo. Basicamente, o sentido do termo expiação indica que você possuía uma dívida e que outra pessoa a pagou em seu lugar.

De acordo com as Escrituras, o pecado implica em uma condenação de morte: "Pois a vida da carne está no sangue, e eu o dei a vocês para fazerem o rito da expiação sobre o altar; é o sangue que faz expiação pela vida" (Levítico 17:11). Para que seu relacionamento com Deus seja restaurado, precisa haver sacrifício de sangue. Isso pode parecer bárbaro ou arcaico. Contudo, não tenho muita certeza de que sua análise terrena tenha muito peso, particularmente porque somos a parte que quebrou a aliança. Nós estragamos a perfeita criação. Fomos envenenados pelo próprio orgulho e atraídos pelas seduções satânicas.

A melhor resposta que poderíamos dar a essa verdade bíblica seria nossa submissão, não a nossa crítica. À luz desses fatos, em Isaías 53 encontramos três ideias embutidas que nos ajudam a entender melhor esse importante tema bíblico acerca da expiação.

Excelente Surpresa de Isaías 53 Para o Ocidente

A expiação não é apenas individual, ela também é coletiva. O pecado de Israel não era um mero problema pessoal. Seu pecado era uma crise nacional que os conduziu ao exílio.

Quer reconheçamos isso ou não, os EUA estão registrando níveis de fracasso moral sem precedentes. Não se trata de uma necessidade restrita a mim, um indivíduo precisando de um salvador. Trata-se de nós, a nação. Nossas comunidades, igrejas e o país poderiam usar uma boa dose de livramento.

O capítulo 53 de Isaías é uma das quatro seções poéticas do livro identificadas como as canções do "servo sofredor" (42:1–9; 49:1–13; 50:4–11; 52:13–53:12). Este capítulo descreve como o servo sofre em favor da nação e como ele traz cura ao povo de Deus. Alguns entendem o servo sofredor como a nação inteira de Israel — ou seja, o povo de Deus sofrendo por sua causa. O problema desta interpretação é que cada um dos que sofrem são os mesmos que precisam de um Salvador. Uma vez que a própria nação era o problema, dificilmente poderia se esperar que ela salvaria a si mesma.

No capítulo 8 do livro de Atos, encontramos um eunuco etíope voltando do templo em Jerusalém para casa. No percurso, enquanto lia Isaías 53, ele encontrou um cristão chamado Filipe, a quem pediu que lhe explicasse a passagem: "Diga-me, por favor: de quem o profeta está falando? De si próprio ou de outro?" (Atos 8:34). É evidente que Filipe aproveitou a oportunidade para anunciar que Jesus era o servo sofredor.

Moisés prefigurou a Jesus, o servo sofredor, no momento em que pediu que sua própria vida fosse riscada em favor da nação (Êxodo 32:32).

"Porquanto ele derramou sua vida até a morte" — porque ele entregou sua vida à morte, conforme está escrito, *se não, risca-me do teu livro que escreveste* etc. "E foi contado entre os transgressores" — porque ele foi

contado com os pecadores pelos quais foi condenado à morte no deserto. "Mas ele expôs o pecado de muitos" — porque ele assegurou expiação para quem fez o bezerro de ouro.[1]

Já estava bem claro naquele tempo e hoje em dia que nós necessitamos de um Salvador. O que não estava esclarecido era que aquele Salvador sofreria em lugar do seu povo em vez de infligir sofrimento a seus inimigos.

Então Jesus entra em cena. Ele era um tipo muito diferente de Salvador. Sua salvação não era meramente pessoal, ela era de caráter nacional. A nação inteira estava sendo resgatada por ele, não apenas um indivíduo.

Excelente Surpresa de Isaías 53 Para o Antigo Israel

A ideia de que o Salvador haveria de sofrer fez como que a perspectiva judaica sobre isso ficasse virada de cabeça para o ar. No contexto judaico, o ímpio teria de ser sacrificado — "servir de resgate para o justo" (Provérbios 21:18; veja também Isaías 43:3,14). O Messias deveria salvar Israel com poder, não mediante sofrimento. Ele deveria infligir dor, não ser infligido por ela. A expectativa era de que ele derrotasse os inimigos de Israel, não entregasse sua própria vida.[2]

Enquanto Israel esperava um rei e acabou recebendo um sacrifício, os cristãos do nosso tempo esperam um sacrifício e ganham um rei. Poder e sacrifício não se contrapõem enquanto a ressurreição encontrar-se entre eles.

O que Israel tinha de aprender era que o seu Messias era um servo sofredor. Já o que nós temos de lembrar é que o nosso Salvador é o nosso Rei.

O Grande Cumprimento de Isaías 53 em Jesus

Esta canção do servo sofredor (Isaías 52:13–53:12) está repleta de predições sobre a vida e a obra de Jesus:

- "Sua aparência estava tão desfigurada que ele tinha perdido toda a sua aparência humana" (52:14) — essa descrição combina com o tratamento brutal recebido;
- "Ele não tinha qualquer beleza ou majestade que nos atraísse" (53:2) — uma verdade observada no carpinteiro do interior;
- "Foi desprezado e rejeitado pelos homens" (versículo 3) — verdade observada durante sua execução;

- "Ele tomou sobre si as nossas enfermidades e sobre si levou as nossas doenças. Mas ele foi transpassado por causa das nossas transgressões. Pelas suas feridas fomos curados. O Senhor fez cair sobre ele a iniquidade de todos nós... como um cordeiro foi levado para o matadouro... por causa da transgressão do meu povo ele foi golpeado" (versículos 4-8) — essas são descrições da cruz;
- "Foi-lhe dado um túmulo com os ímpios e com os ricos em sua morte" (versículo 9) — essa é uma poética justaposição dos criminosos crucificados ao lado de Jesus e à sepultura de José de Arimateia na qual Jesus foi sepultado;
- "Embora o Senhor faça da vida dele uma oferta pela culpa, ele verá sua prole e prolongará seus dias, e a vontade do Senhor prosperará em sua mão" (versículo 10) — essas afirmações preveem a ressurreição de Jesus;
- "Depois do sofrimento de sua alma, ele verá a luz e ficará satisfeito; pelo seu conhecimento meu servo justo justificará a muitos, e levará a iniquidade deles" (versículo 11) — isso descreve a expiação substitutiva de Jesus.

Diante de todas essas evidentes justaposições, é surpreendente que os autores do Novo Testamento não destacaram ainda mais Isaías 53. Mesmo assim, o que foi registrado no Novo Testamento quanto ao cumprimento dessa passagem é suficiente e bastante esclarecedor. O próprio Jesus citou Isaías 53:12 em Lucas 22:37. Veja o que Jesus disse: "Está escrito: E ele foi contado com os transgressores." De maneira bastante significativa, Jesus introduziu essa citação afirmando que a profecia estava se cumprindo nele mesmo, e concluiu reforçando a ideia: "Sim, o que está escrito a meu respeito está para se cumprir." Observe que a citação carrega um tom solene, indicando o cumprimento da profecia.

Jesus se considera o servo sofredor de Isaías 53. Na verdade, em Marcos 10:45 ele declara publicamente seu propósito, estabelecendo uma ligação entre sua liderança nacional e seu sacrifício pessoal. "Pois nem mesmo o Filho do Homem veio para ser servido, mas para servir e dar a sua vida em resgate por muitos". A citação ressoa Isaías 53:11: "Depois do sofrimento de sua alma, ele verá a luz e ficará satisfeito; pelo seu conhecimento, meu servo justo justificará a muitos, e levará a iniquidade deles."

A citação de Marcos 10:45 é bem aproximada. Todos os autores do Novo Testamento, com exceção de Tiago e Judas, descrevem o efeito substitutivo da morte de Jesus (Mateus 20:28; João 11:49–52; Atos 20:28; Romanos 3:23–25; 2 Coríntios 5:14–15; Gálatas 3:13–14; 1 Timóteo 2:5–6; Tito 2:14; Hebreus 9:22,28; 1 Pedro 1:18–19; 1 João 2:2; Apocalipse 5:9).

Além disso, em cada um dos evangelhos, Jesus falou que sua morte seria em benefício de outros (Mateus 20:28; Marcos 10:45; Lucas 22:19–20; João 12:24,32). De maneira particularmente explícita, três proeminentes autores do Novo Testamento falaram sobre a vitória de Jesus mediante o sofrimento.

Um deles, o apóstolo Paulo fez o célebre registro: "Pois o salário do pecado é a morte, mas o dom gratuito de Deus é a vida eterna em Jesus Cristo, nosso Senhor" (Romanos 6:23). E também escreveu:

> Pois o amor de Cristo nos constrange, porque estamos convencidos de que um morreu por todos; logo, todos morreram. E ele morreu por todos para que aqueles que vivem já não vivam mais para si mesmos, mas para aquele que por eles morreu e ressuscitou (2 Coríntios 5:14-15).

O apóstolo Pedro também escreve sobre isso, particularmente em como os cristãos foram redimidos: "Pois vocês sabem que não foi por meio de coisas perecíveis como prata ou ouro que vocês foram redimidos da sua maneira vazia de viver que lhes foi transmitida por seus antepassados, mas pelo precioso sangue de Cristo, como de um cordeiro sem mancha e sem defeito" (1 Pedro 1:18-19).

E, finalmente, o apóstolo João falou acerca de Cristo como sendo "a expiação dos nossos pecados, e não somente dos nossos, mas também dos pecados de todo o mundo" (1 João 2:2).

Os autores do Novo Testamento afirmam claramente e em uníssono que por meio do sofrimento e da morte de Jesus, foi pago o preço pelo nosso pecado. Em função disso, podemos viver livres do pecado.

Pontos-chave

- A expiação é o sacrifício de sangue pelos nossos pecados;
- Jesus sacrificou sua vida para salvar não somente indivíduos, mas também para salvar a nação;
- O sacrifício e a vitória não são conceitos antagônicos, a vitória é alcançada mediante o sacrifício.

Esta semana

- [ ] **PRIMEIRO DIA:** Leia o texto da semana.

- [ ] **SEGUNDO DIA:** Memorize Isaías 53:5.

- [ ] **TERCEIRO DIA:** Leia Êxodo 7:14–11:10.

- [ ] **QUARTO DIA:** Medite em Levítico 17:11; Romanos 6:23; 1 Pedro 1:18–19.

- [ ] **QUINTO DIA:** Destaque Isaías 53 na sua Bíblia e o leia na próxima vez que você participar da celebração da Ceia do Senhor.

Desafio de Superação: Memorize Romanos 6:23.

Bônus de Leitura: Leon Morris, *The Atonement:* Its Meaning and Significance.

16

A Nova Aliança

> Esta é a aliança que farei com a comunidade de Israel depois daqueles dias, declara o Senhor: Porei a minha lei no íntimo deles e a escreverei nos seus corações. Serei o Deus deles, e eles serão o meu povo. Ninguém mais ensinará ao seu próximo nem ao seu irmão, dizendo: "Conheça ao Senhor", porque todos eles me conhecerão, desde o menor até o maior, diz o Senhor. Porque eu lhes perdoarei a maldade e não me lembrarei mais dos seus pecados.
>
> —Jeremias 31:33-34

Pergunta: Quais vantagens os cristãos têm sob a nova aliança?

Não era à toa que Jeremias era conhecido como profeta chorão. Ele recebeu aquele título, em primeiro lugar, porque sempre sofria quando anunciava o que Deus lhe mandava dizer. Também porque apanhou, foi ridicularizado, preso e ameaçado. Entre os memoráveis eventos deste livro, há um no qual Jeremias foi punido por pregar sendo jogado dentro de uma cisterna seca (Jeremias 38:6).

Outra fonte de lágrimas do profeta foi seu profundo lamento pelo destino dos seus compatriotas. Durante décadas ele anunciou a destruição de Jerusalém. Seus próprios olhos testemunharam a queda de Jerusalém nas mãos de Nabucodonosor no ano de 586 a.C. A destruição da cidade foi sem precedente, deixando seus habitantes devastados e o templo em ruínas.

Muitos estudiosos da Bíblia não deixaram de perceber as fortes semelhanças entre Jeremias e Jesus, que também chorou por causa da cidade de Jerusalém (Mateus 23:37-39). No próprio tempo em que Jesus viveu aqui na Terra, as pessoas o compararam a Jeremias (Mateus 16:14). Ao purificar o templo, Jesus também citou as palavras de Jeremias, no mesmo local onde as palavras foram proferidas pela primeira vez (Mateus 21:13; Jeremias 7:11).

A Necessidade de Uma Nova Aliança

Em meio à abundância de lágrimas de Jeremias e do universo de profecias sombrias, existia um singular raio de luz. Trata-se do ponto alto de sua carreira e da sua profecia mais conhecida. É a predição de uma nova e melhor aliança com o povo de Deus (Jeremias 31:31-34). Se quisermos extrair o valor dessa profecia, precisamos acompanhar algumas incríveis letras musicais.

A abertura do capítulo se dá com um poema comovente acerca do extravagante amor de Deus por seu povo. "Eu amei você com amor eterno" (versículo 3); "Eu a reconstruirei" (versículo 4); "Aquele que dispersou Israel os reunirá e, como pastor, vigiará o seu rebanho". (versículo 10); "Transformarei o lamento deles em júbilo" (versículo 13). Essas são promessas extraordinariamente confortantes vindas de um profeta chorão.

O capítulo apresenta um crescendo nos versículos 33-34, a nossa passagem-chave, contendo uma das joias raras das Escrituras.

A partir dessas palavras, Jeremias dá forma a um dos mais profundos anseios de Israel. O povo de Deus amava a Sua lei, mas não eram capazes de cumpri-la. Eles continuavam pecando, oferecendo sacrifícios e continuavam sofrendo em consequência à sua rebeldia. Eles precisam de uma legislação melhor e de um relacionamento com Deus mais profundo.

Não era só Jeremias que apresentava esperança por uma nova aliança. Temos esse anseio ecoado no texto de Ezequiel 36:26–27: "Darei a vocês um coração novo e porei um espírito novo em vocês; tirarei de vocês o coração de pedra e lhes darei um coração de carne. Porei o meu Espírito em vocês e os levarei a agirem segundo os meus decretos e a obedecerem fielmente às minhas leis."

Encontramos novamente esse desejo em Joel 2:28,32:

E, depois disso,
　derramarei do meu Espírito sobre todos os povos.
Os seus filhos e as suas filhas profetizarão,
　os velhos terão sonhos,
　os jovens terão visões...

E todo aquele que invocar o nome do SENHOR será salvo.[1]

A verdade é que os judeus percebem seu fracasso em guardar a velha aliança feita por Moisés.

Para ser mais exato, o problema não estava na lei em si, mas na humanidade. As pessoas se recusaram a guardar a lei. Por isso, nos dias de Jeremias a punição prometida foi infligida à nação. Os sacrifícios foram multiplicados, porém, o fracasso moral se tornara ainda maior.

As Vantagens da Nova Aliança

Jeremias nos entregou a promessa de uma nova aliança. Ela é diferente e melhor em três pontos.

O primeiro está relacionado ao fato de que *todos poderiam conhecer pessoalmente a Deus sem a necessidade de um mediador.* Não haveria mais a necessidade de um sacerdote ou profeta para mediar a relação entre o homem e Deus. Todos teriam um mesmo acesso a Deus — homens e mulheres, velho e jovem, rico e pobre, procedentes de qualquer nação e pertencentes a qualquer etnia, não importando sua afiliação partidária. Todos deveríamos estar em plenas condições de nos aproximar de Deus com confiança, de acordo com a declaração em Hebreus 4:16: "Assim sendo, aproximemo-nos do trono da graça com toda a confiança, a fim de recebermos misericórdia e encontrarmos graça que nos ajude no momento da necessidade." Foi exatamente isso que Deus sempre quis. Ele mesmo fez esta afirmação: "E habitarei no meio dos israelitas e lhes serei o seu Deus" (Êxodo 29:45). Ele também declarou: "Andarei entre vocês e serei o seu Deus, e vocês serão o meu povo" (Levítico 26:12).

Como seria isso? O nosso pecado não nos afasta de Deus? Na verdade, sim. É por essa razão que Israel nunca conseguiu adquirir tal confiança para aproximar-se de Deus com a mesma intimidade que Ele propusera. Contudo, os cristãos conseguem porque *os nossos pecados foram perdoados por meio do perfeito sacrifício de Cristo.* Essa verdade está expressa de maneira convincente em Hebreus 10:19–22:

> Portanto, irmãos, com toda confiança podemos entrar no santuário, por meio do sangue de Jesus, por um novo e vivo caminho que ele nos abriu por meio do véu, isso é, do seu corpo. Temos, pois, um grande sacerdote sobre a casa de Deus. Sendo assim, aproximemo-nos de Deus com um coração sincero e com plena convicção de fé, tendo os corações

aspergidos para nos purificar de uma consciência culpada e tendo os nossos corpos lavados com água pura.

Essa é realmente uma impressionante passagem bíblica. Pense um pouco naquele tempo da antiga aliança quando o sumo sacerdote poderia entrar no santuário. A presença de Deus é um lugar aterrorizador para a pessoa que ainda não teve os pecados perdoados.

Jesus fez uma alusão à promessa feita por Jeremias de uma nova aliança na Última Ceia (Lucas 22:20). Mais tarde, o apóstolo Paulo citaria aquelas mesmas palavras em suas instruções aos coríntios sobre a participação na Ceia do Senhor. (1 Coríntios 11:25). Em síntese, a nova aliança é representada pelo pão e pelo vinho da Última Ceia.

O terceiro aspecto que distingue a nova aliança da antiga é *a internalização da lei de Deus*, que se realiza por meio da habitação do Espírito Santo. Ao mesmo tempo que o sacrifício do Filho purifica o nosso passado, a habitação do Espírito garante nosso futuro.

O texto de Joel 2:28–32 faz um paralelo com a promessa feita em Jeremias 31:33–34. Ou seja, qualquer pessoa pode ser perdoada invocando o nome do Senhor e recebendo o Santo Espírito, não importa quem seja, a que nação pertença, nem em que época esteja vivendo. Pedro citou a promessa de Joel no dia de Pentecoste (Atos 2:17–21). Foi quando o Espírito desceu nos apóstolos e os capacitou para falar em línguas estrangeiras. Foi um milagre extraordinário que chamou a atenção das multidões. Contudo, mais impressionante que o milagre em si foi a promessa de que todos aqueles três mil batizados em Pentecostes receberiam a habitação permanente do Espírito Santo (versículos 38-41).

Nesse exato momento, toda pessoa que recebe a Jesus Cristo pela fé, além de receber o perdão por todos os pecados cometidos, também recebe o dom da habitação do Espírito para guiá-lo no caminho de Deus. Sempre seguimos as orientações do Espírito Santo? Não. Mesmo assim ele continua sempre ali, motivando, aconselhando e corrigindo.

E os pecados que eu cometer depois do meu batismo, eles também serão perdoados? É claro que sim. O sangue de Jesus flui em dois sentidos, sobre o nosso passado e em direção ao nosso futuro.

Devido à nossa ligação íntima, o Espírito Santo em nós nos conduzirá a uma maneira diferente de vida. Sob a antiga aliança, a lei de Moisés atuava como a uma cerca elétrica. Qualquer pessoa que tentava atravessá-la, levava um choque. Uma de suas funções era proteger por meio da punição. Sob a nova aliança, o Espírito Santo dentro de nós age de maneira muito diferente. A forma como Ele lida conosco mais se parece com a direção de uma bússola do que com a delimitação de uma cerca elétrica. Ele não limita nossos movimentos, mas nos liberta e aponta a direção correta que devemos seguir. Somos atraídos pelo Espírito Santo em direção à justiça. E, assim, o nosso coração é transformado por meio da Sua operação em nós.

Essa nova maneira de viver é descrita com precisão em 1 Coríntios 6:19-20: "Acaso não sabem que o corpo de vocês é santuário do Espírito Santo que habita em vocês, que lhes foi dado por Deus, e que vocês não são de si mesmos? Vocês foram comprados por alto preço. Portanto, glorifiquem a Deus com o corpo de vocês." E, de maneira resumida, Paulo pontua essa verdade em 2 Coríntios 3:6: "Pois a letra mata, mas o Espírito vivifica." Uma vez que o Espírito está em nós, não há porque de uma lei ao redor de nós. Em consequência, o nosso comportamento é internamente motivado em vez de ser externamente constrangido.

Encontramos uma exposição da superioridade da nova aliança do começo ao fim da carta aos Hebreus. A epístola pode parecer confusa porque foi escrita a partir de uma perspectiva judaica para judeus convertidos ao cristianismo. Apesar disso, o tema era tão importante e impactante que mereceu um livro inteiro do Novo Testamento, para responder a nossa grande questão: Quais vantagens os cristãos têm sob a nova aliança?

Pontos-chave

- No tempo que Jerusalém foi destruída, Jeremias prometeu uma nova aliança;
- A esperança de uma nova aliança era comum no antigo Israel em função de seu constante pecado e castigo;
- A nova aliança prometia três coisas: relacionamento pessoal com o Pai; perdão dos pecados mediante o sacrifício do Filho; a lei de Deus em nossos corações mediante o Espírito Santo.

Esta semana

☐ **PRIMEIRO DIA:** Leia o texto da semana.

☐ **SEGUNDO DIA:** Memorize Jeremias 31:33–34.

☐ **TERCEIRO DIA:** Leia Mateus 3 e Lucas 4.

☐ **QUARTO DIA:** Medite em Lucas 22:20; 1 Coríntios 6:19–20; Hebreus 9:14–15

☐ **QUINTO DIA:** Leia o livro de Hebreus, elaborando uma lista de vantagens desfrutadas pelos cristãos sob a nova aliança.

Desafio de Superação: Memorize 1 Coríntios 6:19–20.

Bônus de Leitura: Watchman Nee e Witness Lee, *The New Covenant*.

17

O Filho do Homem

Vi alguém semelhante a um filho de um homem,
vindo com as nuvens dos céus.
—Daniel 7:13

Pergunta: Jesus é completamente humano *e* completamente divino?

O Filho do Homem não é uma expressão comum. O sentido preciso dessa expressão carrega um pouco de mistério. Sendo assim, vamos começar esclarecendo alguns de seus pontos.

As Estatísticas

A expressão *O Filho do Homem* é encontrada 107 vezes no Antigo Testamento. Destas, 93 vezes ela é encontrada em um único livro, Ezequiel, onde Deus chama seu profeta de *"Filho do Homem"*. Lembrá-lo acerca da sua fragilidade humana não se trata exatamente de um insulto, mas também não pode ser considerado um elogio.

A primeira vez que ouvimos a expressão *Filho do Homem* foi quando Balaão, o profeta pagão, falou em nome de Javé: "Deus não é homem para que minta, nem filho de homem para que se arrependa" (Números 23:19). Também ouvimos isso de Bildade, amigo de Jó, quando ele descrevia a perspectiva de Deus a respeito da humanidade: "Se nem a lua é brilhante e as estrelas são puras aos olhos d'Ele, muito menos o será o homem, que não passa de larva, e o Filho do Homem, que não passa de verme!" (Jó 25:5–6). Isso parece bastante similar à declaração do Salmo 8:4: "Que é o homem, para que com ele te importes? E o Filho do Homem, para que com ele te preocupes?" Novamente, isso não representa nenhum insulto, mas certamente esta declaração coloca o ser humano no seu devido lugar. Em suma, o termo pode ser amigável, mas nunca lisonjeiro.

O uso do termo *Filho do Homem* é bastante consistente no Antigo Testamento, com uma única exceção, a qual é observada em Daniel 7:13. A passagem revela que Daniel teve uma visão. Ele teve uma visão de Deus ("um ancião") exaltado em seu trono (versículo 9). De repente, lá apareceu a figura divina, "alguém semelhante a um filho de um homem" (versículo 13), o qual é trazido à presença de Deus durante uma contundente transmissão de poder. "A ele foram dados autoridade, glória e reino; todos os povos, nações e homens de todas as línguas o adoraram. Seu domínio é um domínio eterno que não acabará, e seu reino jamais será destruído" (Daniel 7:14). Temos aqui um tipo de enigma. Como é possível um simples mortal atingir essa posição tão elevada, partilhando a autoridade de Deus?

Essa era uma discussão sem fim entre os rabinos. Para os líderes judeus, era extremamente difícil aceitar que qualquer ser humano pudesse partilhar a glória e autoridade de Deus. Na verdade, já havia um precedente no Salmo 122:5, o qual afirma que o descendente de Davi, o Messias, partilha da glória de Deus. "Lá estão os tribunais de justiça, os tribunais da casa real de Davi". Claramente, Deus planejou que, ao seu lado, um ser humano governe e julgue.

Deixando o livro de Daniel e olhando para o Novo Testamento, encontraremos algo que nos deixa mais perplexos ainda. Ali, o termo *Filho do Homem* aparece 85 vezes, e na maioria delas nos Evangelhos (as únicas exceções estão em Atos 7:56; Hebreus 2:6; e Apocalipse 1:13; 14:14). Além disso, cada vez que aparece nos Evangelhos, o termo não apenas *se refere a* Jesus, como também é Ele *quem o profere* (exceto na pergunta da multidão em João 12:34). É como se só Jesus pudesse referir-se a si mesmo como um mero mortal.

Diante disso, podemos concluir que Jesus é o único "Filho do Homem". Ele foi quase a única pessoa a se identificar assim, e Ele quase sempre usou essa designação para se referir a si mesmo. Então, se o termo é uma forma de depreciação (exceto em Daniel, onde o mesmo indicava exaltação altíssima), como isso corresponde a Jesus? Como Jesus pode ser o exaltado Filho do Homem que humilha a si mesmo no plano natural? Aqui reside precisamente o assunto da encarnação (Jesus ter vindo ao mundo em forma humana). Trata-se da promessa do Antigo Testamento que afirmava que Deus viria até seu povo e mudaria seu destino.

A Grande Ideia

Quando nos humilhamos, Deus nos exalta. É um corolário bem rígido encontrado nas Escrituras. Jesus aplicou essa lei espiritual em toda a sua vida. Ele veio mediante a encarnação e ascendeu pela ressurreição. Nascido pobre, Ele ascende ao trono. Morreu na cruz e agora usa uma coroa.

Portanto, *Filho do Homem* é o título perfeito para Jesus. Ao identificar-se com a fraqueza e a fragilidade humana, Ele criou espaço para que o próprio Deus o exaltasse. O apóstolo Paulo destacou essa verdade com a seguinte declaração: "Por isso Deus o exaltou à mais alta posição e lhe deu o nome que está acima de todo nome" (Filipenses 2:9).

Diante disso, Daniel 7:13 é tida como a exclusiva e suficiente fonte da qual Jesus usou para se autodesignar Filho do Homem. É evidente que se trata de um título de humildade. Ao mesmo tempo, trata-se do reconhecimento da sua função de corregente à mão direita de Deus, o Pai.

Isso ficou bastante evidente quando Caifás lhe "enquadrou" no seu julgamento. O sumo sacerdote exigiu uma resposta: "Você é o Cristo, o Filho do Deus Bendito?" (Marcos 14:61). Era uma pergunta capciosa. Se respondesse positivamente, Jesus seria executado por blasfêmia. Jesus respondeu: "Sou. E vereis o Filho do Homem assentado à direita do Poderoso vindo com as nuvens do céu" (versículo 62). Essa particular junção das declarações "assentado à direita do Poderoso" e "vindo com as nuvens do céu" representam uma inconfundível alusão à Daniel 7:13-14. Trata-se também de uma condição necessária para Jesus "quando vier na glória de seu Pai com os santos anjos" (Marcos 8:38). Uma vez que Jesus era consciente de sua posição como filho de Deus, Ele podia se identificar com os seres humanos e, mesmo tendo se tornado um deles, não perdeu de vista seu papel à direita de Deus.

Essa combinação paradoxal entre humanidade e divindade permeou o ministério de Jesus, o que começou a ser evidenciado quando curou um paralítico que foi levado até ele pelo telhado. Na ocasião, Jesus afirmou: "Mas para que vocês saibam que o Filho do Homem tem na Terra autoridade para perdoar pecados" (Marcos 2:10). A autoridade para perdoar pecados é atribuição exclusiva de Deus. No mesmo capítulo Jesus afirmou que "o Filho do Homem é Senhor até mesmo do sábado" (Marcos 2:28). Reflita um pouco sobre essa afirmação de Jesus. O sábado foi instituído no Éden, não no Sinai. Jesus estava penetrando em um campo que pertencia exclusivamente a Deus. Com isso, Ele estava reivindicando o mesmo direito pertencente ao Deus que criou o mundo desde o princípio.

E, ainda, estava afirmando sua posição de juiz no juízo final (Mateus 13:41; 16:27). Mais do que isso, Ele estava reivindicando o trono de glória na eternidade (19:28). Era muita ousadia!

Por outro lado, o Filho do Homem não tinha onde reclinar a cabeça (8:20). Ele veio como qualquer outro ser humano, com necessidades básicas, como comer e beber (11:19). Foi traído por um amigo (26:24,45); sofreu nas mãos do Sinédrio (Marcos 8:31; 9:12,31; 10:33; 14:41). Ele é perfeitamente humano em todos os sentidos, e reivindica todas as prerrogativas da divindade.

Pode parecer perturbador. Mas que outra maneira o Deus do Universo poderia se identificar e se comunicar com os seres humanos que Ele tanto amou? Deus fez um esforço extraordinário para ter um relacionamento com você.

A Consequência

As limitações humanas do Filho do Homem tornaram-se sem efeito após a ressurreição. É importante lembrar que existem quatro aplicações para o termo *Filho do Homem* fora dos Evangelhos. Cada uma delas o retrata como uma figura divina, não mais sujeita à fragilidade humana.

Em Atos 7:56, Estêvão viu Jesus exaltado à direita de Deus. Estêvão disse: "Vejo o céu aberto e o Filho do Homem de pé, à direita de Deus". Aqui está o que foi anunciado em Daniel 7:13-14: a posição de autoridade do Filho do Homem.

A citação seguinte, extraída do capítulo 2 de Hebreus, é um pouco mais complexa. O autor citou uma estrofe do Salmo 8. De acordo com o salmo, muito embora somente Deus é o ser exaltado no céu, os homens são o ápice da criação na Terra. O homem foi designado para governar toda a criação de Deus. Contudo, em função do pecado, a humanidade perdeu a sua dignidade e a sua vocação de administradores da criação. Tornamo-nos ineptos para cumprir esse comissionamento divino. Dessa maneira, faz-se necessário um ser humano perfeito, um homem que seja modelo capaz de restaurar o nosso papel ao assumir o nosso lugar. Jesus tomou sobre si a penalidade que merecíamos e, portanto, restaurou a nossa dignidade, a qual Deus tinha projetado desde o princípio.

Jesus é retratado em Apocalipse 1:13 com as mesmas pinceladas usadas por Daniel ao retratar o Filho do Homem (Daniel 7:13). A imagem de Deus também é retratada nessa passagem: cabelos brancos, olhos flamejantes e voz como a de um trovão (Apocalipse 1:14-15; veja também Daniel 7:9–10). Ele é a encarnação do próprio Javé.

Para finalizar, Apocalipse 14:14 também retrata Jesus em sua glória: "Olhei, e diante de mim estava uma nuvem branca e, assentado sobre a nuvem, alguém semelhante a um filho de homem. Ele estava com uma coroa de ouro na cabeça e uma foice afiada na mão". Ali, não há mais a fragilidade de natureza humana. O Filho do Homem e o Deus da Criação são o mesmo e o único ser.

Essa ideia de Deus ter se tornado homem soa bastante natural e razoável, pelo menos para aqueles que cresceram em um lar cristão. Contudo, para a maior parte das pessoas, essa ideia é praticamente impossível de realizar, especialmente para os judeus e para os muçulmanos. Se você pensar um pouco mais, verá que eles poderiam ter razão. Como poderia o Grande Deus do Universo se enquadrar na tão frágil humanidade? Portanto, esse não seria um ponto a considerar? *Deus pode realizar o impossível.*

Sua encarnação não é apenas possível, ela também é realizável. A encarnação de Jesus é um modelo a ser seguido. É o melhor caminho para obter sucesso tanto no trabalho, como na família e nos demais relacionamentos. Quando demonstramos atitudes humildes, Deus nos exalta. Ao viver entre outras pessoas e para elas, Deus restaura a nossa dignidade perdida de administradores da criação.

Pontos-chave

- O título *Filho do Homem* no Antigo Testamento fazia referência à fragilidade humana;

- No Novo Testamento, Jesus é o único *"Filho do Homem"*. Era como Ele se autointitulava;

- Filho do Homem é o título que se encaixa perfeitamente a Jesus, porque revela sua humilhação conduzindo-o à exaltação. Também porque sua humildade estabelece um princípio a ser adotado por seus seguidores.

Esta semana

☐ **PRIMEIRO DIA:** Leia o texto da semana.

☐ **SEGUNDO DIA:** Memorize Daniel 7:13.

☐ **TERCEIRO DIA:** Leia Daniel 3 e 6.

☐ **QUARTO DIA:** Medite em Isaías 9:6; Marcos 14:62; Hebreus 2:6.

☐ **QUINTO DIA:** Pergunte a um amigo que não seja um seguidor de Cristo sobre qual seria a aparência de Deus se ele tivesse vindo e vivido aqui na Terra.

Desafio de Superação: Memorize Isaías 9:6.

Bônus de Leitura: St. Athanasius, *On the Incarnation of the Word of God*.

18

Bem-aventurança

> Bem-aventurados serão vocês quando, por minha causa os insultarem, perseguirem e levantarem todo tipo de calúnia contra vocês. Alegrem-se e regozijem-se, porque grande é a recompensa de vocês nos céus, pois da mesma forma perseguiram os profetas que viveram antes de vocês.
>
> —Mateus 5:11–12

Pergunta: Como posso ser feliz?

É evidente que todos queremos ser felizes. Não existe nada errado com esse desejo. Deus também quer que você seja feliz. Sendo assim, o que é necessário para que você seja feliz? Uma busca simples no Google ou um passeio pelo site da Barnes & Noble fará você provar esse poderoso impulso que é o desejo de ser feliz — e você não está sozinho nisso. Trata-se da motivação principal do ser humano. A questão é como alcançar a felicidade.

Jesus enfrentou isso de frente já na introdução do Sermão da Montanha, seu primeiro e mais famoso discurso. As primeiras oito declarações que abrem o sermão são denominadas de bem-aventuranças (Mateus 5:2-12). Cada declaração coloca o conjunto de valores da sociedade de pernas para o ar. Cada uma delas inicia com a palavra *bem-aventurados* (ou "felizes"; pense em "afortunados" ou "sortudos"). Mas o que Jesus afirma que nos tornará felizes vai na contramão do senso comum, ou seja, sendo pobres de espírito, lamentando, sendo pacientes, sentindo fome etc.

A Busca da Humanidade para Alcançar a Felicidade

Os filósofos gregos dedicaram um tempo significativo refletindo sobre a busca do homem para alcançar a felicidade. De acordo o seu mais elevado grau de sabedoria, a felicidade requer *virtudes,* bem como outras coisas boas como *riqueza, parentesco, status* e *paz.*[1] A riqueza nos protege contra os malefícios decorrentes da pobreza, como a fome, o frio e a sede. O parentesco nos liga a relacionamentos significativos por meio dos quais recebemos amor e valorização. O status atribui significado no trabalho e na comunidade. A paz é o resultado de nos livrar dos inimigos tanto nos negócios quanto nos tribunais e no campo de batalha.

Qualquer pessoa que obteve essas três virtudes pode experimentar uma existência humana normal, acima das pressões e do medo. Portanto, presumidamente essas virtudes nos tornam felizes. Quando observamos à nossa volta, no entanto, percebemos que muitas pessoas abastadas, populares e poderosas acabam percebendo de maneira mais intensa a própria miséria. Todos nós percebemos que fazer a coisa certa tendo escolhido um caminho errado é um impeditivo para o alcance da nossa felicidade.

Assim como na filosofia grega, a religião judaica desenvolveu um lado moral da felicidade. Para eles, a obediência à lei resulta na bem-aventurança, ao ter filhos (Salmo 127:5), uma boa esposa e amigos,[2] e ser vingados pelo mal que seus inimigos os tenham causado (Salmo 137:8-9). Mas também é bem-aventurado aquele que demonstra benevolência pelo pobre (Salmos 41:1) e os que praticam a justiça (Salmos 106:3). Além de tudo isso, a terra é abençoada quando é governada por homens justos (Eclesiastes 10:17). Os justos são abençoados (Salmo 1:1), assim como todos que obtém sabedoria (Provérbios 3:13).

Contudo, a religião não conseguiu superar a filosofia na tentativa de proporcionar felicidade. É provável que a razão para isso seja que a religião é tão ensimesmada quanto a filosofia. Está bastante claro que precisamos de outra abordagem.

A Busca do Cristão pela Felicidade

As bem-aventuranças de Jesus detonam nossas ideias do que seja felicidade. Ninguém além de Jesus teria a ousadia de alterar o nosso conceito de felicidade de maneira tão radical. Em vez de afirmar que coisas como o dinheiro, poder, amigos ou fama definem o que é ser feliz, Jesus, de maneira impressionante, afirmou: "Felizes são os infelizes."

As bem-aventuranças são revolucionárias e inesperadas, mas não eram algo totalmente novo. Cada uma delas enfatizava uma ideia encontrada um algum lugar da literatura hebraica. Trocando em miúdos, em uma única composição ele amplificava o que outros aludiram em declarações esparsas. Vamos iniciar observando como ele retirou aquelas ideias da literatura hebraica antiga.

1. *"Bem-aventurados os pobres em espírito" (Mateus 5:3)*. "Melhor é ter espírito humilde entre os oprimidos do que partilhar despojos com os orgulhosos (Provérbios 16:19; veja também Salmo 34:6; Provérbios 29:23; Isaías 57:15; 61:1). Não é verdade que as pessoas que desenvolvem um profundo relacionamento com Deus parecem, mesmo nas privações, manter-se bem?
2. *"Bem-aventurados os aflitos" (Mateus 5:4)*. "Console todos os que estão aflitos" (Isaías 61:2). Você já percebeu que geralmente Deus parece estar mais perto nos tempos angustiosos?
3. *"Bem-aventurados os mansos" (Mateus 5:5)*. "Mas os mansos receberão a terra por herança" (Salmos 37:11). Você já percebeu que aquela pessoa humilde e resiliente, por fim, sobrevive a impetuosas turbulências?
4. *"Bem-aventurados os que têm fome e sede de justiça" (Mateus 5:6)*. "Corra a retidão como um rio, a justiça como um ribeiro perene!" (Amós 5:24, veja também 1 Reis 10:9; Jó 29:14; Salmo 89:14; Provérbios 29:7; Isaías 9:7). Você já percebeu que o amor à justiça é muito mais gratificante do que as paixões deste mundo?
5. *"Bem-aventurados os misericordiosos" (Mateus 5:7)*. Somente Deus é descrito como misericordioso no Antigo Testamento, salvo raras exceções. Além disso, a demonstração da misericórdia é a expressão da própria natureza divina, o que explica a exortação rabínica: "Conforme você é misericordioso, Ele terá misericórdia de você."[3] Você já percebeu que pessoas misericordiosas geralmente são mais respeitadas do que pessoas poderosas?
6. *"Bem-aventurados os puros de coração" (Mateus 5:8)*. "Aquele que tem as mãos limpas e o coração puro... Ele receberá bênçãos do Senhor" (Salmos 24:4-5; ver também Salmo 73:1; Provérbios 22:11). Você já percebeu que ter um coração puro traz recompensas?
7. *"Bem-aventurados os pacificadores" (Mateus 5:9)*. "Quando os caminhos de um homem são agradáveis ao Senhor, ele faz que até os seus inimigos vivam em paz com ele" (Provérbios 16:7; ver também Números 25:12;

Ezequiel 34:25). Você já percebeu que o Prêmio Nobel é concedido aos pacificadores que vencem os que promovem a guerra?

8. *"Bem-aventurados os perseguidos" (Mateus 5:10).* Um dos livros escritos entre os dois testamentos afirma que mártires recebem as bênçãos de Deus: "Pela bem-aventurada morte de meus irmãos, pela eterna destruição do tirano, e pela vida eterna dos piedosos, não renunciarei aos nossos nobres laços de família."[4]

Fica bastante claro que para cada uma das bem-aventuranças do Sermão da Montanha há uma declaração correspondente encontrada em fragmentos da literatura judaica. As bem-aventuranças de Jesus não eram inéditas. Mas o fato é que até aquele momento ninguém havia juntado todas aquelas declarações em uma única e impressionante estrofe.

Mas a mais chocante declaração ficou reservada para o final. E foi somente para esse último versículo que Jesus acrescentou uma explicação. *"Bem-aventurados os perseguidos."*

Bem-Aventurados os Perseguidos

É bastante natural pensar que Deus premiaria aqueles que sofressem em seu nome. Na literatura intertestamentária judaica, as pessoas que fossem perseguidas por terem guardado as leis de Deus seriam recompensadas após a morte. Ou seja, seu destino seria revertido, validando tudo aquilo que sofreu.

Por exemplo, no ano de 165 a.C., Eleazar foi executado por se recusar a comer carne de porco, o que era proibido pela lei de Deus. Ele respondeu ao seu algoz com as seguintes palavras: "Nós, Ó Antíoco, que fomos convencidos a conduzir as nossas vidas sob a lei divina, consideramos não existir nenhuma obrigação mais poderosa do que a nossa obediência à lei."[5] Além dele, mais sete irmãos foram martirizados durante aquele tempo. Um deles, ao enfrentar a execução, disse: "O Rei do universo nos ressuscitará em uma nova vida que durará para sempre, porque estamos morrendo por suas leis."[6] Tanto os heróis da história judaica durante a revolta dos Macabeus (168-164 a.C.) quanto os Zelotes, que foram contemporâneos de Jesus, eram tidos em grande estima. Eles tinham a promessa de uma recompensa gloriosa após a morte.

Ou seja, a máxima "bem-aventurados os perseguidos" se tornou comum durante os séculos intertestamentários. A bênção, no entanto, era destinada especificamente àqueles que sofreram por guardar a lei de Deus. Neste contexto, imagine-se no meio da multidão quando Jesus afirmou que nós seríamos abençoados se sofrêssemos em seu nome. "Bem-aventurados serão vocês quando, *por minha causa*, os insultarem, perseguirem e levantarem todo tipo de calúnia contra vocês" (Mateus 5:11). Jesus estava falando sério ao inserir seu próprio nome na sentença que historicamente era colocado o nome de Javé? Sim, ele fez exatamente isso. Jesus se apresenta na mesma posição de Deus ou, para ser mais preciso, como a personificação da Torá de Deus.

Não é de se admirar que, em seguida às bem-aventuranças, Jesus prossegue fazendo comentários específicos acerca de seis leis do Antigo Testamento: "Vocês ouviram o que foi dito aos seus antepassados... *Mas eu lhes digo*" (versículos 21-22, 27-28, 31-32, 33-34, 38-39, 43-44). Com isso, Ele estava mostrando que as suas palavras eram mais importantes do que a palavra que Deus dera por meio de Moisés. Aquilo era muita ousadia! As palavras de Moisés eram a própria palavra de Deus. Então, alguém poderia, com toda a razão, perguntar: "Quem Jesus pensa que é?" As bem-aventuranças oferecem uma resposta bastante clara. Moisés *recebeu* a lei; Jesus *é* a própria lei. Ao falar, Jesus assume para si a mesma autoridade do próprio Deus. Portanto, todo aquele que sofre por causa de Jesus está no mesmo pé de igualdade daqueles que foram perseguidos por seguir a Deus.

Lembre-se sempre disso. A felicidade não é encontrada na filosofia e na ética, sejam elas dos gregos ou dos judeus. Você só encontra a verdadeira felicidade na pessoa de Jesus. Ser fiel a Jesus proporciona, nada mais e nada menos, do que o direito de ser herdeiro do Reino de Deus. Conhecer a Deus e seguir o que Ele diz conduz sempre a uma vida bem-aventurada.

Esse assunto é desenvolvido ao longo do Sermão da Montanha. Esse mesmo ensinamento é observado no fim do sermão. Jesus iniciou o sermão com as bem-aventuranças, afirmando ser ele próprio a palavra de Deus e, mais tarde, finaliza o sermão afirmando que suas palavras são a base da Palavra de Deus: "Portanto, quem ouve estas minhas palavras e as pratica é como um homem prudente que construiu sua casa sobre a rocha" (Mateus 7:24). Com isso, Jesus estava declarando que suas palavras representam a base para uma vida feliz.

Seria surpresa para alguém a multidão estar impressionada ao fim da mensagem? "Quando Jesus acabou de dizer essas coisas, as multidões estavam maravilhadas com o seu ensino, porque ele as ensinava como quem tem autoridade e não como os mestres da lei" (versículos 28-29).

O grande tema do Sermão virou a cultura de pernas para o alto. Os desprestigiados seriam afortunados desde que alinhassem suas vidas às Palavras de Jesus. Os cristãos são participantes de um reino fora dos padrões estabelecidos pala sociedade. Nesse reino, os vencidos é que são os vencedores, os mortos são aqueles que realmente vivem, os pobres são ricos e quem for crucificado com Cristo provará da ressurreição.

Mas como isso realmente funciona? Aqui está o segredo: *A felicidade não é encontrada nas posses nem na segurança material, ela é alcançada quando se tem um propósito mais elevado.*

Pontos-chave

- Tanto para os hebreus quanto para os gregos, uma vida abençoada é sinônimo de ter amigos, riqueza e saúde, bem como saber se conduzir no caminho certo;
- Jesus desenvolve temas já conhecidos na literatura judaica, alterando as regras em vigor que definiam quem seria uma pessoa abençoada, incluindo a pobreza, a humildade, o lamento e a aflição;
- Na tradição judaica, os mártires eram abençoados pela obediência às leis de Deus. Já na tradição cristã, somos abençoados pela observação dos mandamentos de Jesus. Deus e Jesus estão no mesmo grau de igualdade.

Esta semana

- [ ] **PRIMEIRO DIA:** Leia o texto da semana.

- [ ] **SEGUNDO DIA:** Memorize Mateus 5:11–12.

- [ ] **TERCEIRO DIA:** Leia João 3:1–4:42.

- [ ] **QUARTO DIA:** Medite em Tiago 1:2,12; 4:10; 1 Pedro 4:13-14.

- [ ] **QUINTO DIA:** Acesse o website: https://www.vozdosmartires.com, site da associação cristã *A Voz dos Mártires*. Leia um dos relatos sobre um cristão que esteja sofrendo perseguição e faça orações intercedendo por ele durante três dias seguidos.

Desafio de Superação: Memorize Tiago 4:10.

Bônus de Leitura: James Hefley e Marti Hefley, *By Their Blood*: Christian Martyrs of the Twentieth Century.

19

Moralidade Elevada

> Pois eu lhes digo que, se a justiça de vocês não for muito superior à dos fariseus e mestres da lei, de modo nenhum entrarão no reino dos céus.
>
> —Mateus 5:20

Pergunta: O que é preciso para ser uma pessoa "boa"?

No Sermão da Montanha, Jesus fez uma declaração surpreendente. Ele disse que para entrar no reino de Deus temos de ter um padrão de justiça superior ao dos fariseus. Isso soa como uma impossibilidade, uma vez que aqueles líderes religiosos jejuavam duas vezes por semana, separavam integralmente os dízimos de suas especiarias e paravam suas atividades três vezes ao dia a fim de orar. Se é isso que temos de fazer para agradar a Deus, estaríamos todos perdidos. Será mesmo possível nos dias de hoje exceder o padrão de justiça do grupo mais fiel que existiu nos tempos de Jesus? Trata-se de uma questão de ordem prática e de grande importância. Às vezes, os sermões que ouvimos nos fazem pensar que jamais conseguiremos atingir as expectativas de Deus. Nós, cristãos, geralmente somos paralisados pelo nosso passado. Seria realmente possível viver uma vida que Deus qualifique como "santa"?

A resposta para isso é um categórico sim. Isso porque, muito embora não consigamos avançar mais na esfera pessoal, podemos melhorar a nossa motivação pessoal. Jesus não requer uma retidão mais elevada, mas sim uma conduta reta com maior profundidade. Ele não espera que estejamos na igreja com mais frequência, entreguemos um dízimo ainda maior ou que oremos por mais tempo. Ao contrário disso, ele nos chama para que tenhamos motivações mais santas. Mas como isso funciona?

O Exercício de Retidão Com Mais Profundidade

A lei avalia de acordo com as ações. A retidão se desenvolve a partir das motivações. Por exemplo, se eu decidisse não matar com a finalidade de obedecer à lei, mas decidi destruir a vida do outro por meio da fofoca. Se eu amo o meu semelhante, provavelmente é porque é bom para mim, mas se eu amo os meus inimigos, provavelmente, é porque eu sou bom. Enquanto a lei pode apenas direcionar o nosso comportamento, Jesus deseja transformar o nosso caráter.

Na última parte do capítulo 5 de Mateus, Jesus ofereceu seis exemplos de retidão mais profunda. Em suma, ele disse que o cerne da questão é "o cerne da questão". Então, aqui estão seis tipos de retidão e por que eles são tão importantes:

1. O assassinato é contrário à Lei, não apenas para a lei de Moisés, mas praticamente para todos os códigos conhecidos pela humanidade. Contudo, o assassinato é só um sintoma. A ira é de fato o impulso para o homicídio. Então, Jesus nos orienta a lidar com a ira (versículos 21-26). Se não o fizermos, acabaremos por fazer precisamente o que ele profetizou: insultar, injuriar, acusar e dividir. Mesmo que a difamação não seja um crime em si, ela é mais letal que um assassinato. Famílias são muito mais destruídas em função de fofocas do que por homicídios. A maior causa da ruína nos negócios é a infâmia, não o homicídio. Jesus estava certo em tratar o cerne da questão, e não a ação resultante;

2. O adultério é considerado um erro, mas a luxúria é geralmente aceita como algo inevitável. Para Jesus, no entanto, o adultério trata-se de uma olhada com segundas intenções (versículos 27-30). Lidar com a nossa paixão é tão importante que ele sugeriu a amputação dos membros que fraquejam diante dela. Obviamente Jesus estava usando uma hipérbole, sem aplicação literal. Mas esse conceito não deve ser tomado de forma leviana, particularmente dada à enorme quantidade de pornografia disponível hoje em dia nos dispositivos eletrônicos. Devido à sexualização exagerada, a nossa sociedade é alimentada pela luxúria. Estamos enfrentando altos níveis de disfunção sexual sem precedentes. A chamada de Jesus à pureza nunca foi tão importante e séria como agora. Isso não se trata de um protecionismo devido a um puritanismo recatado. É sobretudo um assunto de saúde da família, de saúde mental, de decência e até de estabilidade social;

3. O divórcio era perfeitamente legal no judaísmo, justificado por praticamente qualquer motivo. Jesus queria colocar um ponto final na destruição do casamento quando afirmou "Mas eu lhes digo que todo aquele que se divorciar de sua mulher, exceto por imoralidade sexual, faz com que ela se torne adúltera, e quem se casar com a mulher divorciada estará cometendo adultério" (versículo 32). Infelizmente, essa declaração de Jesus tem sido usada a fim de fazer o outro sofrer, enquanto o que Jesus intencionava era exatamente o contrário, ou seja, ele queria amenizar o sofrimento causado às mulheres divorciadas. Lembre-se, no entanto, que a questão proposta por Jesus não é uma lei mais efetiva, mas uma moralidade elevada;

Os fariseus disseram que um homem poderia divorciar-se de uma mulher sem ser punido por isso, mas eles não poderiam cometer adultério. O que Jesus estava demonstrando com isso é que o divórcio causa o mesmo prejuízo e abuso que o adultério. Obviamente, essas duas transgressões, o divórcio e o adultério, são coisas distintas, muito embora ambas produzam os mesmos resultados. Na verdade, muitas mulheres abandonadas pelo marido mediante o divórcio, mesmo que em sua maioria possam ser inocentes, sofrem consequências semelhantes às de mulheres adúlteras. Tanto num caso como no outro, elas perdem segurança econômica, são marginalizadas carregando a pecha de pecadoras e ficam vulneráveis a predadores do sexo masculino. Aqueles fariseus que justificavam seus divórcios como legais, deveriam então explicar a Jesus como as consequências de suas ações se diferenciariam de forçar suas esposas a cometer adultério;

4. Um juramento é uma tentativa de diferenciar uma situação que requer honestidade das que não exigem o mesmo. Em situações normais da vida nós podemos distorcer a verdade ou mentir descaradamente. Contudo, quando estamos sob juramento, uma varinha mágica nos faz ser mais moralmente corretos do que nas situações normais. Jesus mostrou o absurdo dessa prática (versículos 33-37). Ou somos honestos ou não o somos. O juramento dá a ideia de credibilidade. Por quê? Porque alguns juramentos eram considerados vinculantes, enquanto outros não. Mais especificamente, juramentos vinculantes eram aqueles chamados juramentos de garantia, os quais devem obrigatoriamente ser pagos. Assim sendo, de acordo com Mateus 23:16-18, se você jurou pelo

templo, você não teria como pagar a garantia, porque você não poderia vender o templo, uma vez que ele não é seu, mas pertence a Deus. Portanto, não era um juramento vinculante. Se você tivesse jurado pelo altar, o juramento não teria validade pela mesma razão. Entretanto, se você jurar pelo ouro do templo ou pela oferta do altar, você realmente poderia resgatar a ambos. Portanto, tratam-se de juramentos vinculantes. Mas, se você não é especialista na área jurídica para ser capaz de discernir a diferença, o problema é seu. É muita hipocrisia. Aqui temos uma ideia bem melhor: diga o que você pensa e pense no que você diz. Ou, citando Tiago, o irmão de Jesus, "Seja o sim de vocês, sim, e o não, não" (Tiago 5:12);

5. A lei de Moisés limitou a retaliação à equivalência de ações: "Olho por olho e dente por dente" (Mateus 5:38; veja Êxodo 21:24). A determinação de Jesus é uma alternativa à retaliação muito mais eficiente, ou seja, resistência sem violência. A ideia é bastante simples. Não apenas submeta-se a seus opressores, mas comprometa-se ao máximo com eles; de maneira que a intencionalidade deles seja desmascarada. Dessa forma, as pessoas perceberão as reais intenções deles e tomarão partido ao seu lado.

Oferecer a outra face é sua famosa ilustração para isso. Mas dê uma olhada com mais atenção: "Se alguém o ferir na face direita, ofereça-lhe também a outra" (Mateus 5:39). Se o seu agressor (vamos presumir que ele seja destro) desferir-lhe uma bofetada no lado direito do seu rosto, você vira o outro lado da face, o compelindo a bater em você novamente, com a mão aberta e com maior vigor. Dessa maneira, quem testemunha o fato perceberá a verdadeira agressão e violência que motiva o insulto. Mais uma vez, Jesus afirma "E se alguém quiser processá-lo e tirar-lhe a túnica, deixe que leve também a capa" (versículo 40). Para um judeu do primeiro século, aquilo significava dar a essa pessoa a peça externa do vestuário (a capa) além da peça interna (a túnica). Ao entregar a seu agressor as duas peças do seu vestuário, você ficaria nu e exposto. Um constrangimento tal demonstra até que ponto o real motivo do seu opressor é tirar tudo o que pode de você e deixá-lo em uma situação vulnerável. A ilustração final é semelhante: "Se alguém o forçar a caminhar com ele uma milha, vá com ele duas" (Mateus 5:41). As forças do império romano possuíam o direito legal de constrangimento. Eles tinham o poder de exigir que os locais carregassem suas bagagens por uma milha. Ao fazer o que eles pediam, você deixaria suas reais intenções claras. Não era simplesmente ser auxiliado por você, mas sim fazer você de escravo. Esse tipo de resistência não violenta é uma brilhante estratégia que provou sua eficácia por simpatizantes como Mahatma Gandhi e Martin Luther King Jr;

6. Todos concordam que você deve amar seu próximo, sua família e seus amigos. Mas Jesus afirmou: "Amem os seus inimigos e orem por aqueles que os perseguem" (versículo 44). Talvez esse tenha sido o seu mandamento mais agressivo de todos os tempos. Não se trata de ser apenas contraintuitivo, mas de ser culturalmente absurdo. Lembre-se de que Jesus fez essa afirmação no Oriente Médio, onde predominava o terrorismo. Amar seus inimigos significa mais do que simplesmente sentir-se confortável em relação a eles. Implica apoiá-los. Isso quer dizer, por exemplo, abrigar um foragido, alimentar um refugiado ou defender um adversário. Tais atitudes nos remetem à sétima bem-aventurança: "Bem-aventurados os pacificadores, pois serão chamados filhos de Deus" (versículo 9). Ser filho de alguém indica que você age da maneira que aquela pessoa agiria. Você reflete seu caráter e sua forma de agir. É como diz o ditado: "Tal pai, tal filho." Jesus explicou o porquê desse novo mandamento de amar nossos inimigos: "Para que vocês venham a ser filhos de seu Pai que está nos céus. Porque ele faz raiar o seu sol sobre maus e bons e derrama chuva sobre justos e injustos" (versículo 45). As bênçãos de Deus são derramadas sobre esta boa terra, abrangendo todos aqueles que habitam o planeta. Será que o nosso comportamento seria diferente se adotássemos o caráter do nosso Pai?

Ao assinalar seu ensinamento, Jesus nos advertiu de maneira categórica: "Sejam perfeitos como perfeito é o Pai celestial de vocês" (versículo 48). Não se trata aqui de um apelo à perfeição moral. Em vez disso, a palavra *perfeito* significa "maduro" ou "integral". O que Jesus estava dizendo significa para nós hoje em dia que devemos amar integralmente, de maneira madura e transparente como Deus ama, isso se quisermos aplicar a agenda de Deus em nossa cultura. No conceito de Jesus, o amor incondicional é a chave da moralidade. Quando estivermos propensos a protestar, nos lembremos do modelo de orar pelos inimigos deixados por Jesus nos seus últimos instantes de vida: "Pai, perdoa-lhes, pois não sabem o que estão fazendo" (Lucas 23:34).

Pontos-chave

- Jesus nos chama a uma vida reta, não superficial, mas com maior profundidade;

- Ao considerar cada uma dessas seis ilustrações apresentadas por Jesus, somos levados a pesar sobre a real fonte da nossa moralidade, isso é, nas nossas motivações;

- Amar aos inimigos não é só a declaração mais agressiva e a expectativa moral mais desafiadora apresentada por Jesus, mas é, sobretudo, o princípio ao qual ele dedicou sua vida e também sua morte.

Esta semana

☐ **PRIMEIRO DIA:** Leia o texto da semana.

☐ **SEGUNDO DIA:** Memorize Mateus 5:20.

☐ **TERCEIRO DIA:** Leia Juízes 15-16.

☐ **QUARTO DIA:** Medite em Mateus 5:32,44,48.

☐ **QUINTO DIA:** Escreva um bilhete para si mesmo, apontando seu inimigo mais próximo, aquela pessoa que você precisa amar como Jesus a amou.

Desafio de Superação: Memorize Mateus 5:44.

Bônus de Leitura: Bob Goff, *Love Does*: Discover a Secretly Incredible Life in an Ordinary World.

20

Oração

> Pai nosso, que estás nos céus!
> Santificado seja o teu nome.
> Venha a nós o teu Reino;
> seja feita a tua vontade,
>   assim na terra como no céu.
> Dá-nos hoje o nosso pão de cada dia.
> Perdoa as nossas dívidas,
>   assim como perdoamos aos nossos devedores.
> E não nos deixes cair em tentação,
>   mas livrai-nos do mal.
>
> —Mateus 6:9–13

Pergunta: Como eu devo orar?

A comunicação constitui a base de qualquer tipo de relacionamento. Esse princípio se aplica também ao nosso relacionamento com Deus. Se desejarmos um relacionamento significativo com ele, precisamos aprender como falar com Ele. Isso pode parecer algo intimidador, mas temos um convite que nos dá livre acesso à presença de Deus para orar. Sobre isso, Jesus afirmou "Peçam, e lhes será dado; busquem, e encontrarão; batam, e a porta lhes será aberta. Pois tudo o que pede, recebe; o que busca, encontra; e àquele que bate, a porta será aberta" (Mateus 7:7-8).

Além disso, ao nos criar, Deus colocou em nós um instinto que nos leva a orar. É por isso que, com um mínimo de treinamento e de prática, qualquer pessoa pode se tornar proficiente na oração.

A oração do Pai Nosso, ensinada por Jesus, é o modelo de oração mais conhecido. Essa simples oração nos fornece cinco importantes *insights* sobre como dominar essa prática.

"Pai": Fortaleça Seu Vínculo

De longe, a lição mais importante sobre a oração encontra-se já na primeira frase. "Pai nosso, que estás nos céus! Santificado seja o teu nome", (Mateus 6:9). Parece simples se dirigir a Deus como a um Pai. Contudo, antes de Jesus, nunca ninguém orou dessa maneira. Jesus, por outro lado, quase sempre iniciava suas orações com o termo "Pai" ou pelo seu equivalente em aramaico, "Abba". A única vez que isso não acontece é quando ele ora na cruz, citando o Salmo 22:1: "Meu Deus! Meu Deus! Por que me abandonaste?" (Mateus 27:46).

Isso fala muito. Quando percebemos que o nosso Deus que está nos céus é o nosso pai amoroso, a nossa maneira de falar com ele é completamente mudada. Somente isso já é suficiente para que superemos quaisquer deficiências que possamos ter para orar. Ao conhecer Deus como seu "pai querido", aquele que não orava o suficiente passa a falar com Deus o tempo todo, e aqueles que oram por simples obrigação, deixam de lado a formalidade e passam a falar com Aquela pessoa que os ama. O mesmo ocorreria para aqueles que oram de maneira frívola. Um real vislumbre do Pai amoroso o lembraria que seu poder e propósito são muito maiores que seus desejos e pedidos banais.

Chamar Deus de "Pai" pode ser muito difícil para aqueles que carregam um trauma de infância. No entanto, mesmo aqueles que não conviveram com seu pai, ou tiveram um pai cruel, têm um anseio instintivo de encontrar um bom pai. Foi Deus quem colocou este desejo em nós. Os bons pais terrenos são um tipo de referência do Pai ideal que está nos céus.

Então, como reconheceremos a natureza divina de Deus como Pai? "Santificado seja o teu nome" (Mateus 6:9). Aqui está uma forma poética de dizer: "Deus, comprometemo-nos a contribuir para que tua reputação seja honrada." Tal compromisso também é conhecido como louvor. Provavelmente, isso é mais comum do que você imagina. Fazemos isso o tempo todo. Louvamos namorados, amigos e colegas de trabalho simplesmente usando uma ou duas das seguintes sentenças:

- Você é (*adjetivo*).
- Você fez isso (*ação praticada*) com excelência.

Se você deseja praticar o louvor a Deus, apenas complete essas frases com o maior número de atributos e atos de Deus que você consiga lembrar. Deus ficará feliz ao ouvi-lo louvando, tanto quanto você gosta de ser elogiado.

A oração do Pai Nosso começa com louvor. Assim também deveria começar a sua. Toda vez que exaltamos a natureza e a santidade de Deus, o tom da nossa oração torna-se outro. De uma mera petição, a oração se torna louvor, da expectativa de obter algo para si ao desejo de exaltar o Pai. Isso muda a visão de que Deus é um mero atendedor de pedidos. Ao vê-lo como pai, a nossa conversa com Ele passa a ser moldada pelos seus elevados interesses.

A oração de Ezequias, em meio a uma séria crise (2 Reis 19:15-19; Isaías 37:16-20), ilustra bem como é melhor sempre iniciar nossas orações com louvor. Colocar o pai no trono do seu coração lhe deixará confiante para falar, especialmente quando a maré da vida estiver baixa. É isso que afirma Hebreus 4:16, onde somos exortados para que "aproximemo-nos do trono da graça com toda a confiança, a fim de recebermos misericórdia e encontrarmos graça que nos ajude no momento da necessidade".

"O Teu Reino": Adote a Agenda de Deus

Jesus nos ensinou a orar "Venha a nós o teu Reino; seja feita a tua vontade, assim na terra como no céu" (Mateus 6:10). O poder da oração não está em você começar pedindo o que deseja, mas em você alinhar a sua vida à agenda de Deus. Ao conhecer o propósito de Deus, você pode fazer suas petições e Deus responderá positivamente.

Deus nunca responderá a uma oração que o faça contradizer o que está previamente estabelecido na Bíblia. Então, se você pedir que Ele elimine a guerra, a resposta será não, uma vez que a Bíblia declara que "Vocês ouvirão falar de guerras e rumores de guerra" até o fim dos tempos (24:6). Uma vez que Jesus afirmou que os pobres sempre estarão entre nós (26:11), não adianta ficar orando para que Deus elimine a pobreza no mundo.

Por outro lado, há muitos pedidos que Deus prometeu responder sim, basta você pedir. Isso inclui pedir por sabedoria (Tiago 1:5), pelo Espírito Santo (Lucas 11:13), para escapar da tentação (Lucas 22:40; 1 Coríntios 10:13) e por capacitação para anunciar a Jesus (Mateus 9:37-38). A fim de colocar em prática essa parte da oração, escolha agora mesmo dois dentre estes itens e peça a Deus por cada um deles. Use as suas próprias palavras. Expresse honestamente e com simplicidade aquilo que estiver em seu coração. Não procure impressionar Deus com palavras de efeito.

Somente quando tivermos avançado essas duas primeiras áreas de oração é que começaremos a pedir a Deus aquilo de que precisamos.

"Dá-nos": Obter os Suprimentos

Quando decidimos quais pedidos fazer, precisamos simplesmente responder à questão: "O que eu preciso para realizar o trabalho que Deus mandou que eu fizesse?" Quando alinhamos a nossa vida ao propósito que Deus tem para nós, Jesus prometeu que ele providenciaria todo o necessário para a completa realização do trabalho que Ele mesmo nos mandou fazer. "O que vocês pedirem em meu nome, eu farei" (João 14:14). Deus está pronto para responder positivamente suas orações. O maior erro na oração não é pedir muito, é pedir pouco. Mas, é claro, algumas orações são egoístas. O irmão de Jesus tratou desse assunto da seguinte maneira: "Não têm, porque não pedem. Quando pedem, não recebem, pois pedem por motivos errados, para gastar em seus prazeres" (Tiago 4:2-3). A maioria de nós ora com pouca imaginação e sem ousadia.

Para você praticar esse aspecto da oração, faça uma lista de pedidos para apresentar a Deus. Risque todos os itens que representam um desejo egoísta e mantenha na lista os pedidos que honestamente o tornam um embaixador de Cristo mais eficiente. Agora ore, pedindo sem medo. Ao lado de cada pedido, anote a data que você começou a fazer aquela petição específica, e lembre-se de deixar um espaço em branco na lateral para inserir a data da resposta de Deus. (Mas atenção: essa lista não é estática, ela pode perdurar por décadas, e cada pedido pode ter múltiplos desdobramentos nas respostas.)

Por que Deus não responde a todas as nossas orações de maneira imediata? Algumas respostas demoram porque ainda não é o momento certo daquilo acontecer ou ainda não estamos prontos para obter a resposta esperada. Contudo, muitas de nossas orações são adiadas porque impomos barreiras naquilo que Deus aprova. Os dois últimos itens da oração do Pai Nosso revelam as barreiras mais comuns que adiam o sim de Deus.

"Perdoa": Remova as Barreiras

Às vezes, as nossas orações são impedidas por não termos perdoado alguém que nos tenha ferido. A raiva, o ressentimento e a amargura representam barreiras que se interpõem entre nós e Deus tanto quanto entre nós e os outros. Não importa se o seu ressentimento é recente ou se já faz muito tempo. Também não importa se sua ira tem justificativa ou não. O que Jesus afirmou foi o seguinte: "E quando estiverem orando, se tiverem alguma coisa contra alguém, perdoem-no, para que também o Pai celestial lhes perdoe os seus pecados" (Marcos 11:25).

Perdoar o outro nos torna livres para travar um relacionamento com Deus sem reservas. Sentiremo-nos mais à vontade para orar e nossas orações serão atendidas mais prontamente à medida que perdoamos os outros da mesma forma que Deus nos perdoou.

Reflita por um momento se há alguém (que esteja vivo ou mesmo que já tenha morrido) com quem você esteja em desacordo. Então, simplesmente mencione o nome dessa pessoa para Deus e peça-lhe forças para perdoá-lo(a). Mas, se você ainda não consegue perdoar, peça a Deus que coloque no seu coração o desejo de perdoar. Porém, se você ainda não sente esse desejo, peça a Deus que te perdoe e rogue ao Seu Espírito para que mude sua forma de se sentir sobre isso. Lembre-se, contudo, de que seu Pai tem prazer em responder às suas orações.

Por isso, perdoar é tão importante que foi a única parte da oração do Pai Nosso que Jesus se deteve a explicar: "Pois se perdoarem as ofensas uns dos outros, o Pai celestial também lhes perdoará. Mas, se não perdoarem uns aos outros, o Pai celestial não lhes perdoará as ofensas" (Mateus 6:14-15).

"Livra-nos": Siga o Líder

Outra barreira que impede que nossas orações sejam respondidas trata-se do pecado. É muito difícil para nós estabelecermos uma franca comunicação com Deus quando participamos de forma deliberada de comportamentos que desonram Deus e degradam a dignidade humana.

Vamos observar o exemplo a seguir e ver como isso acontece. "Do mesmo modo vocês, maridos, sejam sábios no convívio com suas mulheres e tratem-nas com honra, como parte mais frágil e coerdeiras do dom da graça da vida, de forma que não sejam interrompidas as suas orações" (1 Pedro 3:7).

Para colocar em prática esse aspecto da oração, basta contar a Deus o que ele já sabe. Confesse, em voz alta, um ou dois comportamentos ou hábitos que te envergonham. Peça perdão com sinceridade e em seguida peça a Deus forças para resistir à tentação. Não é hora de se penalizar. A morte de Jesus na cruz te livrou disso. Contudo, se você não confessar seus erros, continuará carregando o peso da culpa.

Vejam! O braço do Senhor não está tão curto que não possa salvar,
  e o seu ouvido tão surdo que não possa ouvir.
Mas as suas maldades separaram
  vocês do seu Deus;
os seus pecados esconderam de vocês o rosto dele,
  e por isso ele não os ouvirá. (Isaías 59:1-2)

Deus remove o pecado de nossas vidas quando confessamos a ele e, sempre que possível, ele restaura a condição anterior. É isso que a Bíblia chama de *arrependimento,* o qual é acompanhado com a promessa de perdão: "Se confessarmos os nossos pecados, Ele é fiel e justo para perdoar os nossos pecados e nos purificar de toda injustiça" (1 João 1:9). Dessa maneira, experimentamos um relacionamento filial com Ele. Ele não deseja que você fique distante ou separado d'Ele. O arrependimento acompanhado do perdão permite que oremos com confiança mesmo após ter cometido algum deslize.

Pontos-chave

- A lição mais importante sobre a oração é reconhecer a Deus como Pai;
- As nossas petições serão aprovadas quando nossas orações estiverem alinhadas com a agenda de Deus;
- Não perdoar os outros e manter hábitos pecaminosos impedirá que nossas orações sejam atendidas.

Esta semana

☐ **PRIMEIRO DIA:** Leia o texto da semana.

☐ **SEGUNDO DIA:** Memorize Mateus 6:9-13.

☐ **TERCEIRO DIA:** Leia João 17.

☐ **QUARTO DIA:** Medite em Números 6:24-26; 2 Crônicas 7:14; Mateus 7:7-8.

☐ **QUINTO DIA:** Hoje, use a oração do Pai Nosso como um modelo para nortear suas orações.

Desafio de Superação: Memorize Mateus 7:7-8.

Bônus de Leitura: Timothy Keller, *Oração:* Experimentando Intimidade com Deus.

21

Dinheiro

> Não acumulem para vocês tesouros na Terra, onde a traça e a ferrugem destroem, e onde os ladrões arrombam e furtam. Mas acumulem para vocês tesouros no céu, onde a traça e a ferrugem não destroem, e onde os ladrões não arrombam nem furtam. Pois onde estiver seu tesouro, aí também estará seu coração.
>
> —Mateus 6:19–21

Pergunta: O dinheiro é um assunto espiritual?

Muitas pessoas não querem ouvir sermões que tratam de dinheiro. Dizem que "a igreja vive pedindo dinheiro", o que raramente acontece. Muitas igrejas apresentam uma série de sermões sobre finanças uma vez ao ano, ao longo de três ou quatro semanas. O que representa 7% dos sermões pregados no ano todo. Imagine então o que as pessoas diriam se os pregadores do nosso tempo falassem sobre dinheiro tanto quanto Jesus falou. Um total de 10% dos versículos nos Evangelhos trata de dinheiro e 16 das 38 parábolas contadas por Jesus são sobre dinheiro e posses.

E saiba, Jesus não está sozinho nesse contexto das Escrituras. Considere que há na Bíblia mais de 2.300 versículos tratando desse assunto diante de 5 mil sobre oração e menos ainda abordando a fé.[1] Deus sabe muito bem que dinheiro é um assunto espiritual. Há uma conexão direta entre administração financeira e crescimento espiritual.

Talvez o esboço mais claro sobre a perspectiva de Deus quanto ao dinheiro seja encontrado em Mateus 6:19-21. Nessa passagem e na de Atos 20:35, encontramos três princípios que nos ajudarão a olhar para nossas finanças da mesma maneira que Deus as vê.

Deus Deseja Nosso Coração, Não Nosso Dinheiro

Jesus disse que "onde estiver o seu tesouro, aí também estará o seu coração" (Mateus 6:21). As pessoas costumam pensar que nosso dinheiro segue nossos corações. A ideia é que nós investimos em coisas que consideramos importantes. Muito embora algumas vezes isso seja factual, a verdade é que os nossos corações constantemente seguem o nosso dinheiro.

Você já investiu em ações? Nesse caso, quantas vezes por dia você verificou os índices do mercado? O nosso tempo, atenção, energia e entusiasmo acompanham nossas finanças. Percorra a trilha do dinheiro e você encontrará a fé de alguém.

A forma como administramos o dinheiro revela se verdadeiramente confiamos em Deus. Afinal, *Deus é dono de tudo o que existe.* Davi, no Salmo 24:1, afirma que "do Senhor é a Terra e tudo o que nela existe, o mundo e os que nele vivem". Tudo o que você possui, seu cônjuge, seus filhos, sua casa e sua profissão, fazem parte do patrimônio de Deus. É tudo Dele, a Via Láctea, a energia nuclear, a Floresta Amazônica, bem como seu cartão de crédito, sua conta bancária e suas ações da bolsa. Uma vez que Deus é o criador, ele também é o proprietário.

Onde eu fico nisso tudo? Na posição de administrador. O que realmente tira muita pressão dos nossos ombros, assim como diminui uma série de responsabilidades. O nosso papel a desempenhar é de mordomo, não de dono.

Outro princípio financeiro espiritual intrínseco emana a partir dessa verdade. Se todas as nossas posses são, na verdade, empréstimos da parte de Deus, qualquer reivindicação de propriedade é, na verdade, apropriação indébita. Ao assumir o controle daquilo que pertence a Deus, tomamos para nós o governo d'Ele como se fosse nosso. Ao remover Deus do seu trono, os objetos aos quais nos apossamos tornam-se ídolos que acabam nos dominando.

Se o dinheiro te dirige, logo Deus não é teu Senhor. Esse pensamento não é meu, é de Jesus: "Ninguém pode servir a dois senhores; pois odiará a um e amará o outro, ou se dedicará a um e desprezará o outro. Vocês não podem servir a Deus e ao dinheiro" (Mateus 6:24).

Mordomia é de Natureza Espiritual

Tipicamente, o dinheiro não é visto como sagrado, mas sim como algo secular. Em uma categoria, colocamos igreja, oração e a Bíblia; já o dinheiro, as faturas e as prestações, colocamos em outra coluna, bem separada. Essa não é a perspectiva de Deus. Quer você concorde ou não, a maneira como administramos nosso dinheiro afeta diretamente o nosso progresso espiritual, atrasando ou acelerando nossa oração. Tanto pode substituir como promover nossa adoração, e pode nos aproximar ou nos afastar da igreja. É capaz de dificultar nossa compreensão da Palavra de Deus ou abrir janelas em direção à sabedoria.

A partir da perspectiva de Deus, o nosso dinheiro é um recurso eterno. Embora você não possa ficar com o dinheiro, ele pode ajudá-lo a construir para a eternidade. Jesus disse: "Não acumulem para vocês tesouros na Terra, onde a traça e a ferrugem destroem, e onde os ladrões arrombam e furtam. Mas acumulem para vocês tesouros no céu, onde a traça e a ferrugem não destroem, e onde os ladrões não arrombam nem furtam" (Mateus 6:19-20). Sendo assim, devemos lidar com as nossas finanças como uma fonte de recursos para investir no Reino de Deus.

Um dos encontros mais importantes que Jesus teve foi com o jovem rico (19:16-22). Ele perguntou a Jesus como poderia herdar a vida eterna. Essa é uma questão importantíssima! Ao que Jesus ofereceu uma resposta bem simples: "Obedeça aos mandamentos" (Mateus 19:17). Ele então passou a recitar alguns dos Dez Mandamentos: "Não matarás, não adulterarás, não furtarás, não darás falso testemunho, honra teu pai e tua mãe" (Mateus 19:18-19). Observe que em cada um dos mandamentos mencionados estavam ligados aos nossos relacionamentos horizontais. O rapaz estava fazendo tudo isso. Mas o que estava faltando era observar os primeiros quatro mandamentos, ou seja, aqueles que tinham a ver com nosso relacionamento vertical, o nosso relacionamento com Deus. A solução apresentada por Jesus foi: "Venda os seus bens. Depois, venha e siga-me" (Mateus 19:21). Para que ele pudesse seguir Jesus, ele teria de se livrar das amarras da riqueza que o aprisionavam. Como a maioria de nós, aquele jovem jamais poderia andar com Jesus até que tivesse se soltado das amarras financeiras.

Não seria honesto afirmar que esse mandamento de Jesus, de vender tudo o que se tem, se aplicaria a cada indivíduo. Mas, se está lendo isso agora, você é rico de acordo com os padrões seculares. Quase todas as pessoas que conhecemos aproveitam dos benefícios da vida moderna e têm um orçamento condizente com a elite econômica. Diante disso, corremos o risco de fazer do dinheiro o nosso ídolo.

Nesse sentido, a declaração soa tão forte que é importante prestar atenção nas palavras de Paulo na carta aos Colossenses (versículo 3:5): "Assim, façam morrer tudo o que pertence à natureza terrena de vocês: imoralidade sexual, impureza, paixão, desejos maus e *a ganância, que é idolatria*." O nosso desejo de possuir coisas e garantir a nossa segurança representa nossa maior barreira para que nos tornemos seguidores de Jesus. Seja o que for que possuímos, em última análise, somos por ele possuídos.

As nossas posses tanto afetam nosso relacionamento com Deus quanto determinam a nossa efetividade em glorificar Jesus. Quando seguramos nossas possessões e recursos com mão de ferro, deixamos de cumprir o propósito de Deus para nossas vidas.

Um grande exemplo a seguir é o apóstolo Paulo. Em suas viagens missionárias, houve tempos em que havia financiamento suficiente e acomodações confortáveis. Em outros períodos, ele teve de trabalhar para complementar a renda. Sobre esse aspecto do seu ministério, Paulo declarou: "Tudo posso naquele que me fortalece" (Filipenses 4:13). É verdade que muitos tomam essa declaração como uma dependência mística no poder sobrenatural, mas não se trata disso. Ele está fazendo uma declaração sobre finanças. Esse versículo é uma prova da autonomia financeira do apóstolo Paulo em suas viagens missionárias. Ou seja, ele não estava falando de poder espiritual de origem sobrenatural, mas de gerenciamento do dinheiro. Aqui o cenário é bem claro. Tendo ou não o suporte financeiro adequado às suas necessidades, Paulo cumpriria plenamente o chamado do Deus. Ou seja, ele utilizou o dinheiro na realização do seu ministério, não permitindo que isso o atrapalhasse, como ocorreu com o jovem rico. Paulo não utilizou seus recursos financeiros para seu próprio conforto, mas para investir no reino de Deus. Nesse sentido, a mordomia é sempre de natureza espiritual.

A Generosidade Traz Bênçãos

É bastante comum considerar a generosidade como uma fonte de bênçãos para quem recebe a ajuda. A partir da perspectiva de Deus, as bênçãos decorrentes da generosidade são concedidas àquele que ajuda.

Graças ao apóstolo Paulo, temos acesso a uma citação de Jesus, a única que não foi registrada nos Evangelhos, na qual o Senhor declara: "Há maior felicidade em dar do que em receber" (Atos 20:35). Todos nós sabemos que esta é a mais pura verdade. Mesmo em volta da árvore numa manhã de Natal, a nossa maior alegria é sentida na hora que a pessoa a quem presenteamos abre o presente.

Deus não apenas o abençoa em função da sua generosidade, o que Ele realmente faz é abrir as comportas de bênçãos sobre sua vida. É como se Deus nos desse posses a fim de repartirmos com os outros e ficasse aguardando ansiosamente até nossas mãos se esvaziarem para então enchê-las de novo. Quanto mais compartilhamos os recursos de Deus para ampliar Seu reino, mais Ele direciona recursos para nós. Conforme falou o sábio Rei Salomão, "Honre o Senhor com todos os seus recursos e com os primeiros frutos de todas as suas plantações; os seus celeiros ficarão plenamente cheios e os seus barris transbordarão de vinho" (Provérbios 3:9-10). Esse princípio foi parafraseado por Jesus quando fez a seguinte citação: "Deem, e lhes será dado: uma boa medida, calcada, sacudida e transbordante será dada a vocês. Pois a medida que usarem também será usada para medir vocês" (Lucas 6:38). Por isso da citação tão frequentemente repetida: "Deus não precisa do seu dinheiro."

A Bíblia sumariza esse tipo de compartilhamento de recursos em dois conceitos: os dízimos e as ofertas.

Os dízimos representam os primeiros 10% de todos os nossos ganhos. Quando entregamos isso a Deus, estamos confirmando que ele também é proprietário dos outros 90%. É importante não cometer o erro de entregar seus últimos 10%. Isso é só um jeito de dizer "obrigado". O dízimo se refere aos primeiros 10% que você entrega a Deus dizendo, "eu reconheço que tu és o proprietário de tudo". Conforme declarado em Levítico 27:30, "Todos os dízimos da Terra, seja dos cereais, seja das frutas das árvores, pertencem ao Senhor; são consagrados ao Senhor".

Sejamos claros: não *damos* o dízimo. *Devolvemos* o dízimo. Em primeiro lugar, o dízimo pertence a Deus. Sendo assim, nós apenas o devolvemos a ele. Como assim? Ou, melhor, onde isto está declarado?

De acordo com Malaquias 3:10, os dízimos devem ser devolvidos à casa do tesouro, no templo de Jerusalém. No nosso contexto cultural, a igreja local é a instituição que mais se aproxima do templo judeu daquela época. Isso é muito importante. Embora seja bom contribuir com organizações religiosas, o dízimo pertence à igreja. Por quê? Porque a igreja tem a única esperança neste mundo. Todas as outras organizações cristãs existem para dar suporte e ampliar a principal comunidade do povo de Deus.

Além dos dízimos, temos as ofertas, as quais são dadas de acordo com o critério de cada ofertante. Elas podem ser encaminhadas aos necessitados, podem ser contribuições às organizações sociais ou cristãs ou ofertas voluntárias para abençoar a indivíduos com os quais você se preocupa. A generosidade é uma contribuição que vai além do seu dízimo. Esse é o lugar onde você encontra plena alegria, fruto da generosidade pulsante e cheia de vida. Conforme Paulo declarou: "Deus ama quem dá com alegria" (2 Coríntios 9:7). Ou seja, a alegria não é a causa, mas é o efeito da nossa contribuição. Como sabemos disso? Na palavra de Jesus: "Há maior felicidade em dar do que em receber" (Atos 20:35).

Pontos-chave

- Deus deseja o seu coração, não o seu dinheiro;
- A mordomia é de natureza espiritual;
- A generosidade é uma fonte de bênção para a pessoa generosa.

Esta semana

- [ ] **PRIMEIRO DIA:** Leia o texto da semana.

- [ ] **SEGUNDO DIA:** Memorize Mateus 6:19–21.

- [ ] **TERCEIRO DIA:** Leia Josué 5:13–7:26.

- [ ] **QUARTO DIA:** Medite em Mateus 19:16-30; Atos 20:35; Filipenses 4:13.

- [ ] **QUINTO DIA:** Converse com um *coach* financeiro esta semana a fim de criar estratégias, seja para começar a entregar o seu dízimo ou para ir além do dízimo tornando-se também um contribuinte.

Desafio de Superação: Memorize Filipenses 4:13.

Bônus de Leitura: Robert Morris, *The Blessed Life: Unlocking the Rewards of Generous Living*.

22

A Regra de Ouro

Assim, em tudo, façam aos outros o que vocês querem que eles lhes façam; pois esta é a Lei e os Profetas.

—Mateus 7:12

Pergunta: Qual é a religião verdadeira?

Centenas de anos antes de Jesus, Confúcio teria dito: "Não faça aos outros aquilo que não desejaria para si mesmo." Mais tarde, no período entre a época de Malaquias e Mateus, o livro de Tobias 4:15 dizia o seguinte: "O que você odeia, não faça a ninguém."[1] Mais tarde, um homem ousado, que ficou conhecido como o grande rabino Hilel, a fim de explicar a lei judaica em sua totalidade para um homem enquanto este permanecia sobre um pé só, disse: "O que é odioso para você, não o faça para seu próximo: isso é a Torá em sua plenitude, enquanto o restante é o comentário disso."[2] Portanto, ao que parece, inúmeros sábios declararam o que denominaríamos a "Regra de Prata" bem antes do ministério de Jesus.

Outros disseram: *"Não faça* aos outros." Jesus disse: *"Faça* aos outros." Há uma sensível diferença entre ao Regra de Prata e a Regra de Ouro — do negativo para o positivo. Essa sutil mudança transformou não só a regra, mas também a religião como um todo.

À medida que você lê essas palavras, sentado e em silêncio, você está justamente colocando em prática o que pede a Regra de Prata. Você não está fazendo nada para os outros que eles considerem condenável. Ao mesmo tempo, você não está fazendo nada do que pede a Regra de Ouro. A Regra de Ouro requer ação contínua. É justamente aqui que reside a diferença entre as regras religiosas e a chamada de Jesus ao serviço sacrificial. O chamado de Jesus à religião verdadeira carrega uma simplicidade que cabe em um tuíte e ao mesmo tempo abrange nossa existência como um todo. O poder e a pureza da Regra de Ouro servem de inspiração dos nossos melhores esforços em imitar Jesus.

Religião Pura e Imaculada

Tiago abordou a questão da Regra de Ouro. Em muitos aspectos, essa pequena carta é um comentário de como colocar em prática o Sermão da Montanha. O que é muito normal. Tiago cresceu com Jesus, seu meio-irmão mais velho, e foi por ele influenciado na sua infância. Contudo, lá pelos seus 20 anos de idade teve alguns desentendimentos sérios com Jesus. Ele não aceitou quando Jesus declarou-se como Messias (João 7:5). Só depois da ressurreição é que Tiago passou a acreditar em Cristo, quando encontrou Jesus face a face (1 Coríntios 15:7). Nessa ocasião, ele já havia perdido a maior parte do ministério público e dos ensinamentos de Jesus. A partir desse entendimento podemos concluir que o livro de Tiago reflete os ensinamentos de Jesus antes de seu ministério público, portanto, Tiago estava a par de tudo. Por isso, ao ler o livro de Tiago, estamos diante das primeiras influências de Jesus.

O que fica bastante claro em Tiago 1:27. É como se estivéssemos ouvindo do próprio coração de Jesus, emanado do comentário do seu irmão sobre a Regra de Ouro. Vamos ler o versículo e então vejamos a semelhança: "A religião que Deus, o nosso Pai, aceita como pura e imaculada é esta: cuidar dos órfãos e das viúvas em suas dificuldades e não se deixar corromper pelo mundo."

A finalidade da religião *não* se resume a manter-se imaculado em relação ao mundo. Antes de qualquer outra coisa, o propósito da religião pura é servir à comunidade, em especial àquela parcela mais vulnerável. A pessoa que estiver familiarizada com os profetas do Antigo Testamento logo reconhecerá o cuidado com os órfãos e as viúvas como sendo a principal obrigação no judaísmo (Isaías 1:17; Ezequiel 22:25; Zacarias 7:10; Malaquias 3:5). Isso quer dizer que a moralidade pessoal não é importante? É claro que não se trata disso. Contudo, por se tratar de um assunto de natureza prática, a moralidade individual é mais um resultado do serviço do que sua causa. Por quê?

Quando somos motivados a desenvolver nossa moralidade individual, tendemos a ser isolacionistas. Por exemplo, os isolacionistas evitam bares, assim evitarão a bebida. Eles evitam vizinhos que costumam xingar. Afastam-se dos centros com altos índices de crime e presença de drogas. O caminho para a conduta moral é evitar "pecadores" que sejam pedras de tropeço. Porém, quando a nossa motivação é o serviço, o qual torna-se mecanismo para expressão do nosso amor por Deus, o isolamento cede lugar ao envolvimento. Dessa maneira, começamos propositadamente a frequentar lugares bem como estabelecer relacionamentos nos quais existe maior carência do amor de Deus. Os verdadeiramente religiosos se tornam embaixadores de Deus.

Em que isso contribui para nossa moralidade individual? Não se trata de colocar nossa moralidade em risco, mas frequentemente somos mais motivados a adotar um elevado padrão moral porque outras pessoas são espiritualmente dependentes de nós. Isso é sempre verdade: a responsabilidade gera mais crescimento pessoal do que o autocontrole. Moralidade individual (ou viver "imaculado do mundo", para usar a mesma frase de Tiago) é muito mais provável ser alcançada com o envolvimento do que com o isolamento.

Então, sejamos claros: nem Jesus nem Tiago estão substituindo a ética pela ação social. O termo bíblico *retidão* envolve os dois conceitos. Diante disso, surge a questão sobre qual é a melhor maneira de atingir a ambos. Muitos responderiam que, para viver de uma maneira que nos conduza a honrar a Deus, é necessário frequentar a igreja, ler a Bíblia e orar. Muitas vezes, essas práticas por si só resultam em arrogância, isolacionismo e julgamento. Nesse sentido, a Bíblia é clara: servir ao próximo é o método mais efetivo para o autoaperfeiçoamento.

Agora que Jesus e Tiago manifestaram sua posição a respeito, vamos dar uma olhada na gênese dessa ideia.

O Que o Senhor Requer de Você?

"Ele mostrou a você, ó homem, o que é bom e o que o Senhor exige: pratique a justiça, ame a fidelidade e ande humildemente com o seu Deus" (Miqueias 6:8). Esse versículo apresenta a declaração mais conhecida do Antigo Testamento. Trata-se de uma das joias raras que reduz a religião à sua essência mais evidente. Ele traz inúmeras consequências que representam as bases da Regra de Ouro de Jesus.

As 10 tribos do norte de Israel foram tomadas no ano 722 a.C., bem na metade do ministério do profeta Miqueias. Aquela derrota devastadora marcou seu ministério, moldando suas palavras e seus alertas. Naquele mesmo período, os gregos inauguram os primeiros jogos olímpicos (776 a.C.) e os romanos fundaram sua nação (753 a.C.). A Assíria era a superpotência da região, mas duas outras grandes potências estavam se fortalecendo enquanto as fronteiras de Israel encolhiam.

Portanto, a mensagem é um aviso de que a história se repetiria caso Israel não se arrependesse. Assim como outras antes dela, a nação de Israel também cairia.

Isso não soa bastante familiar? Vivemos um momento bem parecido: uma nação enorme como a nossa na qual a decadência moral evidenciada pela corrupção pode representar a própria ruína. O que levanta uma importante questão: como nos arrependermos?

A resposta a essa pergunta pode surpreendê-lo. O arrependimento não se dará por irmos ao templo, fazermos orações ou apresentarmos sacrifícios. No tempo de Miqueias, o povo estava fazendo tudo isso. Veja o que Miqueias falou sobre: "Com que eu poderia comparecer diante do Senhor e curvar-me perante o Deus exaltado? Deveria oferecer holocaustos de bezerros de um ano? Ficaria o Senhor satisfeito com milhares de carneiros, com dez mil rios de azeite?" (Miqueias 6:6-7). Esse é um princípio fundamental observado nas Escrituras Sagradas: *ações corretas partindo de um coração imperfeito ofendem a Deus.* Por quê? Quando vamos à igreja, realizamos nossas orações e cumprimos os nossos deveres religiosos sem retidão de coração, nossos sacrifícios em vez de abençoar o povo de Deus se transformam em uma tentativa de subornar Deus.

Esse princípio ficou bem claro nas palavras do profeta Samuel direcionadas ao Rei Saul, quando afirmou que "a obediência é melhor do que o sacrifício" (1 Samuel 15:22). O Rei Davi cantou uma música sobre esse princípio: "Sacrifício e oferta não pediste... holocaustos e ofertas pelo pecado, não exigiste" (Salmos 40:6). Esse mesmo salmo foi citado novamente em Hebreus 10:5-6. Era importante assim.

O Rei Salomão, filho de Davi, disse que "fazer o que é justo e certo é mais aceitável ao Senhor do que oferecer sacrifícios" (Provérbios 21:3). Mas provavelmente a passagem mais semelhante encontrada é a de um contemporâneo de Miqueias. O livro de Isaías começa com uma devastadora crítica da parte de Deus.

> Para que me oferecem tantos sacrifícios?
>   Pergunta o SENHOR.
>
> Para mim, chega de holocaustos de carneiros e
>   da gordura de novilhos gordos;
> não tenho nenhum prazer no sangue de novilhos,
>   de cordeiros e de bodes.

Quando lhes pediu que viessem à minha presença,
   quem lhes pediu que pusessem
   os pés em meus átrios?
Parem de trazer ofertas inúteis.
   O incenso de vocês é repugnante para mim...
   Removam suas más obras para longe da minha vista.
Parem de fazer o mal,
   aprendam a fazer o bem.
Busquem a justiça,
   acabem com a opressão.
Lutem pelos direitos do órfão,
   defendam a causa da viúva. (Isaías 1:11-13,16-17)

Isso nos remete à declaração apresentada em Miqueias 6:8. O que o Senhor requer de nós?

1. *Pratique a justiça.* O sentido literal da palavra é esse mesmo, "fazer justiça". Não estamos falando de uma atitude interna apenas, mas sim de estrutura social. Para tanto, devemos usar a nossa influência e recursos na transformação de nossas comunidades para que os pobres e oprimidos tenham as mesmas chances de lutar que os demais;
2. *Ame a fidelidade.* A palavra *fidelidade* é uma das palavras mais importantes do Antigo Testamento. Ela está relacionada à aliança de compromisso de Deus. Nós utilizamos esse mesmo princípio de aliança hoje em dia em casamentos, adoções e até mesmo para o codicilo, ou o ato de última vontade, e também em testamentos. Ou seja, a fidelidade não se resume ao comportamento simpático do supervisor de atendimento de algum supermercado. Trata-se de uma aliança fiel;
3. *Ande humildemente com o seu Deus.* Por que o andar com Deus requer humildade? Uma rápida passada de olhos na última passagem deixa isso bem evidente.

   Na última semana da vida de Jesus aqui na Terra, de acordo com Mateus 23, Ele criticou os líderes religiosos no próprio templo de Deus. Veja do que eles foram acusados: "Ai de vocês, escribas e fariseus, hipócritas! Vocês dão o dízimo da hortelã, do endro e do cominho, mas têm negligenciado os preceitos mais importantes da lei: a justiça, a misericórdia e a fidelidade. Vocês devem praticar estas coisas, sem omitir aquelas" (versículo 23). Observe que a questão levantada por Jesus é a mesma apresentada pelos profetas Isaías e Miqueias. As pessoas cumpriram suas responsabilidades com motivações erradas, e suas obrigações religiosas se tornaram subornos em vez de sacrifícios.

O orgulho nos impede de ver os motivos que para Deus são importantes. Consideramo-nos muito religiosos em função do nosso bom comportamento, contudo, Deus julga de acordo com as nossas motivações.

Então, como Deus vê as nossas práticas religiosas? Elas são sacrifícios ou simplesmente tentativas de barganhar com Deus? A forma mais rápida de definição é analisar se as nossas práticas religiosas contribuem ou não para a melhoria da condição dos menos favorecidos das nossas comunidades. Se a nossa igreja não se importa com a comunidade que Deus tanto se importa, a história tende a se repetir, inevitavelmente.

Pontos-chave

- A Regra de Ouro de Jesus ajustou a Regra de Prata, dessa maneira, transformando significativamente o conceito de religião;

- Ao definir a verdadeira religião como o cuidado com as viúvas e aos órfãos, Tiago deixou claro que a perspectiva sobre o assunto estava em sintonia com a visão de Jesus, seu irmão mais velho;

- Assim como os profetas do Antigo Testamento, Tiago nos convoca a expressar a verdadeira religião, praticando a justiça, demonstrando fidelidade e nos portando com humildade.

Esta semana

☐ **PRIMEIRO DIA:** Leia o texto da semana.

☐ **SEGUNDO DIA:** Memorize Mateus 7:12.

☐ **TERCEIRO DIA:** Leia Lucas 10:25-37.

☐ **QUARTO DIA:** Medite em Isaías 1:11-17; Miquéias 6:8; Tiago 1:27.

☐ **QUINTO DIA:** Reserve pelo menos uma hora da sua agenda de hoje para viver em total sintonia com a Regra de Ouro de Jesus.

Desafio de Superação: Memorize Tiago 1:27.

Bônus de Leitura: Dale Carnegie, *Como Fazer Amigos e Influenciar Pessoas.*

23

A Cruz

> Então Jesus disse aos seus discípulos: "Se alguém quiser acompanhar-me, negue-se a si mesmo, tome a sua cruz e siga-me. Pois quem quiser salvar a sua vida, perdê-la-á, mas quem perder a vida por minha causa, encontrá-la-á".
>
> —Mateus 16:24–25

Pergunta: Para você, quem é Jesus?

Tendo transcorrido metade dos três anos de ministério de Jesus, ele se retirou junto de seus apóstolos para um momento decisivo. Eles caminharam até a fronteira mais ao norte de Israel, na região de Cesareia de Filipe, onde Jesus lhes fez uma pergunta bem simples: "Quem os homens dizem que o Filho do Homem é?" (Mateus 16:13). A opinião pública variava bastante: João Batista, Elias, Jeremias, todos profetas e todos mortos.

Então, Jesus fez uma pergunta pessoal: "Quem *vocês* dizem que eu sou?" (versículo 15).

A Confissão

Pedro, superando a opinião pública, respondeu em nome do grupo: Jesus é o Messias — "Tu és o Cristo, o Filho do Deus vivo" (versículo 16). Pedro acertou em cheio. Imediatamente, Jesus afirmou que fora o próprio Deus quem revelara essa verdade a ele. (É claro que Pedro não seria *tão* bom por si só!).

Essa tão esperada confissão foi antecipada nos capítulos iniciais de todos os quatro evangelhos (Mateus 1:1; 2:4; Marcos 1:1; Lucas 1:31-35; 2:11; João 1:17,49). Finalmente, os apóstolos confessaram o que você já deve saber, que

Jesus é o Cristo. Portanto, foi nesse exato momento que Jesus, além de confirmar a confissão de Pedro, também a explicou (Marcos 8:31-32). Eles esperavam um rei que venceria inimigos. O que eles tinham era um Salvador que morreria pelos seus pecados. Jesus não eliminaria seus inimigos, mas morreria por eles, o que era totalmente surpreendente.

A Objeção

Ao salientar que morreria para cumprir o desígnio divino, Pedro teve uma forte reação: "Nunca, Senhor! Isso nunca te acontecerá" (Mateus 16:22). O texto grego original é bem mais forte do que a tradução para o português, indicando algo como: "Só quando o inferno congelar!" (Uma reação esperada vinda de um pescador como Pedro). Jesus rebateu com a palavra mais dura que jamais usara: "Para trás de mim, Satanás" (Marcos 8:33). Ele equiparou seu braço direito ao diabo.

Estranhamente, a confissão feita pelas multidões ignorantes se aproxima muito com a de Pedro. Enquanto a população diminuía Jesus com falsos elogios, o protesto de Pedro poderia ter desencaminhado a missão de Jesus. Com aquela dura repreensão, Jesus coloca Pedro na mesma categoria dos demônios que Ele tinha mandado se calar quando confessaram sua identidade (Marcos 3:11-12; 5:7). Jesus foi duro, mas não injusto. Quando Satanás tentou Jesus no deserto, o confronto seguiu exatamente esse mesmo caminho. O inimigo tentou desviar Jesus da sua missão o tentando a usar seu poder e prestígio a fim de minar a ideia da cruz. Em vez da terrível chamada ao sacrifício, Satanás, assim como Pedro, incitou Jesus a se fazer valer de suas prerrogativas divinas para evitar a experiência física de dor e de sofrimento.

Não há novidade nesse tipo de tentação. Isso remonta o tempo da divisão do reino de Israel em 930 a.C. Se você fizer uma retrospectiva histórica, ganhará uma perspectiva clara da agenda política de Jesus.

Após a morte de Salomão, seu filho Roboão assumiu o reinado. Seu povo reunido em assembleia solicitou a redução de impostos, dado que Salomão construíra seu reino às custas da população. Eles estavam desejando um alívio na pesada carga tributária. Antes de responder, Roboão buscou conselhos. Ao consultar sua jovem e agressiva equipe de conselheiros, ouviu que deveria demonstrar força (o que não era uma abordagem política incomum no Oriente Médio). Roboão acatou seus conselhos, anunciando à multidão: "Meu pai lhes tornou pesado o jugo; eu o tornarei ainda mais pesado" (1 Reis 12:14). Para encurtar a história, o fardo não seria aliviado e se tornaria ainda maior.

Diante daquela resposta soberba, as dez tribos do norte coroaram outro homem para ser seu rei, Jeroboão. O Rei Jeroboão erigiu bezerros de ouro em Betel e Dã para servir como objetos de adoração (versículos 26-29). Esse ato conduziu as tribos do norte a uma idolatria catastrófica. Foi uma tentativa do Rei Jeroboão de manter a população dentro de suas fronteiras e afastada de Jerusalém. Isso representou segurança política e ao mesmo tempo heresia religiosa.

Voltando rapidamente para a época de Jesus, Ele e seus discípulos naquele exato momento estavam à sombra do extinto altar de Jeroboão em Dã. Esta foi a razão pela qual Jesus conduzira seus discípulos para a fronteira norte. Os apóstolos de Jesus deviam saber sobre o local onde estavam e o que acontecera lá há mais de 900 anos. Israel havia saído dos trilhos. Jesus dirigiu-se para o local onde o rei de Israel seguiu o conselho errado.

Agora, vamos voltar novamente para o encontro de Roboão com o homem mais velho que teve o conselho desprezado. Veja a sabedoria desse homem: "Se hoje fores um servo desse povo e servi-lo, dando-lhe uma resposta favorável, eles sempre serão teus servos" (1 Reis 12:7). Embora Roboão tenha desprezado esse conselho, Jesus procurou observá-lo, como podemos ver na sua resposta a Pedro. Jesus procura conduzir Israel de volta a este momento decisivo e reunificar as tribos sob um tipo de liderança muito diferente.

O Chamado

Depois da dura repreensão a Pedro, Jesus prossegue com aquela declaração que se tornaria sua mais frequente citação ao longo dos evangelhos. "Se alguém quiser acompanhar-me, negue-se a si mesmo, tome a sua cruz e siga-me. Pois quem quiser salvar a sua vida, perdê-la-á, mas quem perder a vida por minha causa, encontrá-la-á" (Mateus 16:24-25).

De fato, isso é muito curioso. Jesus não estava mais falando de sua própria e iminente morte, mas sobre a morte dos seus discípulos. A crucificação é o requisito principal para um cristão. Normalmente, não pensamos que seja assim. Nos lembramos da morte de Jesus quando participamos da celebração da Ceia do Senhor. Usamos *sua* cruz como uma peça de joia. Percorremos seus passos na Via Dolorosa (o caminho que Jesus percorreu para onde viria a ser crucificado). Nós também somos chamados para assumir a sua cruz.

É importante lembrar, no entanto, que antes de ser crucificado, Jesus ordenou a seus discípulos que cada um assumisse a sua própria cruz. Algum tempo após a crucificação de Jesus, Paulo descreveu o discipulado como o carregar da cruz. Por exemplo, "Fui crucificado com Cristo. Assim, já não sou eu quem vive, mas Cristo vive em mim. A vida que agora vivo no corpo, vivo-a pela fé no filho de Deus, que me amou e se entregou por mim" (Gálatas 2:20). A cruz não se resume ao que Jesus *fez* por nós, ela é um *modelo* que Cristo deixou para nós. Para se tornar um discípulo de Jesus, não basta receber o que Jesus fez por nós, mas também é necessário imitar a maneira como ele viveu.

A dura realidade da crucificação não é fácil. Na verdade, é surpreendente como conhecemos pouco sobre esse antigo método de execução porque se tratava de algo tão vergonhoso. Não era um assunto abordado em conversas entre pessoas de boa educação. Talvez por isso que uma clara descrição visual dessa prática fora dos Evangelhos somente seja encontrada no Salmo 22, o qual foi citado por Jesus na cruz: "Meu Deus! Meu Deus! Por que me abandonaste?" (Mateus 27:46; citando o Salmo 22:1). Apesar de ter sido composto milhares de anos antes da execução de Jesus (e quinhentos anos antes dos persas terem inventado tal prática), esse poema contém descrições visuais detalhadas como perfuração de mãos e pés, coração derretendo como cera, ossos desconjuntados, inimigos ao redor dele, zombaria, nudez exposta, sorteio de suas vestes e sede extrema. A profecia é extraordinariamente precisa, mesmo quando as descrições incomodam.

A nossa própria execução é igualmente incômoda. Talvez nem queiramos tocar nesse assunto, muito embora precisamos fazê-lo. Jesus disse que "quem não toma a sua cruz e não me segue, não é digno de mim" (Mateus 10:38). A nossa vida deve ser como a de mortos que vivem. Somente assim seremos capazes de vencer as nossas paixões pecaminosas.

Essa é uma verdade que sabemos de cor. Mas há algo ainda maior, mais importante e mais impressionante: a morte de Jesus salvou nossas almas. Cantamos essa verdade quando vamos à igreja e a ouvimos por meio de pregações. Agradecemos a Deus por sua graça demonstrada ao enviar seu Filho para nos salvar e garantir-nos a eternidade. Está bem claro. Mas, então, qual é o propósito da *nossa* cruz?

Isso não é uma simples autonegação visando nosso autocontrole. O propósito da cruz não é construir uma versão melhorada de nós mesmos. Assim como a morte de Jesus, o nosso sacrifício e sofrimento carregam força salvífica, não para a alma do indivíduo, mas para a sociedade como um todo. Ao mesmo tempo que Jesus morreu para expiação dos nossos pecados individuais, nós também morremos para reverter os efeitos do pecado na sociedade, nas famílias e nas comunidades.

Como na igreja sacrificamos a nós mesmos, temos a real capacidade de eliminar o sistema que nutre os males da sociedade. Se o foco da igreja fosse o atendimento médico em casos de malária, poderíamos efetivamente eliminar uma das grandes causas de perdas de vidas humanas na história da humanidade. É somente na igreja que encontramos uma real esperança de erradicação do racismo. É só em Cristo onde "não há judeu nem grego, escravo nem livre, homem nem mulher; pois todos são um em Jesus Cristo" (Gálatas 3:28). A lista poderia se estender, e seria bem longa.

Sabemos bem ser isso verdade porque temos um considerável histórico. Começando pelo primeiro século da igreja, os grandes avanços da sociedade na cultura, arte, medicina, educação, solidariedade, alívio da pobreza e proteção à mulher, à criança e aos marginalizados partiram sempre dos seguidores de Jesus carregando em seus ombros a cruz de Cristo.

Isso nos convida a voltar à nossa questão inicial: para você, quem é Jesus? Se para você Jesus é um simples profeta do passado, um mártir da sua fé, você não terá compreendido o real propósito do Messias. Sofrer e se sacrificar são as grandes conquistas dele. Como discípulo de Cristo, o sofrimento e o sacrifício d'Ele também são privilégios seus.

Se nós o confessarmos como nosso Senhor, estamos obrigados a seguir seus passos. Não estamos aptos para celebrar um Senhor que não estejamos dispostos a imitar.

Pontos-chave

- Como Messias, Jesus sofreu e morreu;
- Por meio do sacrifício e sofrimento, a liderança de Jesus reunifica Israel, assim como o mundo todo;
- A liderança de Jesus é um exemplo a ser seguido no serviço e em sacrificar-se pela sociedade e pela comunidade a qual pertencemos, ao tomar cada um a sua própria cruz.

Esta semana

☐ **PRIMEIRO DIA:** Leia o texto da semana.

☐ **SEGUNDO DIA:** Memorize Mateus 16:24-25.

☐ **TERCEIRO DIA:** Leia Marcos 15.

☐ **QUARTO DIA:** Medite em 1 Reis 12:7; Salmos 22; Gálatas 2:20.

☐ **QUINTO DIA:** Identifique uma área da sua vida que você ainda não submeteu ao senhorio de Jesus, então defina o primeiro passo a ser dado para que Deus assuma o controle dessa área.

Desafio de Superação: Memorize Gálatas 2:20.

Bônus de Leitura: Brennan Manning, *The Signature of Jesus*.

24

Eleição e Predestinação

Pois muitos são chamados, mas poucos são escolhidos.
—Mateus 22:14

Pergunta: Para qual finalidade Deus me escolheu?

Jesus narrou muitas histórias fictícias procurando destacar realidades espirituais. Uma delas, que está registrada em Mateus 22:2-13, tem relação com todos nós.

A Parábola

Era uma vez um rei que preparou um banquete de casamento para seu filho. Todos aqueles que receberam o convite se recusaram a aceitá-lo, e alguns deles vergonhosamente maltrataram e chegaram a assassinar os servos que os trouxeram o convite.

O rei, como era de esperar, ficou furioso. Em um ataque de fúria, ele vingou-se destruindo "aqueles assassinos e queimou a cidade deles" (versículo 7). Mas o salão do casamento continuava vazio. Então ele enviou seus servos para convidar todos que encontrassem pela frente. Ninguém imaginaria que aquele tipo de gente seria digno de participar daquela suntuosa festa. Mesmo assim eles compareceram em massa, e a maioria deles estava encantada.

Mas tinha um entre os presentes que não se preocupou em se vestir adequadamente para a ocasião. Aquilo representou uma afronta à sua majestade. O convidado indigno foi expulso e severamente punido.

Aqui está o resumo da história: "Pois muitos são chamados, mas poucos são escolhidos" (Mateus 22:14).

Essa palavra *escolhido*, a qual também pode ser traduzida como *eleito*, é carregada de sentido teológico. Em razão disso, as pessoas geralmente inserem complicadas explicações teológicas nessa parábola. Antes de irmos fundo no assunto, vamos partir do simples contexto. A partir dessa parábola, Jesus explica o processo simples da eleição: eles foram convidados, e compareceram. É simples assim. Muita gente privilegiada foi convidada, mas se recusou a comparecer. Eles *não* foram escolhidos. Outros jamais mereceram tal convite, mas, ao receberem um, vieram com muita alegria. Eles *foram* escolhidos. Um deles veio por motivos errados e não vestido adequadamente. Ele foi rejeitado.

Em poucas palavras, aqui está o significado de eleição. Vamos tentar extrair outras declarações importantes sobre eleição.

O Princípio

Diante do risco de simplificar demais o tema, é importante considerar que basicamente existem duas visões quanto à eleição: (1) Deus escolheu por si só quem vai para o céu e quem não vai, e (2) Deus determinou os parâmetros da salvação e, diante disso, nós temos de escolher entre sermos salvos ou não.

Pessoas muito inteligentes, e também sinceras, definem a eleição de maneira bastante diversa e por uma boa razão. Com todo o respeito àqueles que pensam de maneira diferente, vamos iniciar com a definição de eleição conforme Jesus a desenvolveu na parábola acima. O convite de Deus *e* a nossa resposta ao convite. Deus determina o tempo, o lugar e os parâmetros da festa. Nós escolhemos se aceitamos o convite ou não.

Então, vamos esclarecer alguns pontos importantes:

- *Todos estão convidados.* Todos receberam um convite, tanto o rico quanto o pobre da parábola. Alguns dos que estavam ouvindo Jesus tinham herdado uma influência religiosa. Outros eram produtores rurais, trabalhadores diaristas ou marginalizados para os quais o meio de subsistência poderia deixá-los imundos. Da alta sociedade às classes inferiores, todos foram convidados.

  Depois de Jesus, a igreja se espalhou atravessando barreiras culturais e geográficas. Sua mensagem foi dos judeus até os gentios. A igreja primitiva estava impressionada com a extensão do convite: estavam inclusos gentios, escravos e mulheres. Todos receberam um convite. Não é isso, afinal de contas, a implicação de João 3:16? Isso é esclarecido em 2 Pedro 3:9: "O Senhor não demora em cumprir a sua promessa, como julgam alguns. Pelo contrário, ele é paciente com vocês, não querendo que ninguém pereça, mas que todos cheguem ao arrependimento." De acordo com a Escritura, Deus "deseja que todos os homens sejam salvos e cheguem ao conhecimento da verdade" (1 Timóteo 2:4).

Isso não é novidade introduzida pelo evangelho. Muito tempo atrás, conforme Ezequiel 18:32, Deus já tinha deixado isso bem claro: "Pois não me agrada a morte de ninguém; palavra do Soberano Senhor. Arrependam-se e vivam!"

- *Nem todo mundo recebe o mesmo convite.* Deus é totalmente inclusivo, mas ele não é igualitário. De acordo com a parábola, o convite começa com a elite. Em termos históricos, isso significa que os judeus tiveram um acesso privilegiado a Deus por meio da Torá e do Templo de Jerusalém. Usando termos teológicos, isso significa que Deus escolheu o povo judeu para trazer a promessa e, depois, escolheu a igreja cristã para espalhá-la pelo mundo. Já em termos sociológicos, isso significa que todas as classes sociais, todas as tribos, línguas e filiações políticas desfrutam de livre acesso à eleição, mas não necessariamente a um igual acesso. A realidade é que todas as pessoas que hoje em dia nascem no Ocidente têm mais oportunidades de ouvir o evangelho e responder abertamente do que aqueles que nascem no Oriente Médio ou que nasceram em outras épocas. Isso quer dizer que Deus não está agindo com justiça? Sim, é exatamente isso. Deus não está sendo justo, ele está sendo, acima de tudo, gracioso. Pelas razões acima apresentadas e outras que ultrapassam a nossa compreensão, Deus escolheu um homem, Abraão, como o pai de uma nação. Ele escolheu aquela nação para construir o templo e preservar a lei. Daquela nação se levantou o Messias, o qual finalmente seria proclamado Senhor em todos os continentes. Tal plano preordenado de Deus era incomensuravelmente gracioso, mas não propriamente igualitário.

- *Você precisa responder ao convite.* A eleição não se resume ao convite. Ela requer uma resposta individual ao convite. Somente Deus faz o convite. Nós, os seres humanos, entretanto, sob a soberania de Deus, somos obrigados a responder.

É por isso que a Bíblia está o tempo todo encorajando aqueles que foram convidados a confirmar presença. O próprio Jesus nos exortou: "Esforcem-se para entrar pela porta estreita, porque eu lhes digo que muitos tentarão entrar e não conseguirão" (Lucas 13:24). O escritor do livro de Hebreus chegou a implorar: "aproximemo-nos de Deus" (Hebreus 10:22; veja também 4:16; 7:25; 11:6).

É evidente que o maior peso da responsabilidade está com o próprio Deus. Mas o convite d'Ele não estará completo sem a nossa resposta.

É preciso destacar mais uma vez que não há nada novo nisso. Após Josué ter conduzido o povo escolhido para a terra prometida, ele fez o seguinte desafio: "Se, porém, não lhes agrada servir ao Senhor, escolham hoje a quem irão servir, se aos deuses que os seus antepassados serviram além do Eufrates ou aos deuses dos amorreus, em cuja terra vocês estão vivendo. Mas eu e a minha família serviremos ao Senhor" (Josué 24:15).

- *Deus sabe bem quem responderá ao seu convite.* Deus não vai forçá-lo, mas Ele sabe disso sem que ninguém mais o soubesse. Em outras palavras, Ele sabe o que você fará muito antes que você o execute.

Mesmo que isso pareça algo misterioso, tomemos os pais como exemplo, os quais têm experiências bastante similares. Você olha para seu filho e *sabe* se ele vai pular, trombar, chorar ou vai conseguir. É parecido com o que ocorre com Deus, exceto que Ele vê bem antes.

É o que o Novo Testamento chama de *presciência*. A palavra no texto grego literalmente significa "saber de antemão". Pedro endereçou sua primeira carta "aos eleitos de Deus, peregrinos dispersos, escolhidos de acordo com a *presciência* do Deus Pai" (1 Pedro 1:1-2). Os escolhidos que atendem ao convite foram conhecidos por Deus muito tempo antes de virem até Ele, antes mesmo de terem nascido. E é aqui que a palavra *predestinação* entra em ação. Trata-se de uma palavra grega bastante rara, *proorizō*, a qual aparece apenas seis vezes no Novo Testamento. Ela significa "determinar antecipadamente". É a raiz da nossa palavra "horizonte". Seu sentido básico é "estabelecer limites". Deus determinou os limites relacionados à salvação. Ele sabia quem atenderia ao convite e quem não o faria. Seu chamado é estendido a todos, sua eleição é para aqueles que Ele viu que dariam um passo em direção aos limites da salvação anteriormente determinados.

Paulo definiu esse conceito da seguinte maneira:

> Pois aqueles que de *antemão conheceu*, também os *predestinou* para serem conformes à imagem de seu Filho, a fim de que ele seja o primogênito entre muitos irmãos. E aos que *predestinou*, também *chamou*; aos que chamou, também justificou; aos que justificou, também glorificou. (Romanos 8:29-30)

O Propósito

Tudo isso faz sentido, exceto uma coisa. Se a predestinação feita por Deus estabelece limites para a salvação, então sua eleição deveria ser coletiva, não individual. Para simplificar, Deus declarou de antemão *o tipo* de pessoa que seria salvo. Entretanto, se Deus começasse a *nomear* aqueles que seriam salvos, tal ação poderia fazer parecer que ele tinha favoritos. Aqueles que ele gostasse iriam para o céu; já os que ele não gostasse, tomariam o elevador para baixo.

Sejamos justos, Deus é Deus. Ele faz aquilo que lhe apraz. Mas, de acordo com a Bíblia, ele não age assim. O Seu amor é perfeito e universal (Mateus 5:48; João 3:16). Para usar uma terminologia bíblica, "Deus não trata as pessoas com parcialidade" (Atos 10:34; Romanos 2:11; veja também Deuteronômio 10:17; 2 Crônicas 19:7; Jó 34:19; Efésios 6:9; 1 Pedro 1:17).

Diante disso, o que faremos com a predestinação individual? Tanto o Antigo quanto o Novo Testamento destacam os nomes das pessoas que Deus escolheu e predestinou. A lista é extensa:

- Abraão (Neemias 9:7);
- Jacó (Gênesis 25:19–34; 27:1–41; Malaquias 1:2–3; Romanos 9:10–13);
- Faraó (Êxodo 9:16; Romanos 9:17);
- Davi (1 Samuel 16:1–13);
- Josias (1 Reis 13:1–3);
- Ciro (Isaías 41:25; 44:28; 45:1–13; 2 Crônicas 36:22–23);
- Jeremias (Jeremias 1:5);
- João Batista (Isaías 40:3; Malaquias 4:5–6; Lucas 1:17);
- Jesus (Isaías 42:1; Mateus 12:18; Lucas 9:35; Atos 2:23; 4:28);

- Judas Iscariotes (Salmos 41:9; 69:25; 109:8; Marcos 14:10; Atos 1:20);
- Os doze apóstolos (Lucas 6:13; João 6:70; 15:16);
- Paulo (Atos 9:15; 13.2; Romanos 1:1; Gálatas 1:15–16; Efésios 3:7);
- Rufo (Romanos 16:13).

Antes de tudo, precisamos observar que Deus ordena pessoas para uma *função*, não para um destino (com a possível exceção de Judas Iscariotes). Abraão foi chamado para fundar uma nação e Faraó para libertar aquela nação. Davi foi escolhido para liderar o reino e Ciro para restaurar o reino depois do cativeiro. João foi destinado para preparar o caminho para Jesus, e Jesus para morrer em uma cruz. O destino de Judas Iscariotes foi trair Jesus, e os demais apóstolos, para testemunhar sua ressurreição. Já Paulo e Jeremias foram eleitos desde o nascimento para pregar a mensagem para aqueles por meio dos quais viriam a sofrer.

Se Deus *o* escolheu para determinada função, você *realizará* aquela tarefa, ou do jeito de Deus ou à sua maneira. Mesmo assim, você *fará* aquilo que Deus o chamou para fazer.

Em segundo lugar, devemos observar que nem todos recebem o mesmo convite, mas todos são convidados. Nem todos recebem o mesmo chamado, mas todos são chamados. Deus tem um objetivo prático para sua vida. Isso não quer dizer que Deus tem só uma e específica coisa para você realizar na sua vida inteira. Em vez disso, em cada etapa de sua vida, Deus deseja usá-lo de forma singular, de acordo com seus dons, interesses e experiências a fim de produzir glória a Seu próprio nome. Há algo bem aqui, neste exato momento, que somente você pode realizar para a glória de Deus. Descubra o que é e você encontrará a sua voz, o seu interesse e o seu propósito.

Pontos-chave

- De acordo com Jesus, a eleição é o convite de Deus somado à resposta pessoal;
- A predestinação é o ato de Deus no estabelecimento dos limites para a salvação e no prévio conhecimento de quem seria salvo;
- Os indivíduos são predestinados para uma função, não para um destino.

Esta semana

☐ **PRIMEIRO DIA:** Leia o texto da semana.

☐ **SEGUNDO DIA:** Memorize Mateus 22:14.

☐ **TERCEIRO DIA:** Leia Atos 9:1-31.

☐ **QUARTO DIA:** Medite em Josué 24:15; Romanos 8:29–30; 2 Pedro 3:9.

☐ **QUINTO DIA:** Identifique algo que somente você é qualificado a realizar para Deus e compartilhe isso com um amigo ou mentor que poderá ajudá-lo a definir os passos necessários para seu cumprimento.

Desafio de Superação: Memorize Josué 24:15.

Bônus de Leitura: Robert Shank, *Elect in the Son:* A Study of the Doctrine of Election.

25

O Sobrenatural

> Então ele dirá aos que estiverem à sua esquerda: "Malditos, apartem-se de mim para o fogo eterno, preparado para o diabo e seus anjos."
>
> —Mateus 25:41

Pergunta: Existe mesmo um mundo espiritual em atividade ao meu redor?

Céu e inferno, demônios e anjos, eis o material perfeito para a ficção científica e filmes de terror. Mas essas coisas não os tornam menos reais. Podemos afirmar a existência de tudo isso apenas citando a autoridade de Jesus. Na verdade, esse versículo engloba todas as facetas do mundo sobrenatural.

Este texto é uma simples pesquisa com apenas um tópico: aumentar a nossa consciência de que não estamos sozinhos neste mundo. Existe uma realidade invisível aos olhos bem ativa à nossa volta.

Fatos Relevantes Sobre o Céu

A maioria das pessoas acredita naquela versão caricata do céu, você sabe, aquela com querubins nus com partes íntimas escondidas por harpas. Eles flutuam sobre as nuvens e cantam delicadas melodias que se assemelham àquelas entoadas por monges medievais. Se o céu é realmente assim, então é compreensível os pagãos não se espantarem com o terror de um dia terem de viver no inferno.

Essa concepção de céu é desagradável e insustentável. As Escrituras não o descrevem como um lugar monocromático ou "fofo". Na robusta descrição apresentada nos capítulos 21 e 22 do livro de Apocalipse, encontramos uma cidade resplandecente, com 3.625km², pessoas com seus corpos ressurretos, portões enormes, cada um feito de uma única pérola, pavimento de ouro puro e, o mais importante, a presença tangível de Deus, trazendo à lembrança a beleza do jardim do Éden. Além da música, aparentemente há comida, alegria, descanso, aprendizado, celebração e espaço para criatividade. A maior surpresa para a maioria das pessoas é saber que o local do nosso destino eterno é, de fato, uma nova terra, na qual todos nós viveremos eternamente com corpos físicos sem a presença do pecado.

Há muitos detalhes que ainda desconhecemos sobre o céu, por exemplo, quanto a natureza de nossos novos corpos e também se conservaremos as lembranças dolorosas desta vida. Mas o conhecimento que temos a respeito já é o bastante para desejarmos viver lá um dia. Lá não haverá polícia, soldados, médicos, advogados e nem pregadores. Também não haverá necessidade de lenços de papel, relógios, fechaduras, caixões e nem mesmo de tribunais judiciários. Nunca mais haverá Receita Federal, Serviço de Imigração, Abin, Justiça Federal, INSS e Vigilância Sanitária. Além disso, e muito mais importante, sem a presença de Satanás, da cultura corrompida pelo pecado, das fases de aperto financeiro, da arrogância, ou seja, vamos realmente experimentar uma vida sem pecado. Vamos pensar mais profundamente sobre isso. Em nossos novos corpos, teremos as reais condições para eliminar completamente o pecado.

Essa nova terra ainda não tem moradores. Todos aqueles que já morreram em Cristo estão aguardando a ressurreição de seus corpos, assim como nós aguardaremos. Há inúmeras passagens no Novo Testamento que nos informam sobre esse lugar temporário de conforto e paz. De acordo com a história que Jesus contou sobre o homem rico e Lázaro, os justos estão "Juntos a Abraão" (Lucas 16:22). Paulo afirmou apenas que sua morte o conduziria imediatamente à presença de Jesus (Filipenses 1:21-24). Finalmente, em Apocalipse 6:9–11, temos a descrição dos mártires santos que vestem roupas brancas, diante do trono de Deus. Resumindo, todos aqueles que morreram em Cristo, embora confortados, estão aguardando novos corpos e completa justiça no Juízo Final.

Fatos Relevantes Sobre o Inferno

O inferno é um lugar depressivo. Mas quem deseja falar sobre isso? Muitas pessoas consideram o inferno uma realidade tão agressiva que chegam a afirmar, geralmente com ar de superioridade: "Não consigo acreditar em um Deus que seria capaz de mandar alguém para o inferno." É sério mesmo? Eu, ao contrário, não posso acreditar em um Deus que não mandaria ninguém para lá! Em meio ao enorme discurso impregnado em nossa cultura acerca da justiça social, como ignorar a justiça eterna? Como poderia um Deus infinitamente bom ignorar o sofrimento e o mal deste mundo? É por essa razão que a Bíblia descreve o inferno enfatizando a justiça e a condenação.

De acordo com as Escrituras Sagradas, o inferno é um lugar de tormento, descrito a partir de metáforas como chamas, enxofre, vermes, trevas e o ranger de dentes (Isaías 66:24; Mateus 22:13; 25:41,46; Marcos 9:48; 2 Tessalonicenses 1:8–9; Apocalipse 14:11; 20:10). Não é fácil definir o nível de literalidade dos detalhes apresentados nessas passagens que descrevem o futuro e suas realidades espirituais.

Causa surpresa o fato de que as imagens mais comuns que as pessoas constroem sobre o inferno não procedem das Escrituras, mas emergem das páginas da obra-prima de Dante Alighieri, *A Divina Comédia*, que data do século XIV. A descrição cheia de imagens de Dante se aproximava mais da criação literária do que da precisão teológica. Então, vamos corrigir algumas distorções.

Falando em termos técnicos, o inferno (ou "Hades", usando o termo grego) é apenas uma cela temporária, enquanto a prisão final, a qual ainda não abriga ninguém, é o lago de fogo mencionado em Apocalipse 20:10. Esse lago de fogo é o lugar eterno de punição pelos pecados que cometemos na Terra. Uma condenação eterna pode parecer excessiva. Talvez pensemos assim porque na realidade falhamos em ver o pecado como Deus o vê, ou seja, como uma rebelião contra a perfeita santidade.

Outra razão para esse tipo de pensamento é que geralmente esquecemos que a condenação dos homens não parte do desejo de Deus, mas decorre da escolha do próprio homem. Tecnicamente falando, Deus não lança ninguém no inferno. Indivíduos rejeitam a presença de Deus; para que outro lugar eles iriam senão àquele habitado pelos que não se submetem à Sua lei? Sejamos francos: as pessoas que rejeitam a Deus aqui na Terra já construíram seu próprio inferno aqui. É provável que as descrições bíblicas tenham menos a acrescentar quanto ao projeto de Deus do que quanto ao ambiente que os não crentes inevitavelmente já criaram para si mesmos por estarem afastados da direção do Espírito Santo.

Fatos Relevantes Sobre os Demônios

Os demônios são reais e não são brincadeira. Eles sabem quem é Jesus (Marcos 1:24,34) e acreditam em Deus (Tiago 2:9), mesmo escolhendo seguir a Satanás, o qual é um anjo caído (Apocalipse 12:7–9), e procuram ocupar os corpos dos seres humanos (Mateus 12:43). Também são inerentemente destrutivos causando cegueira espiritual (Mateus 12:22), surdez e mutismo (Marcos 9:25), deformidade (Lucas 13:11), convulsões (Mateus 17:14–18), doença mental (Mateus 11:18; Lucas 7:33; João 7:20; 8:48,52; 10:20-21) e impulsos suicidas (Mateus 17:15; Marcos 5:5). Eles tendem a ser barulhentos (Marcos 1:26) e representam uma força global organizada (Apocalipse 16:14). Mesmo exercendo grande influência (Marcos 8:33), no fim eles serão destruídos (Apocalipse 20:1–10). Embora sejam capazes de realizar alguns milagres (Apocalipse 16:14), seus poderes são limitados por Deus (Romanos 8:38–39; Apocalipse 9:20).

Os demônios tendem a ter acesso à alma humana por meio de quatro canais: cultos místicos (como sessões espíritas) e o trio clássico: sexo, drogas e estilos musicais que honram o reino das trevas. É verdade que a simples participação nessas coisas não significa que os demônios terão acesso garantido. É importante observar, entretanto, que esses são os canais que eles mais se utilizam.

O termo bíblico usado para descrever a pessoa controlada pelos demônios não é *possessão demoníaca*, mas sim *demonização*. Existe uma variedade de graduações ou níveis de influência demoníaca:

1. Tentação: trata-se de situações externas que favorecem seu acesso ao pecado;
2. Opressão: decorrente de ataques externos que causam mal nas áreas física ou emocional (acidente, doenças, morte etc.);
3. Influência: por meio da sua mente, a pessoa é sugestionada à raiva, à depressão, à violência ou à automutilação;
4. Possessão: neste o corpo físico, total ou parcialmente, é controlado, a exemplo das mãos, voz, olhos, forma muscular sobrenatural etc.

Quanto mais forte for o nível de influência ou de controle, mais agressiva deverá ser a resposta. Se alguém estiver enquadrado nos níveis 3 ou 4, será necessária a intervenção de um exorcista experiente. Trata-se de uma ação complexa e que foge à ordem normal. (Um livro que poderá ser de grande ajuda é *The Bondage Breaker*, de Neil Anderson.)

Para a grande maioria de nós, existem três passos bem simples para minimizar a influência demoníaca: as Escrituras Sagradas (leia-a ou recite-a em voz alta), a adoração por meio de músicas e a oração feita em voz alta e em nome de Jesus. Essas três atividades deixam os demônios enlouquecidos. Você pode realmente mantê-los longe, não completamente nem permanentemente, mas te dando um bom descanso. Quanto maior e mais forte for o grau de influência demoníaca, mais drásticas devem ser as medidas a serem adotadas.

Isso nos leva a pensar em Efésios 6:12: "Pois a nossa luta não é contra pessoas, mas contra os poderes e autoridades, contra os dominadores deste mundo de trevas, contra as forças espirituais do mal nas regiões celestiais." Paulo prosseguiu mencionando a lista do armamento específico que temos à disposição como cristãos (versículos 13-18). Nesta lista, a única arma de ataque que Paulo menciona é "a espada do Espírito, que é a Palavra de Deus" (versículo 17). É interessante notar que o termo empregado "palavra" não significa o texto impresso da Bíblia, mas trata-se da palavra falada. Não é suficiente apenas conhecer a teologia. Temos de verbalizar as promessas de Deus. Ao abrirmos nossas bocas para proclamar a Jesus, particularmente em ações evangelísticas, os demônios são colocados para correr ou, pelo menos, eles são avisados que suas táticas não acabarão bem.

Outra arma de ataque apresentada na passagem, a qual não faz parte da armadura, é a oração (versículo 18). Os crentes que proclamam a verdade de Deus, cantam em adoração a Ele e fazem petições ao Deus vivo são muito mais preservados de serem derrotados em batalhas espirituais travadas por eles. Não use armas defensivas contra os demônios, utilize armas de ataque!

Fatos Relevantes Sobre os Anjos

Os anjos aparecem por toda a Bíblia. Apenas no Novo Testamento eles são mencionados mais de 170 vezes. A palavra *anjo* é empregada 67 vezes somente no livro de Apocalipse.

Quanto às funções dos anjos, elas são principalmente três. A primeira e mais importante função angelical é a de ser mensageiro. Esse é exatamente o sentido da palavra grega *aggelos*. Perceba como eles ficam em volta na vinda de Jesus, tanto na primeira como na segunda.

A segunda função dos anjos é servir a Jesus (Marcos 1:13) e seu povo (Salmos 91:11-12). Eles confortaram a Jesus no Getsêmani (Lucas 22:43); conduziram Lázaro para o seio de Abraão (16:22), e libertaram os apóstolos da prisão (Atos 5:19; 12:7– 11). Um anjo conduziu Filipe até o eunuco etíope (Atos 8:26); outro assassinou a Herodes Agripa (12:23); ainda um outro prenunciou a chegada de Paulo à Roma a salvo (27:23–24). Na verdade, no livro de Hebreus temos a afirmação: "Os anjos não são, todos eles, espíritos encarregados enviados para servir aqueles que hão de herdar a salvação?" (1:14).

Terceiro, os anjos validam os homens de Deus por mera associação. Em outras palavras, você coloca um anjo junto a um sujeito, e ele imediatamente vira um bom moço. Isso aconteceu com Moisés (Atos 7:35) e Cornélio, o primeiro gentio convertido (Atos 10:3-4). Estar em companhia de um anjo indica que a pessoa pertence a Deus. Assim, os anjos exultam no céu cada vez que um pecador se arrepende (Lucas 15:10).

Pontos-chave

- Tanto o céu quanto o inferno são lugares reais, eles são descritos na Bíblia com as melhores metáforas possíveis;

- Os demônios conseguem maior acesso mediante o ocultismo, o sexo, as drogas e as músicas ligadas ao reino das trevas. Por outro lado, eles são afastados por meio das Escrituras, da adoração a Deus e da oração;

- Os anjos anunciam a vinda de Jesus, servem os crentes no cumprimento dos seus chamamentos e confirmam aquilo que Deus aprova.

Esta semana

☐ **PRIMEIRO DIA:** Leia o texto da semana.

☐ **SEGUNDO DIA:** Memorize Mateus 25:41.

☐ **TERCEIRO DIA:** Leia Apocalipse 12-13.

☐ **QUARTO DIA:** Medite em Efésios 6:12; Hebreus 1:14; Apocalipse 20:10.

☐ **QUINTO DIA:** Pergunte a três amigos cristãos se eles alguma vez encontraram um anjo ou um demônio. Procure verificar como sua descrição se alinha com as descrições bíblicas.

Desafio de Superação: Memorize Efésios 6:12.

Bônus de Leitura: Neil T. Anderson, *The Bondage Breaker*.

26

Nosso Comissionamento

> Foi-me dada toda a autoridade no céu e na terra. Portanto, vão e façam discípulos de todas as nações, batizando-os em nome do Pai, do Filho e do Espírito Santo, ensinando-os a obedecer a tudo o que eu lhes ordenei. E eu estarei sempre com vocês, até o fim dos tempos.
>
> —Mateus 28:18–20

Pergunta: Qual é a missão da igreja?

A evangelização do mundo é a missão *de Deus*, não *a nossa*. Para ser mais específico é nossa *(co)missão*. Assim, a denominamos a Grande Comissão. Isso quer dizer que não estamos tentando evangelizar o mundo por nós próprios. Estamos tentando simplesmente ser parceiros de Deus naquilo que Ele já está fazendo em nosso meio a fim de resgatar o mundo que tanto ama.

Esse é um conceito crucial para o cristão. A responsabilidade pelo mundo é primeiramente de Deus, não nossa. O que cabe a nós é estarmos disponíveis para ir aonde for necessário, ser aquilo que nós já somos e influenciar aqueles que já fazem parte dos nossos relacionamentos. Tudo isso faz parte do significado da palavra grega traduzida por "ir". O sentido da palavra poderia ser literalmente tomado por "enquanto você vai". Ou seja, "enquanto você realiza seus negócios, lembre-se de tornar Jesus conhecido". Não precisamos dominar técnicas de marketing, estratégias de vendas ou argumentações intelectualizadas para questões levantadas pelas pessoas. Simplesmente precisamos seguir Jesus e ajudar outros a andar junto conosco nesse processo.

A Grande Comissão é bastante simples: caminhe com as pessoas enquanto você caminha com Jesus. Logo, logo, eles se encontrarão.

A Grande Comissão não é complicada. Contudo, ela é muito importante. Tanto é verdade, que os quatro evangelhos apresentam suas próprias versões do comissionamento deixado por Jesus, assim como o faz o apóstolo Paulo:

[Jesus] disse-lhes: "Vão pelo mundo todo e preguem o evangelho a todas as pessoas. Quem crer e for batizado será salvo, mas quem não crer será condenado" (Marcos 16:15-16).

"E que em seu nome seria pregado o arrependimento para perdão de pecados a todas as nações, começando por Jerusalém. Vocês são testemunhas destas coisas" (Lucas 24:47-48).

"Assim como o Pai me enviou, eu os envio". E, com isso, soprou sobre eles e disse: "Recebam o Espírito Santo. Se perdoarem os pecados de alguém, estarão perdoados; se não os perdoarem, não estarão perdoados" (João 20:21-23).

Mas receberão poder quando o Espírito Santo descer sobre vocês, e serão minhas testemunhas em Jerusalém, em toda a Judeia e Samaria, e até os confins da Terra (Atos 1:8).

Portanto, somos embaixadores de Cristo, como se Deus estivesse fazendo o seu apelo por nosso intermédio. Por amor a Cristo lhes suplicamos: Reconciliem-se com Deus (2 Coríntios 5:20).

Tudo sobre a Chamada

Indiscutivelmente, a Grande Comissão é uma convocação para todos. Cada cristão, em todos os tempos, não importando sua vocação, é um integrante no empreendimento divino de expansão global. Como assim?

Pode parecer intimidador compartilhar a nossa fé. E se alguém me fizer uma pergunta que eu não saiba responder? E se a minha vida não foi um bom exemplo daquilo que falo? E se os meus amigos me rejeitarem em função do meu testemunho ou eu perder meu emprego por isso? Todas essas são questões legítimas que Jesus abordou ao comissionar.

"Foi-me dada *toda a autoridade* no céu e na Terra" (Mateus 28:18). Em virtude da vida imaculada de Jesus, sua morte sacrificial e de sua vitória na ressurreição, Deus o tornou soberano e juiz do universo. Quando nos tornamos

Seus servos, carregamos conosco a Sua autoridade. Como seus embaixadores, as nossas palavras são autorizadas por Ele. O apóstolo Paulo deixou isso bem claro em 2 Coríntios 5:20: é "como se Deus estivesse fazendo o seu apelo por nosso intermédio". Consequentemente, nós temos autoridade para, realmente, oferecer o perdão dos pecados em nome de Jesus.

É claro que só podemos fazer isso por meio da graça que é mediante fé, seu único canal realmente autorizado. Em outras palavras, não podemos oferecer perdão a ninguém que não tenha se comprometido com Jesus. Contudo, não esqueçamos da dimensão desta autoridade. Nós oferecemos a graça de Deus por meio do sangue de Jesus. Esse não é um privilégio reservado somente aos sacerdotes ou bispos, mas é direito e responsabilidade de cada seguidor de Cristo.

Utilizando terminologia política, todos nós somos embaixadores de Cristo (2 Coríntios 5:20). Sendo assim, as nossas declarações não se resumem a ostentações vazias. Os embaixadores falam em nome do governo que os autorizou. Como um embaixador de Cristo, você é autorizado a declarar determinada pessoa como amiga ou inimiga de Deus, a depender da resposta que ela retribuir a Jesus.

Portanto, se alguém lhe fizer uma pergunta que você não saiba como responder, isso afetará muito pouco diante da declaração que você está autorizado a fazer. Mas e caso se tratar de uma questão tão primordial que eu não possa deixar de responder?

Imagine-se como um embaixador sentado em uma mesa em uma conferência junto com outros líderes mundiais. Eles lhe perguntam sobre um processo de paz, e você não saiba como responder a questão. O seu presidente está ouvindo em uma ligação por videoconferência. Você não acha que ele não lhe enviaria uma mensagem de texto imediatamente com uma resposta apropriada? É claro que sim.

Foi exatamente isso que Jesus prometeu fazer: "Mas quando os prenderem, não se preocupem quanto ao que dizer, ou como dizer. Naquela hora lhes será dado o que dizer, pois não serão vocês que estarão falando, mas o Espírito do Pai de vocês falará por intermédio de vocês" (Mateus 10:19-20). Se o nosso medo de não ter a resposta certa nos impede de compartilhar nossa mensagem, isso denuncia a nossa falta de confiança de que Jesus cumpre sua palavra. Não há possibilidade de Deus deixá-lo sozinho quando você abrir sua boca para proclamar Sua palavra. Por quê? Isso porque a missão *d'Ele* é a *sua* comissão. Ele é muito mais comprometido com esse processo do que você jamais será.

"Façam discípulos de todas as nações" (Mateus 28:19). Uma das coisas mais extraordinárias em Jesus é quanto às suas aspirações globais. É bastante provável que você não teria previsto isso durante os três anos de ministério de Jesus. Afinal, ele tinha Israel como foco, não os estrangeiros. Antes de sua morte, ele nunca havia dado ordens para que seus discípulos fossem a outros territórios. Ele nunca viajou a lugares fora dos tradicionais limites de Israel. Então, por que Ele, de repente, enfocaria uma conquista em nível global?

Na realidade, esse assunto sempre esteve na mente de Jesus. Ocorre que a nação de Israel era a esperança do mundo. Eis que essa é a razão pela qual Jesus começa com sua própria gente e cultura. Mesmo em seus estágios iniciais, o ministério de Jesus sempre foi focado para fora. Tanto em suas curas como nas pregações e mandamentos, ele sempre nos empurra para longe, bem longe do centro.

Isso está em total oposição ao que, em teoria, as demais tradições religiosas fazem, ou seja, procuram atrair seus seguidores para dentro. Para atingir uma alta posição na hierarquia religiosa, o discípulo precisa praticar profunda devoção, rituais altamente exigentes ou atingir alto nível de conhecimento, tanto no islamismo, judaísmo e budismo quanto em qualquer outra religião. Contudo, para o discípulo de Cristo, o cumprimento de suas obrigações mais importantes parte de uma visão voltada para fora, ou seja, por meio do evangelismo e do serviço social.

"Ensinando-os a obedecer a *tudo o que eu lhes ordenei*" (versículo 20). Isso é impressionante. Quem é capaz de lembrar ou, pelo menos, obedecer a todos os mandamentos de Jesus?

Bem, eles não são difíceis de ser memorizados, já que Jesus reduziu todos os mandamentos do Antigo Testamento a duas regras simples: amar a Deus e amar ao próximo (Mateus 22:37-40). Ao mesmo tempo que isso é bem fácil de memorizar, é impossível de ser aperfeiçoado. É por isso que ele precisa ser ensinado. O papel de cada cristão é ajudar o outro a colocar esses mandamentos em prática. É a função da mãe para com seu filho, do marido para com sua esposa, do empregador para com seus colaboradores, do treinador diante de seus jogadores. Seja qual for o lugar que Deus o colocar, o seu propósito é claro: ajudar pelo menos uma pessoa a dar pelo menos um passo em direção a Deus e aos outros.

Antes que você pense ser isto muito complexo, Jesus acrescentou à comissão a seguinte promessa: "E *eu estarei sempre com vocês*, até o fim dos tempos" (Mateus 28:20). Uma vez que esta é a missão de Deus e a nossa comissão, ele está absolutamente preparado para estar totalmente presente. A presença de Jesus estará continuamente conosco por meio do Espírito Santo, que vai nos guiar, exortar e providenciar a sabedoria, o poder e as oportunidades necessárias para o cumprimento da comissão.

O cumprimento deste mandamento conduzirá a um novo tempo da eternidade. Quando seu comissionamento estiver cumprido pela nossa completa obediência, sua presença se tornará tangível, e nossos problemas serão resolvidos no fim dos tempos.

Façam Discípulos

Mateus 28:18-20 traz um impacto poderoso. A comissão é uma sentença simples com um único verbo, o qual aparece no modo imperativo. E não é "batizar". Esse não é nosso mandamento. Tampouco é "ir". Podemos ou não ser enviados a lugares remotos. O mandamento especial dessa comissão é "façam discípulos".

O mandamento vem com uma carga significativa, para ser exato. Existem prateleiras de livros sobre discipulado. Todos os tipos de autores têm argumentos de variados métodos de fazer discípulos. A maioria deles pode ajudar muito. Muitos trazem *insights* valiosos. No entanto, agora, neste exato momento, tornaremos as coisas mais simples. Em uma única frase, um discípulo é um aprendiz, um estudante, por assim dizer.

Entretanto, o tipo específico de aprendizado na cultura judaica não tem tanto a ver com transmissão de informação, ele está mais próximo ao conceito de transformação. Ou seja, ele está mais próximo do comportamento do que de livros. É o que mais se aproxima de uma mentoria ou *coaching* pessoal. Tendo o mentor como seu modelo, o aprendiz teria de observar e imitar suas práticas. Este é o coração da grande comissão, e esta é a responsabilidade de cada seguidor de Cristo.

Embora cada um de nós esteja em diferentes estágios de maturidade, todos temos alguém que nos admira. Para alguns, pode ser uma criança, para outros, um atleta ou um novato no trabalho. Cada um de nós pode potencializar aqueles relacionamentos a fim de ajudar alguém a se aproximar de Cristo.

Antes de Jesus partir deste mundo, Ele nos deixou um último mandamento. A "chamada para todos" requer que "cada um alcance um". A partir do momento que nós saímos de dentro do batistério até chegarmos aos portões da eternidade, o nosso comissionamento, ou a nossa parceria com Deus, é para fazer Jesus conhecido.

Pontos-chave

- A Grande Comissão é a missão de Deus, não a nossa;
- O mandamento é universal: alcançar *todas* as pessoas em *todos* os lugares e em *todos* os tempos;
- O nosso alvo maior é fazer discípulos, os mentoriando a fim de que se tornem leais a Jesus.

Esta semana

☐ **PRIMEIRO DIA:** Leia o texto da semana.

☐ **SEGUNDO DIA:** Memorize Mateus 28:18–20.

☐ **TERCEIRO DIA:** Leia Atos 10-11.

☐ **QUARTO DIA:** Medite em Marcos 16:15–16; João 20:21–23; 2 Coríntios 5:20.

☐ **QUINTO DIA:** Identifique o nome de uma pessoa que você poderia conduzir a dar pelo menos um passo em direção a Jesus.

Desafio de Superação: Memorize 2 Coríntios 5:20.

Bônus de Leitura: Bill Bright, *How You Can Help Fulfill the Great Commission.*

27

O Evangelho

Princípio do evangelho de Jesus Cristo, o Filho de Deus.
—Marcos 1:1

Pergunta: Qual é a definição de Evangelho?

A palavra evangelho significa literalmente "boas notícias". De certa forma, o evangelho é o coração da mensagem cristã. Isso é, o evangelho é o conteúdo daquilo que deve ser pregado. Paulo empregou o termo com esse sentido em Romanos 1:16: "Não me envergonho do evangelho, porque é o poder de Deus para a salvação de todo aquele que crê: primeiro do judeu, depois do grego." Em um sentido mais amplo, o evangelho refere-se a uma biografia. Para ser mais preciso, é a história da vida e da morte de Jesus.

Os quatro evangelhos abrem o Novo Testamento, cada um deles narrando o ministério de Jesus. Diante disso, podemos concluir que a palavra *evangelho* pode se referir a uma mensagem, ou a narrativa da vida, morte e ressurreição de Jesus. Tanto uma quanto a outra são definições cristãs. Contudo, originalmente a palavra *evangelho* não tinha acepção religiosa. Na verdade, era um termo do mundo político.

O Evangelho e a Política

Em cada grande cidade do mundo Romano, existiam os mensageiros que traziam boas notícias da capital. As multidões prestavam bastante atenção a elas porque sabiam que se tratavam de anúncios importantes. As boas notícias dos arautos romanos eram tidas como algo vindo do líder mais importante do planeta. Por exemplo, quando o imperador se casava, as boas notícias eram repassadas a todas as partes do império por embaixadores oficiais. Eles queriam que os cidadãos romanos soubessem que o imperador teria como transmitir a herança para a próxima geração. Da mesma maneira, quando nascia um filho do soberano, a mensagem era proclamada por todos os rincões.[1]

Além dos imperadores, os generais também enviavam boas notícias após uma conquista militar.[2] Os mensageiros levavam o manuscrito oficial para cidades e subúrbios: "Boas notícias: vencemos a guerra."

Os temas mais recorrentes dessas boas notícias políticas eram vitórias militares, casamentos e nascimentos. O conteúdo dessas mensagens era inscrito em pergaminhos, pedras e pilares, assim, o povo poderia celebrar e ficar em torno de seu soberano. Esta é uma frase muito importante. Leia a última parte da sentença de novo: *assim o povo poderia celebrar e ficar em torno de seu soberano.*

Um exemplo disso vem do século 9 a.C., encontrado na cidade de Priene. Lê-se em uma inscrição sobre Otaviano:

> Dado que a providência determinou que a nossa vida seja divina... e uma vez que o imperador, por meio da sua epifania, excedeu as esperanças das antigas boas notícias [*euaggelia,* a palavra grega para "evangelho"], não apenas superou os benfeitores que o antecederam, mas também acabou com a esperança de alguém que venha a suplantá-lo, e, uma vez que o nascimento de Deus foi para o mundo o início de suas boas novas [venha isso a partir de agora decretado que]...[3]

Deixe de lado a blasfêmia óbvia e a propaganda política. Essa inscrição esclarece o propósito de qualquer evangelho. As boas notícias servem para unificar as pessoas em torno de uma figura política que tenha poder de promovê-las assim como protegê-las.

Essa foi exatamente a razão pela qual os cristãos adotaram esse termo. Eles querem exaltar seu soberano, Jesus, o qual tem o poder de promover e proteger seu progresso espiritual. A declaração cristã é uma direta oposição à reivindicação dos imperadores romanos de governar o mundo. Considerando o uso restrito do termo, eles estavam afirmando uma contranarrativa ao império romano, estavam sugerindo que o imperador tinha sido sobrepujado pelo Messias. O que sabemos é que essa declaração primeiramente foi feita pelo jovem João Marcos quando escrevia seu evangelho na capital romana sob a influência de Pedro.

O Evangelho e os Evangelhos

Marcos não perdeu tempo para confrontar os poderes imperiais. Seu livro inicia-se com as seguintes palavras: "Princípio do evangelho de Jesus Cristo, o Filho de Deus" (Marcos 1:1). Com essa declaração, Marcos dá o tom para o resto do seu livro. Ele confere a Jesus dois títulos de natureza política: "Messias" e "Filho de Deus". O primeiro era um título judeu e o segundo, romano. Os dois, em essência, representam a mesma coisa.

Cada judeu devia saber o sentido básico do termo *Messias,* palavra que literalmente significa "o ungido". Primeiramente, o título fazia referência ao régio filho de Davi (rei mais famoso de Israel). Ele restauraria o reino de Judá à sua glória dos dias de Davi. Ele haveria de derrotar os inimigos de Israel, sentar no trono real, assim como restaurar a ordem e purificar o templo. Seria um rei, libertador e herói nacional. *Messias* pode representar bem mais que isso, mas, certamente, não menos.

Os leitores romanos do evangelho de Marcos pouco conheciam das esperanças messiânicas dos judeus e a antiga história de Israel. Entretanto, o que eles compreendiam bem era o termo *Filho de Deus*. Esse era um título normalmente empregado ao se referir ao imperador. Afinal, esse soberano mundial tinha direitos divinos. Seu predecessor obteve *status* divino. No período em que Marcos escrevia seu evangelho, os imperadores eram adorados como divindades. É por isso que a introdução de Marcos poderia levá-lo à prisão. A partir dessa declaração, Marcos estava afirmando um novo soberano mundial.

Por que João Marcos falaria com esses termos? Uma plausível explicação pode ser oferecida por meio da seguinte reconstrução histórica. De acordo com a tradição, ele era um adolescente quando Jesus participou da Última Ceia na parte superior da sua casa. Tão logo os apóstolos se reuniram para a Última Ceia, os pais de Marcos providenciaram um cenáculo. Sem dúvida, o jovem Marcos esticou-se para ouvir as palavras de despedida de Jesus. Mais tarde, ele ouviria os apóstolos deixarem o local e se encaminharem para o jardim. Então, quando os soldados apareceram para prender Jesus, Marcos correu até o jardim para alertá-lo. Por mais que tentasse ultrapassar as tropas, ele chegou muito tarde para alertar Jesus acerca de sua iminente prisão. Marcos tinha saído de casa tão rapidamente que não teve tempo de vestir a peça de cima do seu traje. Quando os soldados o seguraram pelo colarinho e, debatendo-se, conseguiu se libertar, e correu para salvar a própria pele. Marcos 14:51-52 registra esse curioso evento do foragido nu. Quem mais poderia ser este senão João Marcos? Embora tenha sido imprudente, reflete bastante coragem. Jesus era seu herói nacional, portanto, digno de ser resgatado.

Se é verdade que João Marcos arriscou a própria vida no jardim tentando livrar Jesus, não é de se admirar que na capital do império romano ele viesse a proclamar Jesus como um soberano político. Esse jovem homem acompanhou Paulo e Barnabé na primeira viagem missionária de Paulo (Atos 13-14). Mais uma vez, ele falha em concluir o que começara. Por essa razão, Paulo não permitiu que ele fosse reintegrado à equipe no seu segundo incurso itinerante (Atos 15:36-38). Dessa forma, quando Paulo e Barnabé se separam, Barnabé levou João Marcos consigo (versículo 39). Finalmente, João Marcos percorreu seu caminho até Roma, como um assistente de Pedro, o outro "pilar" entre os apóstolos. Assim como ocorre com muitos de nós, João Marcos teve uma história de fracasso, mas com um coração para continuamente anunciar Jesus. Dessa vez, ele fez a coisa certa. Seu evangelho inicia quando a própria vida de Jesus aqui na Terra tinha terminado, enfrentando uma das mais desafiadoras questões para um indivíduo ou uma sociedade: Quem será o chefe?

O Evangelho e a Igreja

Encontramos nos evangelhos alguma forma do termo evangelho, "boas notícias", 23 vezes. Nos demais livros do Novo Testamento foi empregada em mais de uma centena de vezes após a ressurreição de Jesus. O evangelho não é só a história de Jesus *para* a igreja, mas a proclamação da salvação *por meio* da igreja. Para simplificar, o propósito da igreja é anunciar Jesus como o imperador, Rei dos Reis, soberano do céu e da Terra. O evangelho são as boas notícias de que cada um de nós pode ter seus pecados perdoados. São mais que boas notícias para um indivíduo, são as boas notícias de uma nova nação.

Denominamos essa nação de Reino de Deus, por se tratar de uma realidade universal e eterna. Jesus é o nosso imperador e nós somos seus enviados. Não se trata apenas da nossa mensagem, trata-se da nossa responsabilidade. Paulo explica isso da seguinte maneira: "Contudo, quando prego o evangelho, não posso me orgulhar, pois me é imposta a necessidade de pregar. Ai de mim se não pregar o evangelho!" (1 Coríntios 9:16).

Dada a importância dessa declaração, Satanás trabalhará até estar seguro de que não estejam dando ouvidos a ela. Desde o tempo em que os evangelhos foram escritos até os dias de hoje, tem havido um ataque satânico em conjunto com o cultural contra a mensagem do reino de Jesus. A nossa atenção deve estar voltada não só para a proclamação do evangelho como também para que ele não seja contaminado. Observe a crítica de Paulo aos Gálatas por contaminarem sua pregação:

> Admiro-me de que vocês estejam abandonando tão rapidamente aquele que os chamou pela graça de Cristo, para seguirem outro evangelho que, na realidade, não é o evangelho. O que ocorre é que algumas pessoas os estão perturbando, querendo perverter o evangelho de Cristo. Mas ainda que nós ou um anjo do céu pregue um evangelho diferente daquele que lhes pregamos, que seja amaldiçoado! Como já dissemos, agora repito: Se alguém lhes anuncia um evangelho diferente daquele que já receberam, que seja amaldiçoado! (Gálatas 1:6-9)

Só existe um evangelho de Jesus. Logo, temos de fazer tudo o que estiver ao nosso alcance para colocá-lo no seu próprio trono. E isso não é apenas uma metáfora. Por meio da igreja, Jesus *reina* neste mundo. É nossa responsabilidade e nosso privilégio sermos seus mensageiros, anunciando para a vastidão deste mundo essa que é uma verdade singular, que temos um rei, e que seu nome é Jesus, o qual está sentado no trono no céu criado por Deus a fim de trazer cura à Terra criada por Ele.

Essa mensagem é tudo de que precisamos. Essas boas notícias se apresentam tão desesperadamente urgentes. Permita que a declaração do apóstolo Paulo se torne a sua também: "Todavia, não me importo, nem considero a minha vida de valor algum para mim mesmo, se tão somente puder terminar a corrida e completar o ministério que o Senhor Jesus me confiou, de testemunhar do evangelho da graça de Deus" (Atos 20:24).

Pontos-chave

- O termo *evangelho* literalmente significa "boas notícias" e originalmente era uma terminologia política;
- O primeiro escritor cristão a empregar este termo foi Marcos. Ele fez isso em uma direta oposição à reivindicação do imperador de ser o soberano mundial;
- Muito mais que a descrição da vida de Jesus, o evangelho é a mensagem da igreja. O nosso maior alvo é proclamar Jesus como o único e verdadeiro rei do universo.

Esta semana

☐ **PRIMEIRO DIA:** Leia o texto da semana.

☐ **SEGUNDO DIA:** Memorize Marcos 1:1.

☐ **TERCEIRO DIA:** Leia João 2.

☐ **QUARTO DIA:** Medite em Atos 20:24; Romanos 1:16; Gálatas 1:6–9.

☐ **QUINTO DIA:** Faça duas perguntas para si próprio: (1) Se você declarasse que Romanos 1:16 se refere a você, seus amigos e família teriam evidências suficientes que comprovassem sua declaração? (2) Quais são os passos de maneira prática que você daria a fim de tornar Atos 20:24 uma realidade em sua agenda esta semana?

Desafio de Superação: Memorize Romanos 1:16.

Bônus de Leitura: Scot McKnight, *The King Jesus Gospel: The Original Good News Revisited*.

28

Fé

O tempo é chegado, e o Reino de Deus está próximo.
Arrependam-se e creiam nas boas novas!

—Marcos 1:15

Pergunta: O que é fé?

Parece ser estranho que ainda precisemos fazer essa pergunta. A resposta não é óbvia? Para ser sincero, não. O significado de fé, para muitas pessoas e durante muito tempo, tem se reduzido ao conceito de crença. O reconhecimento racional de que Jesus morreu e ressuscitou dos mortos nem sempre se traduz em transformação de vida. Além disso, até mesmo os demônios creem (Tiago 2:19).

Então, para ser mais claro, é importante destacar que não existe nada de errado com a crença, simplesmente não é o suficiente.

O racionalismo iguala a fé à crença no que é certo. Já os existencialistas a igualam à experiência pessoal. Nenhum deles consegue atingir a profundidade do sentido bíblico de fé.

Então, vamos começar com a definição de *fé* conforme a própria Bíblia o faz: "Ora, a fé é a certeza daquilo que esperamos e a prova das coisas que não vemos" (Hebreus 11:1). Isso é importante porque poucos versículos depois encontramos que: "Sem fé é impossível agradar a Deus, pois quem dele se aproxima precisa crer que ele existe e que recompensa aqueles que o buscam" (Hebreus 11:6).

A Fé como Fidelidade

Não há razões para permitirmos que os racionalistas e os existencialistas desvirtuem a fé. A fim de aprofundar a nossa compreensão da fé, vamos resgatar uma conversa travada entre judeus do primeiro século da era cristã. Flávio Josefo foi um aristocrata judeu que viveu praticamente na mesma época do apóstolo Paulo. Ele se tornara general durante a revolta dos judeus contra os romanos. Lutou contra Vespasiano, que mais tarde veio a se tornar imperador. Vespasiano castigou Josefo de maneira cruel e, em vez de matá-lo, decidiu usá-lo como propaganda política.

Ao longo das décadas seguintes, Josefo escreveu dois livros que se tornaram as fontes históricas mais confiáveis daquele período, sobre os judeus e sua terra. Seu primeiro livro, *A Guerra dos Judeus*, foi uma tentativa deliberada de persuadir seus compatriotas quanto à invencibilidade de Roma e da inutilidade da revolta. Já o segundo livro, *Antiguidades Judaicas*, foi uma propaganda que ia em sentido contrário. Nessa obra, Josefo tentou transmitir uma visão positiva do judaísmo a seu público romano. Seu escrito, muito embora carregue certo preconceito, figura entre os melhores testemunhos relacionados aos dramáticos eventos em torno da queda de Jerusalém.

Em sua autobiografia, Josefo registra uma história na qual utiliza praticamente as mesmas palavras de Marcos 1:15. O registro data do ano 67 d.C. A rebelião tinha sido deflagrada e várias facções disputavam o poder. Josefo fora indicado para o posto de general e enviado de Jerusalém à Galileia para conversar com líderes rebeldes. Aqueles opositores à liderança de Josefo contrataram um homem, que estranhamente se chamava Jesus, para atacar Josefo. Ao tomar conhecimento da conspiração, ele tratou de frustrá-la. Em vez de eliminar seu agressor em potencial, ele tentou trazê-lo para seu lado. Eis aqui Josefo em suas próprias palavras:

> Então chamei Jesus para vir sozinho até mim, e lhe falei que "eu não era um estrangeiro que justificasse aquela traiçoeira armação contra mim, tampouco eu era ignorante como me consideravam aqueles que o haviam enviado; que, entretanto, eu o perdoaria pelo que ele tinha já feito, bastava ele se *arrepender*, e passar a *crer* em mim daqui para frente."[1]

O que Josefo ofereceu ao homem foi a chance de alterar seu destino mediante a transferência da sua fidelidade. Aqui está um maravilhoso resumo da definição bíblica da palavra fé.

Os termos *arrepender* e *crer* encontrados nos relatos de Josefo são exatamente as mesmas palavras gregas empregadas em Marcos 1:15. O que Josefo estava falando a seu inimigo não era para que lamentasse por sua má conduta. Também, ele não estava convidando o homem para que percorresse um caminho de padrão moral elevado. Muito pelo contrário, Josefo estava o desafiando a estabelecer uma nova aliança. A partir daí, podemos entender com bastante clareza o nosso próprio chamado, feito por Jesus.

Em primeiro lugar, seu chamado ao arrependimento não é para você ficar se lamentando. Na verdade, o chamado representa um comprometimento a longo prazo e implica na transferência de aliança a um novo senhor. Em segundo lugar, Jesus não estava nos convidando para avaliar nossas habilidades e paixões. Ao contrário, ele estava nos convidando para entregar tudo, juntamente com todas as nossas aspirações, e oferecê-los ao serviço de Deus. Ainda, um terceiro aspecto a ser considerado é que a fé não é algo que Jesus nos convida para que passamos a acreditar. A fé é um juramento de fidelidade que Jesus nos pede para fazer.

Fé é fidelidade — lealdade e compromisso. Qualquer outra coisa é superficial e sem efeito. Da mesma maneira que Josefo chamou seu adversário, conferindo-lhe a oportunidade de se tornar leal a ele, Jesus Cristo nos chama para firmar uma aliança com Ele. Ele *é* as boas notícias. Ele é o novo imperador e rei. Ele é o Salvador e soberano senhor.

Cada soldado, marido e membros de uma fraternidade sabem o peso de um juramento. É esse tipo de lealdade que Jesus Cristo exige de nós.

Fidelidade como Obediência

Muitos teólogos ficam nervosos quando começamos a falar sobre a obediência associada à fé. Pode soar como se estivéssemos afirmando que somos salvos pelas obras, não pela fé somente.

Essa preocupação é devidamente observada. Primeiramente, a grande e exclusiva distinção entre o cristianismo e todas as outras religiões reside no fato de que somos salvos por *Deus*, ou seja, não temos que realizar algo a fim de salvar a nós próprios. Tendo isso bem esclarecido, é importante observar que a obediência não é um acréscimo à fé. Obediência é uma consequência natural da fidelidade.

Sejamos ainda mais claros. Não estamos afirmando que somos salvos pela obediência. Tampouco, afirmamos que a obediência valida a nossa fé, como se isso confirmasse a intensidade adequada da nossa crença. Ao contrário disso, estamos asseverando que a fé é, em essência, lealdade. *A obediência é a expressão da lealdade, não a sua comprovação.* As nossas "obras" se tratam da expressão natural e inevitável da fidelidade que juramos ao nosso rei.

Em nenhum lugar encontramos uma declaração mais clara sobre isso do que na carta escrita pelo próprio irmão de Jesus, Tiago: "Assim também a fé, por si só, se não for acompanhada de obras, está morta. Mas alguém dirá: 'Você tem fé; eu tenho obras'. Mostre-me a sua fé sem obras e eu lhe mostrarei a minha fé pelas obras" (Tiago 2:17-18). Tiago prossegue mostrando dois exemplos de pessoas que foram leais ao longo de suas vidas. Abraão, considerado o pai da fé, é o primeiro exemplo citado. Por meio da sua obediência, ele demonstrou que verdadeiramente confiava em Deus: "Não foi Abraão, nosso antepassado, justificado por obras, quando ofereceu seu filho Isaque sobre o altar? Você pode ver que tanto a fé como as suas obras estavam atuando juntas, e a fé foi aperfeiçoada pelas obras" (Tiago 2:21-22). Raabe, a prostituta, é o segundo exemplo citado. Ela demonstrou sua fé ao abandonar sua lealdade aos companheiros em Jericó, tornando-se leal aos invasores israelitas. "Caso semelhante é o de Raabe, a prostituta: não foi ela justificada pelas obras, quando acolheu os mensageiros e os fez sair por outro caminho?" (versículo 25).

Não existe nenhuma indicação de que Abraão conseguiu sua salvação obedecendo a lei. Na verdade, Abraão é o melhor exemplo usado por Paulo para provar que nós *não* somos salvos pela obediência à lei: "Se de fato Abraão foi justificado pelas obras, ele tem do que se gloriar, mas não diante de Deus. Que diz a Escritura? 'Abraão creu em Deus, e isso lhe foi creditado como justiça'" (Romanos 4:2-3). Da mesma forma, Paulo disse isto em Gálatas 2:16:

> Sabemos que ninguém é justificado pela prática da lei, mas mediante a fé em Jesus Cristo. Assim, nós também cremos em Jesus Cristo para sermos justificados pela fé em Cristo, e não pela prática da lei, porque pela prática da lei ninguém será justificado.

Em suas afirmações, Tiago e Paulo não ignoram as obras, mas ambos insistem em colocá-las em seu devido lugar. As obras fracassam em uma tentativa de alcançar a graça de Deus. Mesmo quando as boas obras são feitas "em Cristo", elas são demonstrações de fé na salvação como sendo um presente gratuito dado por Deus. Paulo disse que "somos criação de Deus realizada em Jesus Cristo para fazermos boas obras" (Efésios 2:10). As boas obras em Cristo representam uma inerente expressão da nossa fé. Além disso, quando obedecemos a Deus, as nossas vidas tornam-se melhores. Ou seja, a obediência se aproxima mais a um favor que Deus nos presta do que uma oferta que lhe rendemos. Esta é uma sabedoria milenar: "Confie no Senhor de todo o seu coração e não se apoie em seu próprio entendimento; reconheça o Senhor em todos os seus caminhos e ele endireitará as suas veredas" (Provérbios 3:5-6).

Podemos perceber isso todas as vezes que nos deparamos com descrições do juízo final no Novo Testamento. O que será julgado no futuro são as nossas obras, isso porque elas são tangíveis e expressam visivelmente a nossa fidelidade. O primeiro a dizer isso foi Jesus: "Não fiquem admirados com isso, pois está chegando a hora em que todos os que estiverem nos túmulos ouvirão a sua voz e sairão; os que fizeram o bem ressuscitarão para a vida, e os que fizeram o mal ressuscitarão para serem condenados" (João 5:28-29). Mais tarde, Paulo assevera as palavras de Jesus:

> Deus retribuirá a cada um conforme o seu procedimento. Ele dará vida eterna aos que, persistindo em fazer o bem, buscam glória, honra e imortalidade. Mas haverá ira e indignação para os que são egoístas, que rejeitam a verdade e seguem a injustiça. (Romanos 2:6-8)

Outro grande apóstolo, Pedro, estava de acordo: "Uma vez que vocês chamam Pai aquele que julga imparcialmente as obras de cada um, portem-se com temor durante a jornada terrena de vocês" (1 Pedro 1:17). O Apocalipse termina com uma afirmação semelhante de João: "Vi também os mortos, grandes e pequenos, de pé diante do trono, e livros foram abertos. Outro livro foi aberto, o livro da vida. Os mortos foram julgados de acordo com o que tinham feito, segundo o que estava registrado nos livros" (Apocalipse 20:12).

Para concluir, temos aqui um teste decisivo para você medir o tamanho da sua fé. Àqueles que estão tentando conquistar a salvação por meio das obras, pergunte: "Isso é tudo o que devo fazer?" Àqueles que estão vivendo de acordo com a aliança feita com Deus, faça outra pergunta: "O que mais devo fazer?"

De maneira simples, *fé é ação*.

Pontos-chave

- Fé, mesmo termo grego usado para "crença", deve ser lida com o sentido de "fidelidade" e "lealdade";

- Somos salvos "pela graça, por meio da fé [...] para fazermos boas obras" (Efésios 2:8-10);

- Obediência, ou "boas ações", não é um meio de alcançar a salvação, mas uma inerente expressão da aliança feita com todos os que foram salvos.

Esta semana

☐ **PRIMEIRO DIA:** Leia o texto da semana.

☐ **SEGUNDO DIA:** Memorize Marcos 1:15.

☐ **TERCEIRO DIA:** Leia Gênesis 6:9–9:17.

☐ **QUARTO DIA:** Medite em Provérbios 3:5–6; Hebreus 11:1; Tiago 2:17–18.

☐ **QUINTO DIA:** Assista a um filme patriótico, a exemplo dos norte-americanos *O Patriota*, *Questão de Honra* ou *Capitão América: O Primeiro Vingador*, e pergunte qual foi a definição de *fé* de acordo com o filme assistido.

Desafio de Superação: Memorize Tiago 2:17–18.

Bônus de Leitura: Dietrich Bonhoeffer, *Discipulado*.

29

Descanso

> O sábado foi feito por causa do homem, e não o homem por causa do sábado. Assim, pois, o Filho do Homem é Senhor até mesmo do sábado.
> —Marcos 2:27-28

Pergunta: Como posso encontrar descanso?

Vivendo em um mundo frenético como o nosso, descansar tornou-se raridade. As abelhas operárias correm para o escritório onde um universo de tarefas e reuniões as espera. Então elas lutam para voltar para casa, enfrentando o horário de pico a tempo de assistir um evento do filho antes de cair no sono no encosto de uma poltrona até a hora de começar tudo de novo.

Nós precisamos desesperadamente sair dessa rotina enfadonha.

O Sábado É o Único Éden Que Ainda Temos

Você pode até mudar sua agenda se assim o desejar, mas se não mudar o seu senhor você nunca encontrará descanso para sua alma.

Assim como a nossa cultura, nós estamos em crise. Não temos tempo para as coisas que realmente importam. Desde o princípio, Deus sabia o quanto necessitamos de descanso e nos deixou um modelo prático bem radical para garantir que o desfrutaríamos. Chamamos isso de sábado, e precisamos disso hoje mais do que em qualquer outro tempo.

Para muita gente, o sábado parece um conceito antigo e irrelevante. Mas o sábado é bem mais que um dos Dez Mandamentos. Trata-se de um ritmo originado no Éden.

No sétimo dia, Deus já havia concluído a obra que realizara, e nesse dia descansou. Abençoou Deus o sétimo dia e o santificou, porque nele descansou de toda a obra que realizara na criação. (Gênesis 2:2–3).

Deus não descansou porque ele estava se sentindo exausto. Ele descansou para celebrar a criação, e incorporou o princípio do Sábado no planeta Terra. A terra deve deixar de ser cultivada a cada sete anos (Levítico 25:3-4). Os animais descansam como parte do seu ciclo diário. Os seres humanos param de trabalhar um dia a cada semana (Êxodo 23:12).

O princípio é bastante simples: a criação produz mais dentro de um ciclo no qual há descanso. Para nós seres humanos, significa que obteremos mais em seis dias de trabalho do que em sete. As nossas mentes, emoções e nossos corpos precisam de tempo para relaxar, organizar os pensamentos, sonhar e reconhecer. Sem descanso, nossa criatividade é sufocada, prejudicando nosso rendimento no trabalho. Uma pesquisa revela que após 50 horas de trabalho em uma semana, a nossa produtividade despenca.[1]

Nos Dez Mandamentos, as duas proibições acerca da idolatria e do trabalho no sábado correspondem a 20% de todos os mandamentos (Êxodo 20:3–17). Esses mandamentos e os comentários que Deus fez em relação a eles correspondem a mais de 60% do texto. Ou seja, Deus dedicou mais tempo para falar sobre esses dois mandamentos do que os demais. Por que tanta ênfase? Ele sabe que a idolatria relacionada ao materialismo e nossa recusa em descansar do trabalho andam de mãos dadas. Ele também sabe dos efeitos devastadores que isso produz em nossas famílias, corpos e em nossas igrejas. Geralmente, os mandamentos relacionados ao sábado e à idolatria são quebrados simultaneamente.

Quando reconhecemos que as nossas duas commodities mais valiosas, tempo e recursos, pertencem a Deus, vivemos mais, nos tornamos mais produtivos e também mais generosos.

Os seres humanos foram expulsos do jardim em consequência do pecado de Adão e Eva. Dessa maneira, ficamos afastados de Deus. E nossa forma de usar o planeta se tornou mais difícil, até amaldiçoada. Nossos casamentos ficaram mais tensos, muitos deles irreparáveis, os nossos corpos envelheceram e morreram. A única parte do jardim do Éden a que ainda mantivemos o acesso foi ao sábado. Se retornarmos ao descanso que tínhamos no Éden, o remanescente de nossas vidas será livre da maldição do pecado de Adão.

Jesus é o Senhor do Sábado

Jesus andou com líderes religiosos por uma série de razões. Ele comeu com pecadores, não observou o ritual de lavagem das mãos antes de comer, declarou ser o Filho de Deus etc. Ainda assim, seus embates mais frequentes foram travados em torno das regras envolvendo o sábado. O *establishment* judeu tomou essa única lei de não trabalhar no sábado e fez disso uma pequena enciclopédia de proibições.

Por exemplo, uma dessas regras dizia que se você afivelasse suas sandálias com uma mão, isso não seria considerado trabalho. Mas, se você usasse das duas mãos, então aquilo seria considerado "trabalho", o que era proibido. Uma pessoa poderia carregar duas bolotas de peso; isso estaria de acordo com as regras. Contudo, se você tivesse três bolotas, você teria que comer uma delas antes de seguir seu caminho. As mulheres eram proibidas de se olhar no espelho no dia de sábado, para que não vissem um cabelo branco e, na falta de autocontrole, o arrancassem.

São regras muito insignificantes, mas nenhuma era tão arbitrária quanto esta: não era permitido comer um ovo que tivesse sido botado no sábado. Bem, você poderia deixar o ovo para chocar e comer a galinha. Ou você poderia comer os ovos postos por uma galinha chocada pelo ovo que tinha sido botado no dia de sábado. Contudo, você não poderia comer aquele ovo do sábado.

É de se admirar que Jesus rejeitou aquelas regras que tornaram a bênção do descanso em uma irritante lista de regulamentos que exigiam que nós andássemos pisando em ovos?

Reiteradamente, Jesus rejeitou as regras tradicionais relacionadas ao sábado. Em um sábado, ele curou um homem com uma das mãos atrofiada (Marcos 3:1–6), uma mulher corcunda (Lucas 13:10–17), um homem com o corpo inchado (Lucas 14:1–6), um homem coxo no tanque de Betesda (João 5:1–9) e um homem cego de nascença (João 9:1–7,14). Olhando como um todo, podemos resumir todos esses eventos da seguinte maneira: *o sábado existe para servir à humanidade, não para sobrecarregá-la*. Ou, usando a memorável declaração de Jesus: "O sábado foi feito por causa do homem, e não o homem por causa do sábado. Assim, pois, o Filho do Homem é Senhor até mesmo do sábado" (Marcos 2:27-28). Dessa maneira, Jesus estava reivindicando o sábado pertencente à religião e o entregando de volta à humanidade.

É claro que qualquer profeta poderia dizer que "o sábado deveria ser uma bênção, não um fardo". Mas a segunda sentença avançou o limite da blasfêmia: "o Filho do Homem é Senhor até mesmo do sábado." Ou seja, Jesus não estava reivindicando o controle sobre algum ritual esotérico. O sábado, juntamente com a circuncisão e regras alimentares, demarcava os limites entre Israel e o mundo pagão. Ou seja, o sábado era um elemento central na formação identitária do que é ser judeu. Qualquer pessoa que propusesse uma alteração da lei mosaica deveria reivindicar uma posição semelhante à de Moisés. Mas é importante observar que, ao declarar o controle sobre o princípio do sábado, a pessoa estaria reivindicando uma posição semelhante à de Deus. Esse é o problema em questão!

Jesus afirmou sua liderança ao tratar do assunto do sábado. De maneira direta, Ele se apropria de uma das práticas mais importantes de Israel. Ao mesmo tempo, ele usou daquela mesma autoridade para exercer compaixão, especialmente ao curar os enfermos. Era exatamente isso que viríamos a esperar do Rei dos Reis, quando declarou que: "Pois nem mesmo o Filho do Homem veio para ser servido, mas para servir e dar a sua vida em resgate por muitos" (Marcos 10:45).

Um Alerta Importante Sobre a Guarda do Sábado

No judaísmo praticado na época de Jesus, o sábado como presente da parte de Deus foi transformado em uma lei por meio de regulamentos meramente humanos. Essas regras cheias de detalhes se tornaram um fardo em vez de uma bênção, porque o princípio do descanso se tornara uma regra que media o nível de retidão do indivíduo. O sábado não é outra regra a ser acrescentada às nossas disciplinas espirituais. Ao contrário disso, trata-se de um princípio ligado à criação a ser celebrado como dádiva. A vida cristã não pode ser resumida a uma competição para ver quem consegue obedecer a mais regras que os outros.

Paulo fez um importante alerta quanto às regras legais, o qual podemos aplicar à questão da guarda do sábado, assim como a outras regras religiosas: "Já que vocês morreram com Cristo para os princípios elementares deste mundo, por que é que vocês, então, como se ainda pertencessem a ele, se submetem a regras: 'Não manuseie!' 'Não prove!' 'Não toque!'?" (Colossenses 2:20–21). O perspicaz *insight* de Paulo nessa passagem denuncia a arrogância sem sentido do legalismo. Não nos tornamos mais justos por evitar determinadas práticas. Tampouco pela observância de práticas religiosas. O que nos justifica é o sangue de Jesus. As atividades religiosas só terão valor quando nos disciplinam a servir aos outros. E cumprir os mandamentos não deve ser usado como adorno para nosso ego. As velhas regras religiosas serviam-nos de muletas para nos ajudar a percorrer a semana, mas elas não são mais necessárias, já que fomos capacitados pelo poder do Espírito Santo.

Então, sejamos claros: as nossas práticas religiosas como frequentar cultos, orar, ler a Bíblia e guardar o sábado são todas dádivas que recebemos de Deus, não algo que damos a Ele. Também é importante lembrar que nossas escolhas, ao evitar determinadas práticas, não têm o propósito de revelar o quanto os outros são impuros e o quão extraordinários somos. O que devemos evitar são as velhas práticas, as quais foram substituídas por coisas muito melhores, mais profundas e permanentes.

O sábado é uma pausa ao longo da semana para relembrar isso. Como resultado, o guardar o sábado é um presente que recebemos, um descanso do nosso trabalho a fim de renovar as energias da nossa alma, contemplar a Deus com os demais crentes e restabelecer a nossa ligação com nossa família e amigos para assim podermos contribuir com nossa comunidade. Quando o ritmo do descanso der uma pausa para o trabalho que realizamos, seremos mais produtivos no trabalho e mais próximos da nossa família. Essa é a vida que Deus deseja que você experimente.

Pontos-chave

- O descanso sabático foi instituído no Éden como parte da ordem da criação;
- Jesus afirmou sua autoridade sobre o sábado a fim de restaurar o seu propósito;
- O legalismo torna o sábado um fardo, não uma bênção.

Esta semana

☐ **PRIMEIRO DIA:** Leia o texto da semana.

☐ **SEGUNDO DIA:** Memorize Marcos 2:27–28.

☐ **TERCEIRO DIA:** Leia Marcos 2-3.

☐ **QUARTO DIA:** Medite em Gênesis 2:2; Mateus 11:28–30; Colossenses 2:20–21.

☐ **QUINTO DIA:** A família e os amigos são capazes de nos analisar bem melhor do que nós mesmos, assim, pergunte a eles em que área da sua vida você precisa descansar. Diga-lhes que você deseja observar o sábado de forma prática e permita que eles o cobrem por aquilo que você se compromete a fazer.

Desafio de Superação: Memorize Colossenses 2:20–21.

Bônus de Leitura: Richard Swenson, *Margin*: Restoring Emotional, Physical, Financial, and Time Reserves to Overloaded Lives.

30

Liderança

Pois nem mesmo o Filho do Homem veio para ser servido, mas para servir e dar a sua vida em resgate por muitos.

—Marcos 10:45

Pergunta: Como posso alcançar a excelência?

Os discípulos tinham a expectativa de que Jesus, literalmente, reinaria em Jerusalém. Portanto, eles já estavam o assistindo como membros do Seu gabinete de governo. Até porque Jesus já havia prometido que eles se sentariam em 12 tronos (Mateus 19:28). Suas esperanças estavam sendo lenha na fogueira para uma competição no meio deles. Cada um deles ambicionava uma designação importante.

O Pedido de Tiago e João

Em uma viagem à Jerusalém, Tiago e João se aproximaram de Jesus. Eles estavam de olho nas posições de chefia, uma ao lado direito e outra ao lado esquerdo de Jesus. Eles tiveram a audácia de pedir que Jesus lhes desse qualquer coisa que pedissem (Marcos 10:35). Estas mesmas palavras tinham sido usadas pelo Rei Herodes ao fazer uma oferta à sua jovem enteada: "Peça-me qualquer coisa que você quiser, e eu lhe darei" (Marcos 6:22). Como você pode lembrar, aquela oferta estúpida custou muito caro ao Rei Herodes, resultando na decapitação de um profeta que ele tanto respeitava. O estilo do reino de Jesus é bem diferente de Herodes e jamais empregaria esse tipo de expediente.

Em uma cultura de honra e vergonha, as posições de poder que Tiago e João estavam de olho eram muito ambicionadas em função das muitas vantagens que eles poderiam destinar a seus amigos e família. Foi exatamente por isso que a mãe deles, Salomé, assessorou a seus filhos nesse intento (Mateus 20:20-21). A expectativa de que Jesus pudesse atender ao pedido se dava porque Jesus já tinha conferido privilégios especiais a Tiago e João. Então, eles não deveriam perder tempo, a fim de que Pedro não ocupasse o lugar de Tiago. Mesmo porque Pedro integrava o círculo íntimo ocupado pelos três, como assistentes principais de Jesus. Mesmo Judas Iscariotes poderia disputar poder com eles, como diretor financeiro do grupo.

O conhecimento da história política pelos discípulos deve tê-los motivado a tal busca para atingir o topo. Afinal, esse era o caminho do poder político, desde Alexandre, o Grande, até Augusto, dos "homens valorosos" de Davi até os Macabeus.

Jesus não atendeu o pedido deles. Ele deixou isso para Deus. Em vez de atendê-los, Jesus os inquiriu se eles estavam dispostos a sofrer. As metáforas sinônimas "cálice" e "batismo" prefiguram o sofrimento. O "cálice" geralmente era usado como metáfora indicando julgamento divino (Jeremias 25:15–29; Zacarias 12:2). Da mesma forma, o batismo era uma metáfora que indicava o ser afogado em dor e sofrimento: "Mas tenho que passar por um batismo, e como estou angustiado até que ele se realize!" (Lucas 12:50).

Eles pensaram que Jesus falava sobre "pagar o preço da liderança". Muitas mudanças de regime exigem grandes sacrifícios, até mesmo perdas de vida humana. Eles afirmaram estar prontos para o desafio, mas aquilo que se seguiu deixou claro que Jesus tinha em mente algo diferente. O sofrimento não se trata do preço a ser pago para alcançar o poder. Ao contrário, o sofrimento, especialmente mediante o serviço, faz parte da vocação de todo líder no reino de Deus.

Grandeza no Reino

Os demais apóstolos ficaram enfurecidos diante do pedido de Tiago e João (Marcos 10:41). Não que isso fosse inapropriado, mas porque os outros desejavam posição semelhante. Todos eles almejavam aqueles postos. Jesus também ficou escandalizado com aquele pedido, mas por outra razão. Sua resposta é bastante reveladora. A tradução para nosso idioma sugere que governantes são reconhecidos como tais por aqueles que os lideram: "Vocês sabem que aqueles que são considerados governantes das nações, as dominam" (versículo 42). Mas o grego do texto original parece sugerir um sentido diferente: "Aqueles que dão a impressão (ou têm a reputação) de governantes." Aqueles que dão a impressão são os governadores, não os governados. Além disso, a frase de Jesus implica que aqueles que estão no poder se autopromovem como governadores e buscam suporte popular para fundamentar sua vindicação. Isso não parece mais realista? Os governantes se acotovelam por poder e clamor popular. Eles tentam se mostrar como "presidenciáveis" ou impressionar as pessoas com seu poder. Esses líderes que se autopromovem causam a impressão de que estão governando, muito embora Jesus tenha afirmado que somente Deus é o verdadeiro soberano. Como sabemos, Marcos descreveu Jesus como um governante. Ainda algo importante de nota aqui (o que também retrata um importante modelo para cada pessoa que se declara ser um líder cristão): Jesus sempre exerceu sua autoridade demonstrando humildade, seja quando ensinava às multidões, curava pessoas ou expulsava demônios (Marcos 1:22,27; 2:10–12; 3:15).

Jesus identificou os líderes mundanos como "governantes das nações" (Marcos 10:42). De acordo com o livro de Marcos, Herodes e Pilatos são os dois que se encaixam nesse perfil. Marcos identificou Herodes como rei, contudo ele não o era. Herodes carregava aquele título instigado por sua esposa, Herodias. Porém, em vez de receber uma coroa, ele foi exilado pelo imperador no ano 39 d.C. Segundo o evangelho de Marcos, Herodes mandou decapitar João Batista como fruto de uma manobra de sua esposa e por ter caído na armadilha de sua enteada adolescente (Marcos 6:21–28). Herodes foi comandado por duas "impotentes" mulheres dentro de sua própria casa. Elas o forçaram a fazer algo que jamais teria feito por vontade própria, se não estivesse tomado pelo desejo de poder.

Já Pilatos crucificou Jesus contrariando o bom senso (Marcos 15:12–15). Ele capitulou diante da chantagem ameaçadora da multidão. O povo sugeriu que ele estaria sendo contrário a César se não executasse Jesus (João 19:12).

Muito embora tenham tido poder, nem Herodes nem Pilatos tinham o controle da situação. Ambos cederam a seus subordinados por medo de perderem o título ou a influência. Aqui está a regra universal dos governantes: *Todos aqueles que se apresentam para posição de comando são comandados pelo desejo de serem vistos como comandantes.*

O que se provou verdadeiro no Evangelho Segundo Marcos era também verdade no universo da política romana, chegando até o imperador. Uma moeda com a face do imperador Tibério continha a seguinte inscrição: "Ele é quem merece adoração." Embora Tibério fosse particularmente um péssimo exemplo de líder que se autopromove, todos os outros imperadores, desde Júlio até Adriano, não foram muito diferentes.

Há pouca diferença entre Tibério e os líderes políticos da atualidade. A tecnologia mudou, mas a psicologia política não mudou um milímetro. Todos aqueles que desejam ser vistos como governantes são liderados por esse desejo. Os governantes são escravos da população.

Jesus é muito diferente de qualquer outro político. Ele ensinou que "quem quiser tornar-se importante entre vocês deverá ser servo; e quem quiser ser o primeiro deverá ser escravo de todos" (Marcos 10:43-44). Se desejarmos uma posição de destaque no reino de Jesus, alcançaremos isso servindo mais e não adquirindo um status elevado ao assumir posições de honra.

O Principal Conselho de Jesus Sobre a Liderança

"Pois nem mesmo o Filho do Homem veio para ser servido, mas para servir e dar a sua vida em resgate por muitos" (Marcos 10:45). Essa é provavelmente a coisa mais importante que Jesus disse. Ela é certamente a lição mais importante sobre liderança que Ele ensinou. Em Marcos 10:45 encontramos a síntese da biografia de Jesus. Ele é o Senhor que morreu pelos pecados do mundo. Contudo, se contemplarmos Jesus apenas a partir desse versículo, perderemos duas importantes lições sobre a liderança.

A primeira delas é que o sofrimento sacrificial não é só o que Jesus fez por nós, mas também é o modelo que Jesus deixou para nós. Além disso, a cruz de Jesus, além de ser um presente a ser recebido, é também uma chamada para ser abraçada.

A segunda e mais importante é que, se separarmos Marcos 10:45 do seu contexto, tornaremos a declaração de Jesus um mero princípio religioso em vez de uma prática política. Resumindo, a morte de Jesus é geralmente vista somente como o pagamento do preço espiritual pelos nossos pecados individuais em vez de ser um resgate da nação de Israel. Esse entendimento não nega a natureza única, substitutiva e expiatória da morte de Jesus. Contudo, ele afirma que a cruz de Jesus é elemento central na sua agenda política, ou seja, no restabelecimento do reino de Deus. Isso também é para asseverar o nosso papel de imitar a prática de Jesus, não apenas crendo em seus ensinos. Jesus viu sua morte como um meio pelo qual Israel seria libertado das consequências dos seus pecados a fim de estabelecer o reino de Deus. O nosso papel é fazer a mesma coisa em nossa própria cultura, ou seja, levar a salvação de Jesus às pessoas que estejam em nossa esfera de influência.

Talvez em nenhum outro lugar isso esteja tão claro ou tão lamentavelmente mal-interpretado do que em Efésios 5:21, onde Paulo afirma: "Sujeitem-se uns aos outros, por temor a Cristo." Paulo foi o mais claro que pôde ao afirmar que quem imita Jesus deve viver em submissão àqueles a quem servem. Todos nós devemos nos submeter uns aos outros como servos. Contudo, a sentença seguinte afirma que as esposas devem viver em submissão a seus maridos (versículo 22). Esse versículo deu origem a uma avalanche de deturpações do cristianismo em relação ao politicamente correto, como se as mulheres fossem, de alguma maneira, colocadas em uma posição de servidão brutal diante de uma expectativa de submissão. Mas em que sentido tal expectativa difere do que é esperado de cada um de nós? Se somos seguidores de Jesus, a liderança indica autoabnegação. Não se trata de humilhação, mas sim de exaltação, já que estaremos imitando o nosso Senhor Jesus Cristo.

Toda essa teologia da humildade não era nada novo para Jesus. Anteriormente, Ele contara uma parábola de um acontecimento bastante improvável, a qual foi registrada em Lucas 12, acerca de um mestre que saiu para buscar sua noiva e, quando retornasse, seus servos deveriam estar com tudo pronto e o esperando. Mas a história não terminou como se esperaria. Vamos verificar nas próprias palavras de Jesus: "Felizes os servos cujo senhor os encontrar vigiando, quando voltar. Eu lhes afirmo que ele se vestirá para servir, fará que se reclinem à mesa, *e virá servi-los*" (Lucas 12:37). Aquilo realmente nunca tinha acontecido. Nenhum rei, governador ou líder jamais servira seus servos, especialmente no dia do seu próprio casamento, isso é, até Jesus. Na noite que antecedeu sua morte, Jesus lavou os pés dos seus discípulos (João 13:1-17). Assim que terminou, Ele falou as memoráveis palavras: "Pois bem, se eu, sendo Senhor e Mestre de vocês, lavei-lhes os pés, vocês também devem lavar os pés uns dos outros" (João 13:14). Se Jesus lavou os pés dos discípulos, não existe tarefa mais humilde que essa que venhamos executar. A liderança que serve é historicamente iniciada com Jesus. Cada um de nós que se atrever a se chamar de líder tem de ser proficiente no manuseio da bacia e da toalha.

Pontos-chave

- Todos aqueles que se apresentam para posição de comando são comandados pelo desejo de serem vistos como comandantes;
- A cruz não se trata apenas daquilo que Jesus realizou por nós. Ela também serve como exemplo de como devemos devotar nossas vidas aos outros;
- Serviço em submissão ao outro é uma expectativa universal que Jesus tornou exemplar ao lavar os pés de seus discípulos.

Esta semana

☐ **PRIMEIRO DIA:** Leia o texto da semana.

☐ **SEGUNDO DIA:** Memorize Marcos 10:45.

☐ **TERCEIRO DIA:** Leia João 12:1–8; 13:1–14.

☐ **QUARTO DIA:** Medite em Lucas 12:37; João 13:14; Efésios 5:21.

☐ **QUINTO DIA:** Esta semana, faça um esforço para servir alguém de um jeito que aquela pessoa jamais esperaria ou nunca tenha lhe solicitado.

Desafio de Superação: Memorize Efésios 5:21.

Bônus de Leitura: John Howard Yoder, *The Politics of Jesus*.

O Maior Mandamento

> Respondeu Jesus: "O mais importante é isto: 'Ouve, ó Israel, o Senhor, o nosso Deus, o Senhor é o único Senhor. Ame o Senhor, o seu Deus, de todo o seu coração, de toda a sua alma, de todo o seu entendimento e de todas as suas forças'. O segundo é: 'Ame o seu próximo como a si mesmo'. Não existem mandamentos maiores do que estes".
>
> —Marcos 12:29–31

Pergunta: Qual é a questão ética mais importante para Deus?

Essa foi a última questão que Jesus respondeu diante de seus inimigos antes da sua morte: "Um dos mestres da lei aproximou-se e os ouviu discutindo. Notando que Jesus lhes dera uma boa resposta, perguntou-lhe: 'De todos os mandamentos, qual é o mais importante?'" (Marcos 12:28). A princípio parecia uma questão difícil, mesmo porque a Bíblia judaica tinha 613 mandamentos escritos. Contudo, um mandamento, extraído de Deuteronômio 6:4-5, se sobressai em relação aos outros. Trata-se de uma ordenança tão famosa que era e continua a ser salientada em todas as reuniões da sinagoga. Era uma oração recitada diariamente pelos judeus e que era impressa e enrolada em pequenos rolos que eram enfiados em filactérios nas cabeças dos rabinos e em mezuzás pendurados nas portas das casas dos judeus.

Exatamente essa mesma pergunta havia sido feita a Jesus um ano antes. Um advogado, especialista da lei mosaica, tentou colocá-lo à prova com uma pergunta ardilosa: "Mestre, o que preciso fazer para herdar a vida eterna?" (Lucas 10:25). Jesus foi brilhante em sua resposta. Sabendo que a maioria dos advogados preferiam falar a ouvir, Jesus fez com que ele respondesse à sua própria pergunta: "O que está escrito na Lei? Como você a lê?" (versículo 26). Ao que o advogado respondeu: "Ame o Senhor, o seu Deus, de todo o seu coração, de toda a sua alma, de todo o seu entendimento e de todas as suas forças e ame o seu próximo como a si mesmo" (versículo 27).

Observe que a resposta do advogado em Lucas 10 é idêntica à própria resposta de Jesus oferecida no capítulo 12 de Marcos. Tanto uma resposta quanto a outra destacam dois mandamentos: amar a Deus e ao próximo. O motivo pelo qual o segundo mandamento sempre está ligado ao primeiro é bastante simples. Uma pessoa não pode amar a Deus sem que ame a seu próximo. Afinal de contas, você não poderia subir uma escadaria até o céu para dar um abraço em Deus ou para oferecer uma cesta de alimentos. *O nosso amor por Deus somente se torna efetivo por meio da nossa demonstração de cuidado para com nosso semelhante.*

Como Alguém Ama a Deus?

Vamos dar uma olhada no mandamento original em Deuteronômio 6:4–5: "Ouça, ó Israel: o Senhor, o nosso Deus, o Senhor é o único Senhor. Ame o Senhor, o seu Deus, de todo o seu coração, de toda a sua alma e de todas as suas forças". O mandamento dado por Moisés diz que nós deveríamos amar a Deus com as três partes do nosso ser, ou seja, com o nosso coração, nossa alma e nossas forças. Esse mandamento central é ecoado por todo o livro de Deuteronômio (10:12; 11:13; 13:3; 30:6), embora possa ser resumido por amar a Deus com nosso coração e alma. Obviamente, isso não significa que não tenhamos de amar a Deus com as nossas forças. Trata-se de uma forma simples de dizer que você precisa amar a Deus com todo o seu ser. Na verdade, seja qual for a combinação que fizermos, o coração, a alma, a mente, as forças etc., a implicação é a mesma: um total comprometimento com Deus. É a qualidade da devoção requerida pela dignidade de Deus. Nada menos que isso.

Em uma adição interessante, Marcos fala dessa consagração a Deus partindo do princípio de que temos de amar a Deus com quatro partes do nosso ser, e não com não três: "Ame o Senhor, o seu Deus, de todo o seu coração, de toda a sua alma, de todo o seu entendimento e de todas as suas forças" (Marcos 12:30). Marcos acrescentou "de todo o seu entendimento". Qual é a razão desse acréscimo? É importante lembrar que Marcos escreveu seu livro na cidade de Roma a um público de formação cultural grega, não para seus compatriotas hebreus. Os gregos separavam a alma em partes distintas, a parte da respiração e a parte da mente. Contudo, não esqueça a ideia inicial. Não importa se são duas, três ou quatro partes; o que é importante é que devemos amar ao Senhor com o "todo" do seu ser.

Então vamos dar uma olhada em cada uma destas separações. O *coração* indica o centro dos nossos sentimentos. É mais que simples emoção; refere-se aos desejos que dirigem as nossas ações. A *alma,* por sua vez, denota a nossa energia. Retrata a força da vida que nos move à ação. É o brilho dos nossos olhos, o balanço dos nossos passos e o ritmo de quando aceleramos o nosso passo. A nossa *mente* corresponde à nossa vontade, mais do que nossa capacidade intelectual. Qualquer pessoa que já criou uma criança de dois anos de idade sabe que ela já possui mente própria, uma quase impenetrável determinação. Não que as crianças sejam tão sofisticadas quanto teimosas. Já as nossas *forças* correspondem aos nossos recursos, não apenas a nossos músculos. Elas refletem a força total do nosso dinheiro, tempo, influência e conexões sociais.

Vamos fazer uma pequena pausa e levantar uma questão: Você está amando a Deus com todos os recursos de que dispõe? Por exemplo, se você nutre um amor afetuoso por Deus, mas ele ainda não se traduz em energia empregada para a realização de Seu propósito nesta Terra, não estaria faltando alguma coisa no seu tipo de afeto? Ou, caso você esteja estudando a Bíblia, considerando que você está amando a Deus com sua mente, mas não esteja permitindo que a Palavra de Deus conduza suas decisões do dia a dia. Nesse caso, você não deixaria de manifestar um amor leal? Ou talvez você frequente uma igreja, participe ativamente das celebrações de louvor, mas você não esteja exercendo sua influência no trabalho nem investindo suas finanças na promoção do reino de Deus. Dessa maneira, você não estaria impedindo sua devoção a Deus?

Vamos examinar mais uma passagem e, depois disso, extrair algumas conclusões. Na presente cultura ocidental, o amor não é visto como uma ação, mas como uma emoção. É por isso que para nós é fácil pensar que estamos amando a Deus quando sentimos determinada emoção. Porém, a emoção sem a ação jamais produzirá honra a Deus como lhe é devida e da forma como Ele merece.

Isso era particularmente verdadeiro no Israel antigo. O amor era uma ação (não uma emoção) que só poderia ser adequadamente expressa por meio de obediência fiel. Isso é observado de maneira clara em Deuteronômio 10:12: "E agora, ó Israel, que é que o Senhor seu Deus pede de você, senão que *tema* o Senhor, o seu Deus, que *ande* em todos os seus caminhos, que o *ame* e que *sirva* ao Senhor, ao seu Deus, de todo o seu coração e de toda a sua alma."

Então, qual é a diferença entre temer ao Senhor e andar em seus caminhos, amá-lo e servi-lo? Não existe diferença! Não é possível temer ao Senhor e não servi-lo. Não é possível amar ao Senhor e não andar nos Seus caminhos. Você poderia supor que temer o Senhor e amá-lo são coisas distintas, até mesmo opostas. Mas não, isso não acontece. Como pai de dois filhos, eu nunca verifiquei a existência de uma possível dicotomia entre o amor e o temor que eles nutrem por mim. É a junção desses dois sentimentos que faz com que eles me obedeçam. E, em função do temor que meus filhos têm por mim, o amor que me devotam faz com que fiquem em paz por saberem que tenho capacidade para protegê-los.

Diante disso, quais são as conclusões a que podemos chegar? A primeira delas é que o amor é uma ação, não uma emoção. Acredito que as pessoas que já se casaram entendem isso muito bem. A mera expressão de palavras desprovidas de ações que as sustentem produz uma relação instável e até autodestrutiva. Um marido que afirma "eu amo você", mas que não paga as contas, que não volta para casa logo após o trabalho ou que não se envolve no cuidado dos filhos não passa de um grande manipulador. Se eu afirmo que amo a Deus, eu deveria mostrar isso vivendo de maneira a honrá-lo, demonstrando respeito pelos seus mandamentos.

A segunda conclusão fundamenta-se na primeira. Não podemos amar a Deus com apenas uma parte de quem somos e afirmar que essa devoção parcial é um verdadeiro amor a Deus. Se somos transformados na igreja, temos de transformar nossas comunidades. Não podemos ler a Bíblia com ardor e não mudar nossos hábitos, nossos corações e nossas agendas. Não faz o menor sentido confiar nossa eternidade a Deus e não confiar as nossas finanças a Ele. Tampouco podemos confiar que Deus perdoa os nossos pecados e não fazer o mesmo, perdoando aqueles que pecaram contra nós. É uma atitude insensata agradecer a Deus pelo nosso trabalho, mas não descansar uma vez por semana, mesmo tendo ele prometido que essa prática aumentaria a nossa produtividade. E poderíamos continuar citando outros exemplos, mas o que temos já é o bastante.

A terceira conclusão tem a ver com o segundo mandamento: amar o seu próximo como a si mesmo. Esta deveria ser clara: a maneira mais tangível de expressar nosso amor por Deus é cuidar do nosso próximo. No capítulo 10 de Lucas, Jesus não poderia ter sido mais claro quanto a isso. O advogado que o inquirira sobre o maior mandamento tentou justificar sua negligência ao seu próximo perguntando ao Senhor: "E quem é o meu próximo?" (versículo 29). Sem nos distrair com detalhes linguísticos, você deve saber que o advogado usou uma definição bem específica para o termo *próximo*. Ele não perguntou quem era o seu conterrâneo. Ao contrário disso, perguntou quem eram aqueles suficientemente íntimos para merecer seu amor. Jesus respondeu narrando uma história memorável. Conhecemos essa narrativa como a Parábola do Bom Samaritano.

Este guru da lei mosaica estava perguntando a Jesus "quem vive tão perto de mim a ponto de eu estar obrigado a cuidar dele?" Observe que Jesus mudou a pergunta ao fim da história. Agora não era mais "quem é o meu próximo?", mas "quem é o meu amigo mais íntimo?" Com isso, Jesus redefine o termo *próximo*. Ou seja, não se trata daquele que vive próximo de nós, mas de qualquer pessoa que se aproxime de nós. Temos a tendência de amar aqueles que estão próximos nos aspectos geográficos, culturais, econômicos e étnicos. O mandamento de Jesus não é para que gostemos daqueles que são tal como nós, mas que sirvamos aqueles que nos cercam. Quando nos tornamos as palpáveis mãos e pés de Jesus, demonstramos a nossa lealdade a Ele. Fazendo assim, demonstramos que amamos a Deus com tudo o que somos.

Pontos-chave

- O maior mandamento é amar a Deus com tudo o que somos e com tudo o que temos;
- Amar, temer, honrar e obedecer a Deus são sinônimos;
- Falando de maneira prática, a única maneira real de amar a Deus é cuidar das pessoas com quem temos contato.

Esta semana

- ☐ **PRIMEIRO DIA:** Leia o texto da semana.

- ☐ **SEGUNDO DIA:** Memorize Marcos 12:29–31.

- ☐ **TERCEIRO DIA:** Leia Êxodo 20.

- ☐ **QUARTO DIA:** Medite em Deuteronômio 6:4–5; 10:12; Lucas 10:26–27.

- ☐ **QUINTO DIA:** Identifique um ato de bondade que você poderia fazer em uma destas esferas: no trabalho (ou escola), em casa e na comunidade.

Desafio de Superação: Memorize Deuteronômio 6:4–5.

Bônus de Leitura: Jay Pathak e Dave Runyon, *The Art of Neighboring:* Building Genuine Relationships Right Outside Your Door.

32

A Encarnação

Aquele que é a Palavra tornou-se carne e viveu entre nós. Vimos a sua glória, glória como do unigênito vindo do Pai, cheio de graça e de verdade.

—João 1:14

Pergunta: Deus é Jesus?

Encontramos em João 1:14 uma das declarações mais extraordinárias jamais feitas. O conceito que ele expressa é o que os teólogos chamam de encarnação. Tal declaração revela que o Deus do universo envolveu a si mesmo em um frágil corpo humano. Resumindo, Deus se fez homem.

Se você tiver crescido em uma igreja, você terá ouvido vez após vez que Jesus é Deus. Já para aqueles que não estão familiarizados com este pressuposto, essa afirmação é totalmente absurda. Na verdade, esse tem sido um importante ponto de conflito entre o cristianismo e praticamente todas as demais religiões. Se você pensar nisso, vai entender o porquê. Como poderia o Grande Deus do Universo se limitar em invólucro tão pequeno? É claro que aqueles que realmente creem em Deus sabem que é impossível limitar Deus ao limitar a si mesmo. Mas para muitos é impensável que Deus se condicionaria em uma reduzida forma humana.

Nos últimos dois mil anos, cristãos têm debatido de maneira cética o assunto da encarnação. Uma questão que é tipicamente levantada quanto a isso é: Jesus realmente é Deus? Temos aqui um importante questionamento, e eu acredito que cristãos têm encontrado algumas respostas substanciais. Contudo, para a discussão, eu gostaria de inverter a pergunta. Em vez de perguntar "Jesus é Deus?", eu faria a seguinte pergunta: "Deus é Jesus?" Acredito que talvez essa mudança na sentença cause um pouco de perplexidade. A fim de conferir mais clareza ao tema, estou simplesmente perguntando se Jesus é a melhor imagem de Deus que poderia haver, maior do que qualquer outra representação que nossa imaginação seja capaz de elaborar.

A razão dessa pergunta está no Evangelho de João: "Ninguém jamais viu a Deus, mas o Deus unigênito, que está junto do Pai, o tornou conhecido" (João 1:18). O que João escreveu faz todo o sentido. *A nossa melhor chance de conhecer a Deus é por meio da vida que Jesus viveu.*

O que estou querendo sugerir é bastante simples. Se você acredita que Jesus é Deus, então o Deus em que você acredita é diferente de qualquer outra deidade religiosa. A visão cristã acerca de Deus difere das demais religiões em três aspectos bem específicos. Essas três crenças não apenas alteram a nossa visão de Deus, mas também transformam nossas vidas e a maneira como tratamos as demais pessoas.

O Deus Encarnado Está Próximo

O primeiro aspecto da encarnação implica que *Deus está próximo*. Ele não está desconectado deste mundo em alguma galáxia distante. Conhecemos a Deus e o experimentamos em nossa vida porque Deus veio até nós. Deus se revelou a nós por meio da vida e da obra de Jesus Cristo. Nenhuma outra religião apresenta ensino semelhante. Há algumas religiões que ensinam que o divino está próximo. Por exemplo, religiões animistas ensinam que a força divina é encontrada no mundo ao redor: nas rochas, nos rios, nos animais e nas árvores. Contudo, essas religiões não promovem um relacionamento pessoal com Deus. A partir dessas concepções religiosas, Deus seria semelhante à Força de *Star Wars*, ou seja, algo que nos envolve por completo, mas que não sabemos exatamente o que seja.

Por outro lado, existem religiões com uma concepção robusta acerca de quem Deus é, chegando a nomeá-lo, como ocorre com Javé no judaísmo ou Alá no islamismo. Contudo, mesmo quando Deus é visto de forma pessoal, ele está sempre distante. No judaísmo, por exemplo, somente o sumo sacerdote pode acessar diretamente a presença de Deus, e somente uma vez por ano em um local bastante específico do templo. Já no islamismo, Alá é poderoso demais para ser real ou presente em nosso universo mundano.

Decisivamente, o conceito cristão a respeito de Deus é completamente diferente. Somos ensinados que Deus veio até nós na pessoa de Jesus e, dessa maneira, podemos conhecer a Deus por meio da nossa experiência com Jesus.

Um exemplo disso é que somos encorajados a orar diretamente a Deus usando seu título mais pessoal, *Abba,* que significa "Pai" (Romanos 8:15).

Certa vez, um homem chamado Filipe, um dos apóstolos, pediu a Jesus que lhes mostrasse o Pai (João 14:8). Observe a resposta que Jesus lhe ofereceu: "Você não me conhece, Filipe, mesmo depois de eu ter estado com vocês durante tanto tempo? Quem me vê, vê o Pai. Como você pode dizer: 'Mostra-nos o Pai'?" (versículo 9). *Por causa da encarnação de Jesus, Deus está próximo,* acessível para o desenvolvimento de um relacionamento pessoal com cada indivíduo.

Mais uma vez, somente Jesus pode nos conceder acesso ao Pai Celestial. Em consequência, foi perfeitamente razoável a afirmação que Jesus fez três versículos antes, quando afirmou "Eu sou o caminho, a verdade e a vida. Ninguém vem ao Pai, a não ser por mim" (João 14:6).

Mais tarde, Pedro falou o mesmo usando outras palavras: "Não há salvação em nenhum outro, pois, debaixo do céu, não há nenhum outro nome dado aos homens pelo qual devamos ser salvos" (Atos 4:12).

O Deus Encarnado é Amor

O segundo princípio envolvendo a encarnação refere-se ao fato de que *Deus nos ama.* De forma bastante clara, há religiões que retratam Deus como alguém que ama seu próprio povo, muito embora sejam bem menos do que você pode imaginar. Na maioria das religiões, a deidade se mantém indiferente à humanidade. Há deuses que protegem seu povo. Por exemplo, Javé resgatou os judeus e Alá recompensa os jihadistas. O cristianismo, entretanto, ensina algo completamente diferente: Deus ama seus inimigos. "Mas Deus demonstra seu amor por nós: Cristo morreu em nosso favor quando ainda éramos pecadores" (Romanos 5:8).

Qualquer teologia sobre Deus demonstrando amor por seus inimigos terá como pré-requisito a morte de Jesus. As primeiras palavras de Jesus ao ser pendurado na cruz refletem o que estamos dizendo: "Pai, perdoa-lhes, pois não sabem o que estão fazendo" (Lucas 23:34). Essa declaração conferiu autoridade moral a Jesus para que nos mandasse amar aos nossos inimigos (Mateus 5:44). Jesus nos mostrou como fazer isso.

Mas estou me antecipando. Abordaremos as implicações disso logo mais à frente.

O Deus Encarnado Sofreu

O terceiro princípio envolvendo a encarnação refere-se ao fato de que *Deus sofre*. Verificando a mitologia grega, assim como ocorre em dezenas de outras religiões, fica bem claro que se trata de um conceito estranho. Os deuses supostamente seriam inatingíveis às experiências humanas, como sentir frio, fome, perda ou crises emocionais. Afinal, eles se encontram "acima e além". Esse não é o tipo de Deus que é retratado na vida de Jesus. Ele sofreu na cruz pelos pecados do mundo.

Entre as poucas passagens existentes no Antigo Testamento que poderiam nos ajudar a discutir acerca do sofrimento de Deus, duas se destacam: Isaías 53 e Zacarias 12:10. Essas passagens são tão estranhas à teologia judaica que a interpretação das mesmas representa um desafio para os rabinos. Contudo, os cristãos têm uma explicação clara acerca dessas antigas profecias, uma vez que acreditam que Jesus é o cumprimento daquelas passagens. Não queremos com isso ser críticos aos outros líderes religiosos. Entretanto, se você não tiver um modelo de encarnação, você estará perdido se o assunto estiver relacionado ao sofrimento de Deus.

Portanto, temos aqui três fatos sobre o nosso Deus que só se tornam possíveis em função da encarnação de Jesus. Além disso, fazem referência aos conceitos mais importantes que cremos acerca de Deus e não são apenas ideias interessantes na história da religião. A encarnação não é simplesmente o que aconteceu na vida de Jesus. Trata-se de um modelo para o cristão viver de acordo com o projeto de Deus. Se você quiser desfrutar a vida da melhor maneia possível, viva de maneira a encarnar os atributos de Deus.

Vamos revisitar cada atributo de Deus e responder o que significa viver de acordo com cada um deles.

Qual é a importância disso?

Primeiramente, porque *Deus está próximo*, Ele se tornou acessível a nós. Se conseguirmos viver dessa maneira, os nossos relacionamentos se tornarão muito mais satisfatórios.

Maridos e esposas geralmente guardam segredos e se distanciam a fim de proteger seus próprios sentimentos. Os pais costumam estar presentes, contudo, não acessíveis, dadas as barreiras existentes, como a tecnologia, o cansaço e o pecado oculto. Amizades são quebradas em decorrência do nosso orgulho ou do nosso comodismo.

É evidente que tornar-se acessível e próximo não significa extravasar emoções diante de estranhos em um supermercado ou revelar nossas inseguranças secretas em um primeiro encontro. Mais que isso, significa que devemos estar presentes onde estamos, o que é mais fácil falar do que fazer. Mas poucas coisas contribuiriam mais, seja na sua produtividade no trabalho ou com a melhoria de seus relacionamentos em casa.

Seja presente. Quando um marido chega em casa, o fim daquele dia poderá ter outro desfecho se ele simplesmente gastar cinco minutos conversando com sua esposa. Cinco minutos de oração pela manhã junto com sua família podem alterar a trajetória do dia. Ser sincero com um colega de quarto, confessar seus pecados a um amigo ou deliberadamente sentar e ouvir uma criança são atitudes que causarão grande impacto e desenvolverão relacionamentos fortes e satisfatórios.

Outra razão pela qual Deus se aproximou por meio de Jesus foi para servir de exemplo de como podemos nos tornar acessíveis aos outros. Se seguirmos esse modelo, os relacionamentos mais caros para nós serão alterados de forma radical.

Em segundo lugar, *Deus ama de forma sacrificial*, não apenas seus amigos, mas todos aqueles que se opõem a ele. Quando falava acerca de seu propósito de vida aqui na Terra, Jesus explicou essa verdade com as seguintes palavras: "Pois nem mesmo o Filho do Homem veio para ser servido, mas para servir e dar a sua vida em resgate por muitos" (Mateus 20:28). Como observamos anteriormente, aqui não temos apenas a declaração do que Ele fez por nós, mas um modelo a ser seguido. Usando termos práticos, significa que ouvir é melhor que falar, dizimar é mais valioso que acumular, se tornar um voluntário é mais recompensador do que se tornar autoindulgente, e também destacar as ações dos outros é muito melhor do que a autopromoção. No fim das contas, e curiosamente, o sacrifício transforma-se em recompensa.

E, finalmente, *Deus sofreu*. É verdade que todos nós evitamos o sofrimento a todo custo, e isso é perfeitamente compreensível. A dor não é brincadeira. Contudo, é o nosso sofrimento e não o nosso sucesso o que mais contribuiu para o nosso crescimento. Aquele tipo de caráter que tanto almejamos para nós é forjado principalmente pela dor, pela perda e pelas perturbações que enfrentamos. Com o risco de perder as nossas almas, buscamos atalhos para escapar à situação bem como para alcançar o conforto.

A pessoa que almejamos nos tornar compensa qualquer sacrifício que tenhamos de fazer para atingir essa finalidade. Em um sentido mais concreto, é trocar o sucesso pelo que realmente importa assim como preferir o propósito ao prazer. Esse modelo foi estabelecido pelo próprio Deus: não no alcançar, mas no *se tornar*. O nosso sofrimento em benefício dos outros em nome de Jesus é muito mais compensador do que o conforto material e a satisfação pessoal juntos. Esse tipo de sofrimento proporciona vida. Uma vida que encarna os atributos de Deus é muito mais satisfatória e bem-sucedida, além de ser o caminho para desfrutar de uma vida cheia de propósitos.

No texto de João 1:14 encontramos uma janela teológica reveladora. Por meio dela contemplamos Deus claramente revelado na pessoa de Jesus. Mas é mais que uma janela, é uma porta por meio da qual passamos para desfrutar um tipo de vida que Deus projetou para nosso bem maior *e* para a salvação do mundo. Imagine um mundo onde o povo de Deus passa a imitar melhor seus atributos, encarnando a vida de Jesus em sua própria maneira de viver.

Pontos-chave

- A encarnação significa que Jesus é Deus em forma humana e também significa que somente aquele que conhece a Jesus verdadeiramente conhece a Deus;

- Proximidade, amor e sofrimento são atributos de Deus demonstrados na encarnação;

- A encarnação de Jesus não é só uma verdade teológica, mas um modelo prático para construirmos relacionamentos de sucesso.

Esta semana

☐ **PRIMEIRO DIA:** Leia o texto da semana.

☐ **SEGUNDO DIA:** Memorize João 1:14.

☐ **TERCEIRO DIA:** Leia Mateus 2 e Lucas 2.

☐ **QUARTO DIA:** Medite em João 1:18; 14:6; ; Atos 4:12.

☐ **QUINTO DIA:** Compartilhe com alguém que vive com você (esposa, colega de quarto, colega de trabalho, amigo) os três atributos de Jesus e pergunte a essa pessoa qual desses três atributos você deveria desenvolver em sua vida.

Desafio de Superação: Memorize João 1:18; 14:6; Atos 4:12. (Sim, todos os três!)

Bônus de Leitura: Timothy Keller, *O Natal Escondido*: A Surpreendente Verdade por Trás do Nascimento de Cristo.

33

Amor

> Porque Deus tanto amou o mundo que deu o seu Filho Unigênito, para que todo o que nele crer não pereça, mas tenha a vida eterna.
>
> —João 3:16

Pergunta: Como posso amar e ser amado?

Se resumíssemos todo o cristianismo em uma única palavra, essa palavra seria *amor*. Isso até parece clichê. Afinal de contas, não falam todos sobre a importância do amor? Não é a mensagem que todas as religiões pregam?

Em uma palavra, *não*. O amor é um assunto comum na cultura popular, em filmes e em músicas. Mas o fato é que o amor é um conceito romantizado, até mesmo sexualizado. É por isso que precisamos esclarecer o nosso conceito de amor a fim de verificar quão singular e rara é a definição bíblica do verdadeiro amor.

Existem duas observações que nos ajudam a reconhecer o amor de Deus. A primeira delas está relacionada ao termo na língua portuguesa. Empregamos a palavra amor para nos referir a vários tipos de emoção. Na língua grega, o termo é bem mais específico. Há quatro palavras para amor. A mais comum delas era *philia*, que se refere àquilo que chamamos de amizade. *Storgē* faz referência à afeição familiar. É o amor entre pais e filhos, irmãos etc. Já a palavra *eros*, da qual deriva a nossa palavra *erótico*, descreve todas as formas de desejo sexual e luxúria. E, por último, havia uma palavra singular, *agapē*, que foi empregada em cada versículo citado no presente texto e denota o amor incondicional e não merecido. É esse tipo de amor que faz com que pessoas sacrifiquem suas vidas em favor de outras. Ele é oferecido sem esperar nada em troca, sem considerar o valor do objeto amado, seu mérito ou sua capacidade de retribuir.

Contudo, essa palavra grega não tinha tal definição até o momento que João a empregou no seu evangelho, tendo a finalidade de descrever o amor sacrificial de Deus quando entregou a seu filho, Jesus Cristo. A natureza do amor como sendo imerecido, inalterável e sacrificial decorre da descrição da mensagem evangélica de Jesus Cristo. Nesse sentido, o termo *agapē* foi criado pelo cristianismo.

Uma segunda importante observação é que o conceito de amor em nosso idioma quase sempre é usado para descrever sentimentos. Contudo, no cristianismo, seu sentido primordial está relacionado a uma ação. O amor não é a expressão de como nos sentimos. O amor é aquilo que a gente faz. Além disso, o mandamento para que demonstremos o amor tem como base aquilo que Deus fez por nós em Cristo, e não nossa iniciativa em fazer por merecer ou para alcançar o amor de Deus. Aqui está uma diferença significativa entre a mensagem do cristianismo e a de todas as outras religiões.

Deus Nos Ama

O nosso versículo-chave, João 3:16, é o mais conhecido da Bíblia. Trata-se da essência do cristianismo. Mas por que Deus nos ama? Certamente, não é porque somos criaturas adoráveis.

Deus nos ama porque é isso que Ele é. "Quem não ama não conhece a Deus, porque Deus é amor" (1 João 4:8). Os peixes nadam, os pássaros voam e as garotinhas sorriem; e fazem isso porque faz parte da natureza de cada um deles. É por essa razão que Deus ama. Isso não é simplesmente o que Ele faz, amar tem a ver com quem Ele é.

Essa verdade maravilhosa inflamou o coração do apóstolo Paulo a escrever uma das passagens mais encorajadoras jamais escritas:

> Pois estou convencido de que nem morte nem vida, nem anjos nem demônios, nem o presente nem o futuro, nem quaisquer poderes, nem altura nem profundidade, nem qualquer outra coisa na criação será capaz de nos separar do amor de Deus que está em Jesus Cristo, nosso Senhor. (Romanos 8:38-39)

De acordo com João 3:16, o amor de Deus vai muito além da simples emoção. Trata-se de um ato de autossacrifício extraordinário. Deus deu Seu próprio filho para ser sacrificado pelos pecados do mundo. Como essa expiação substitutiva foi operada trata-se de um mistério de Deus. A consequência disso, no entanto, é perfeitamente clara. Uma vez que Deus nos amou de forma absolutamente sacrificial, todos aqueles que se consideram seus filhos devem se comportar da mesma maneira diante das pessoas que lhes estejam próximas (1 João 4:11).

A Bíblia faz referência a isso ordenando "amarás o teu próximo como a ti mesmo" (Mateus 19:19). Para explicar isso, temos o esclarecedor comentário de João 3:16 encontrado em 1 João 3:16–17: "Nisto conhecemos o que é o amor: Jesus Cristo deu a sua vida por nós, e devemos dar a nossa vida por nossos irmãos. Se alguém tiver recursos materiais e, vendo seu irmão em necessidade, não se compadecer dele, como pode permanecer nele o amor de Deus?" *Agapē* não faz referência a como você sente, mas a como você ajuda seu semelhante, ou seja, àquele que se encontra diante de dificuldades financeiras ou físicas.

É basicamente não se contentar em olhar ao semelhante e declarar-lhe o amor de Deus, sem, contudo, servi-lo de maneira sacrificial. O ensinamento de João originara-se com Jesus no cenáculo naquela noite que antecedeu a seu sacrifício: "Ninguém tem maior amor do que aquele que dá a sua vida pelos seus amigos" (João 15:13). Para Jesus, o amor não tinha limites.

Nós Amamos a Deus

Na passagem de Marcos 12:29–31, Jesus resumiu toda a lei do Antigo Testamento a dois mandamentos.

> "O mais importante é isto: 'Ouve, ó Israel, o Senhor, o nosso Deus, o Senhor é o único Senhor. Ame o Senhor, o seu Deus, de todo o seu coração, de toda a sua alma, de todo o seu entendimento e de todas as suas forças" [citando Deuteronômio 6:4–5]. O segundo é: "Ame o seu próximo como a si mesmo" [citando Levítico 19:18]. Não existe mandamento maior do que esses.

Jesus está certo, não há dúvida. Observe que estes não são dois mandamentos separados. Você não pode amar a Deus a não ser que você ame a seu próximo. Se o amor fosse um sentimento, você conseguiria. Uma pessoa pode participar da adoração pública na igreja, orar e louvar a Deus sozinha em casa, ou fazer muitas outras expressões de adoração, e considerar que isso se trate de amor a Deus. Contudo, o amor cristão é uma ação orientada para fora, não uma emoção interna de afeição. Então, como a pessoa pode brindar a Deus com amor sacrificial? Deus não precisa de nada que ofereçamos a Ele. Você dificilmente poderá alimentá-lo, vesti-lo ou providenciar assistência médica a Ele. Então, como podemos expressar nosso amor a Deus de maneira prática? Os pais sabem a resposta: amem seus filhos. A expressão mais elevada de amor a um pai ou uma mãe é demonstrada quando tratamos seus filhos com generosidade.

Para fazer isso, amar os filhos de Deus, devemos amar três grandes categorias de pessoas.

Amamos os semelhantes. A descrição mais poderosa acerca do amor é encontrada em 1 Coríntios 13. Vale a pena ler o capítulo inteiro, mas este fragmento será o suficiente:

> O amor é paciente, o amor é bondoso. Não inveja, não se vangloria, não se orgulha. Não maltrata, não procura seus interesses, não se ira facilmente, não guarda rancor. O amor não se alegra com a injustiça, mas se alegra com a verdade. Tudo sofre, tudo crê, tudo espera, tudo suporta. (versículos 4-7)

A maioria de nós já ouviu essa passagem citada em casamentos, onde isso seria completamente desnecessário. É bem fácil sentir amor diante do altar, mas é bem mais difícil exercer amor em uma audiência de divórcio. Essa passagem não foi escrita para noivos, mas para um corpo robusto de crentes em Corinto, onde havia uma diversidade étnica, econômica e de formação cultural em um momento da realização de uma nervosa festa compartilhada. Amar ao semelhante exige coragem, humildade e paciência. É por isso que Paulo acrescentou as seguintes virtudes que tornam possível o amor: "Vivam de maneira digna da vocação que receberam. Sejam completamente humildes e dóceis, e sejam pacientes, suportando uns aos outros com amor" (Efésios 4:1-2).

Amamos a família. Em todo relacionamento familiar encontramos um campo de treinamento de Deus para que aprendamos a amá-lo e amar ao próximo. Sim, o casamento é para o nosso deleite e nossa proteção. Mas o propósito do casamento vai muito além disso. É um verdadeiro laboratório teológico no qual aprendemos como nos comportar e como crer. Paulo mandou que "maridos, amem suas mulheres, assim como Cristo amou a igreja e entregou-se a si mesmo por ela" (Efésios 5:25). Isso é o que torna João 3:16 real diante da mesa da cozinha e no quarto. Conselho semelhante é oferecido ao longo das Escrituras às crianças, às irmãs e a pais idosos. Se temos de amar a Deus e ao nosso próximo, isso se inicia em nossa casa, estendendo-se à nossa comunidade local e, finalmente, à toda a Terra.

Amamos os inimigos. A coisa mais ofensiva que Jesus provavelmente disse foi "amem os seus inimigos" (Mateus 5:44). Quando Jesus afirmou isso, era uma ideia nova. Dois anos mais tarde, Ele demonstraria esse amor em uma cruz. Lembre-se da primeira coisa que Jesus disse da cruz: "Pai, perdoa-lhes, pois não sabem o que estão fazendo" (Lucas 23:34). Somente alguém que perdoa seus inimigos em meio à própria crucificação possui a autoridade moral para pedir que façamos o mesmo. Se isso foi tão difícil para Jesus, é pouco em comparação ao sacrifício do Pai ao oferecer Seu próprio filho aos desobedientes e rebeldes. *Todo* aquele enorme custo foi para o nosso benefício: não apenas para o bem daqueles líderes judeus e soldados romanos presentes no Calvário. Nenhum de nós é merecedor do amor de Deus.

Paulo nos lembra: "Mas Deus demonstra seu amor por nós: Cristo morreu em nosso favor quando ainda éramos pecadores" (Romanos 5:8). Quando ainda éramos inimigos, Deus nos amou o suficiente para enviar seu próprio filho. Por causa do seu amor, encontramos esperança e auxílio. Fomos transformados de pecadores a santos por causa daquele amor. Evidentemente, essa parte do mistério está em 1 Pedro 4:8: "Sobretudo, amem-se sinceramente uns aos outros, porque *o amor perdoa muitíssimos pecados.*" O amor de Deus por seus inimigos originou o cristianismo. O nosso amor pelos nossos inimigos expande os limites do seu reino.

O amor originou a igreja. A eternidade será inaugurada pelo amor. Também, por causa do amor de Deus por nós e do nosso amor pelos outros, quando o dia do julgamento tiver chegado, nós permaneceremos confiantes, de cabeça erguida e de peito aberto.

No amor não há medo; pelo contrário, o perfeito amor expulsa o
medo, porque o medo supõe castigo. Aquele que tem medo não está
aperfeiçoado no amor. Nós amamos porque ele nos amou primeiro.
(1 João 4:18-19)

Pontos-chave

- O amor sacrificial é o coração do cristianismo e foi o que o originou;
- O amor sacrificial é aquilo que fazemos, não o que sentimos e é originado em Deus;
- O exemplo do amor de Deus em Jesus nos capacita a amar ao nosso próximo, à nossa família e aos nossos inimigos.

Esta semana

☐ **PRIMEIRO DIA:** Leia o texto da semana.

☐ **SEGUNDO DIA:** Memorize João 3:16.

☐ **TERCEIRO DIA:** Leia 1 Coríntios 13.

☐ **QUARTO DIA:** Medite em Romanos 5:8; 8:38–39; 1 João 3:16–17.

☐ **QUINTO DIA:** Faça uma limpa em seu guarda-roupas, na sua garagem ou despensa e encontre um lugar para doar os itens encontrados.

Desafio de Superação: Memorize Romanos 5:8.

Bônus de Leitura: Francis Chan, *Louco Amor:* Maravilhado com um Deus que Nunca Muda.

34

Adoração

> Deus é Espírito, e é necessário que os seus adoradores o adorem em espírito e em verdade.
>
> —João 4:24

Pergunta: Como deve ser a verdadeira adoração?

No capítulo 4 de João, Jesus encontrou uma mulher junto a um poço. Ela era samaritana, pertencente a um povo menosprezado pelos judeus. Ela se encontrava sozinha, assim como Ele. Isso fez com que a conversa entre os dois ficasse meio estranha, especialmente quando Jesus pediu que ela fosse buscar o marido. Ela não tinha esposo algum. Naquele momento ela estava vivendo com o amante, que já tinha passado por cinco divórcios. Sem dúvida nenhuma aquela mulher era alvo de rumores nada amigáveis na pequena cidade em que vivia. Diante do pedido de Jesus, ela lhe deu uma resposta direta: "Não tenho marido" (João 4:17). Jesus já sabia disso. Quando Ele revelou detalhes do dramático passado da mulher, ela estava claramente ávida para mudar de assunto. Em seguida, o chamou a travar um duro debate envolvendo suas nacionalidades: Qual é o lugar adequando para adorar a Deus? Seria em Jerusalém ou no Monte Gerizim? Um fator que acrescentou certa tensão à questão levantada é o fato de que eles conversavam à sombra do Monte Gerizim.

Essa questão provocou uma das discussões mais importantes sobre a adoração em todo o Novo Testamento. A resposta de Jesus é digna de ser repetida:

> Creia em mim, mulher: está próxima a hora em que vocês não adorarão o Pai nem neste monte, nem em Jerusalém. Vocês, samaritanos, adoram o que não conhecem; nós adoramos o que conhecemos, pois a salvação

vem dos judeus. No entanto, está chegando a hora, e de fato já chegou, em que os verdadeiros adoradores adorarão o Pai em espírito e em verdade. São estes os adoradores que o Pai procura. Deus é espírito, e é necessário que os seus adoradores o adorem em espírito e em verdade. (João 4:21-24)

Como a verdadeira adoração acontece na prática? Jesus reiterou este conceito, e não devemos nos esquecer disso. A verdadeira adoração é realizada em *espírito* e em *verdade*.

Frequentemente, as igrejas discutem sobre a forma adequada de adoração. Ela deveria ser conduzida pelo sacerdote? Qual é o estilo de música para o momento da adoração? A capela tem relevância na adoração? E quanto aos elementos, quais deveriam estar incluídos? Todas são questões de natureza prática, mas não chegam ao cerne da questão.

No conceito de Jesus, o que realmente importa é o coração do adorador e não os elementos externos, como o estilo da adoração. A adoração válida brota do Espírito e da Verdade, ambas as palavras foram colocadas em letras maiúsculas de maneira proposital. No Evangelho Segundo João, o Espírito e a Verdade costumam se referir mais a pessoas do que a virtudes. Nesse livro, Jesus é identificado como a personificação da verdade (1:14,17; 5:33; 7:18; 8:32,40,45–46; 14:6; 18:37), e o Espírito Santo é descrito como o "Espírito da Verdade" (14:17; 15:26; 16:13). A distinta nova natureza da adoração cristã honra ao Pai, ao ser realizada por meio de Jesus pela presença do Espírito Santo.

A adoração no judaísmo focaliza-se somente em Deus. Contudo, sem Jesus não conseguimos contemplar claramente a Deus. Da mesma maneira que, sem o Espírito Santo, não temos o verdadeiro coração de Jesus. Consequentemente, quando adoramos por meio de Jesus e pelo poder do Espírito Santo, é possibilitado o nosso acesso ao próprio Deus.

A Verdadeira Adoração Honra a Deus em Nossos Corações

Originalmente, a palavra que João usa para "adoração" é *proskyneō* (João 4:24). Na verdade, essa palavra é uma combinação de outras duas, literalmente significando "beijar em direção a". É fácil imaginar um grupo de habitantes de uma vila jogando beijos em direção ao rei para adorá-lo durante sua passagem. Ou quando as pessoas entravam na sala do trono do rei, elas deveriam ajoelhar-se diante do rei e beijar seu anel. É por isso que a palavra *proskyneō* aparece 60 vezes no Novo Testamento, pressupondo reverência em não menos que 20 vezes. Isso é realmente mais importante do que quando apareceu da primeira vez. Como você pode notar, a maioria das pessoas equipara a verdadeira adoração com amor, paz ou alegria. Muito embora essas emoções possam resultar da verdadeira adoração, o Novo Testamento equipara a adoração a uma emoção diferente: *temor*. Esse sentimento não se trata daquilo que você sente ao encontrar um inimigo terrível. Na verdade, esse é o tipo de temor que manifestamos diante da presença de um bondoso soberano ou de um bom pai. Ele está associado à reverência.

Qual é a conclusão disso? *A verdadeira adoração é o reconhecimento da posição divina.* Ele é o nosso rei, o nosso soberano e o nosso Senhor. Ele não é alguém com quem se brinque nem para ser tratado como se fosse qualquer um. É por isso que, na Bíblia, a postura mais comumente associada à adoração não é a de alguém com as mãos levantadas, mas com sua cabeça curvada. Na verdade, a resposta mais comum diante de um contato próximo com Deus é cair prostrado no chão.

O temor é um barômetro mais preciso para medir a adoração do que os sentimentos de paz ou alegria. Por quê? Porque o temor coloca Deus no seu devido trono. E, a partir dessa posição, Ele pode de fato reinar em nossas vidas.

A Verdadeira Adoração Envolve o Louvor a Deus com os Nossos Lábios

Existem inúmeras palavras em grego que giram em torno da ideia de louvor verbal. Uma delas, *eulogeō* (a partir da qual temos o termo *elogio*) traz o sentido de "bendizer". A segunda palavra é *doxazō* (associada ao nosso termo doxologia), com o sentido de "glorificar". A rigor, nós não damos glória a Deus, na verdade, nós reconhecemos a Sua glória. A sua glória já é d'Ele e somente d'Ele (Romanos 1:21,23). Essa é a razão pela qual o compartilhamento da glória de Deus com Jesus é tão enfatizado nos Evangelhos (Mateus 16:27; 19:28; 25:31; Marcos 10:37; Lucas 9:26; João 1:14; 12:28,41; 13:31–32; 17:1–5). Isso explica a razão pela qual as pessoas glorificam a Deus quando observam um cristão vivendo de maneira correta (2 Coríntios 9:13; Gálatas 1:24; 1 Pedro 2:12). As nossas ações fazem com que os outros enalteçam a Deus.

E a terceira palavra é *aineō*, traduzida simplesmente por "louvar". De maneira bastante específica, esse louvor é o reconhecimento daquilo que Deus fez de maneira concreta. Essa palavra geralmente vem a seguir dos milagres

(Lucas 18:43; Atos 3:8–9) ou em acontecimentos memoráveis (Lucas 2:20; 19:37; Atos 2:47).

Essas três palavras, juntas, demonstram uma importante verdade acerca da verdadeira adoração. O louvor como fruto dos lábios se dá em duas vias paralelas. Na primeira delas, reconhecemos quem é Deus, ou seja, sua natureza. Já na segunda, relatamos o que Deus fez, ou seja, suas ações. Essa forma de adoração está difundida em todo o livro do Apocalipse (4:8–11; 5:9–14; 11:16–18; 19:1–8). Além disso, com o emprego da palavra *glória* nos Evangelhos, o termo louvor em Apocalipse encontra-se diretamente ligado a Deus e a Jesus, indicando que ambos ocupam a mesma posição divina. Esse é um dado notável se comparado ao judaísmo.

Esse tipo de louvor pode ser oferecido por meio de uma diversidade de mecanismos, incluindo a oração, o canto ou a postura corporal, ainda que estes representem meros canais condutores das expressões de adoração. Eles nunca substituirão a adoração propriamente dita. A adoração não se trata do movimento dos nossos corpos físicos, mas é a expressão dos nossos espíritos. Em seu livro *A Liberação do Espírito*, Watchman Nee chama a atenção para a nossa natureza tripartite, ou seja, corpo, alma e espírito. O corpo, o nosso revestimento externo, é animado pela nossa alma, a força doadora de vida. A alma, por sua vez, são as nossas emoções, pensamentos e vontades. O que dirige a nossa alma é algo mais profundo, o nosso espírito, a parte mais interior do nosso ser. É por meio do espírito que realmente entramos em contato com Deus.[1]

Desta maneira, a verdadeira adoração é de natureza espiritual. Ela emana da nossa parte mais íntima. Algumas pessoas simplesmente se atêm aos movimentos físicos da adoração, como levantar, sentar, cantar ou ajoelhar. Tudo isso envolve o nosso corpo, mas é possível que se resuma apenas nisso. Outros adoram revelando grandes emoções, como acontece ao cantar, ou a partir da concentração intelectual, como ao pregar. Tanto uma atividade quanto a outra são funções da alma. Nenhuma delas pode ir além disso.

Adoração, seja ela física, emocional ou intelectual, só é capaz de atingir os nossos corpos e almas. Contudo, a adoração espiritual perpassa todas as três partes do ser. Aquilo que se inicia em nosso espírito inevitavelmente toca as nossas emoções e mentes e finalmente se expressa por meio dos nossos corpos físicos.

Olhando de fora, é impossível saber a profundidade com que a pessoa está adorando. Imagine duas pessoas lado a lado em uma igreja. Ambas podem estar orando, cantando, chorando ou gritando e, mesmo assim, terem em seus espíritos experiências com Deus completamente diferentes.

É por isso que a declaração que Jesus fez à mulher samaritana é tão importante. A verdadeira adoração é em Espírito e em Verdade. É por essa razão que a oração de muitas pessoas nunca atinge o coração da adoração. A tendência deles é iniciar a oração apresentando seus pedidos e finalizá-la agradecendo. Cada pai ou mãe sabe bem o quanto essas duas etapas são importantes. Deveríamos nos sentir confortáveis ao pedimos ao nosso Pai celestial algo de que precisamos. Além disso, deveríamos ser pessoas gratas que expressam sua gratidão de maneira completa e livremente. Entretanto, pedidos e agradecimentos não atingem o nível da adoração porque ambos focam em nós mesmos. A adoração adequada é focada em Deus. Se iniciarmos nossa oração com verdadeira adoração, focando no que Deus realizou e no que Ele é, as nossas petições e ações de graças se tornarão mais amadurecidas e terão mais profundidade.

A Adoração Ministra as Vidas das Outras Pessoas

Há duas palavras para "adoração" que são muito importantes para os cristãos: *latreuō* e *leitourgeō* (das quais se origina a nossa palavra *liturgia*). Ambas as palavras descrevem as responsabilidades vocacionais dos sacerdotes do Antigo Testamento (Hebreus 10:11). Eles ofereciam sacrifícios. Para tanto, limpavam o sangue, acendiam o fogo e trancavam as portas. Já na nova aliança, essas palavras descrevem aquilo que todos os cristãos fazem no novo templo, a igreja. Tais responsabilidades não têm relação com edifícios, mas sim com as pessoas. Nós *leitourgeō*, quando, no contexto da igreja, alimentamos, protegemos, aconselhamos e treinamos outros. Essa é a razão pela qual estar ligado à igreja é um elemento essencial para a adoração pessoal. As Escrituras ordenam para que "consideremo-nos uns aos outros para incentivar-nos ao amor e às boas obras. Não deixemos de reunir-nos como igreja, segundo o costume de alguns, mas encorajemo-nos uns aos outros, ainda mais quando vocês veem que se aproxima o Dia" (Hebreus 10:24-25).

Aliás, o início da primeira viagem missionária nasceu em meio à adoração: "Enquanto adoravam ao Senhor e jejuavam, disse o Espírito Santo: 'Separem-me Barnabé e Saulo para a obra a que os tenho chamado'" (Atos 13:2). Essa é a adoração do Novo Testamento em sua forma mais elevada. As nossas palavras e canções são substanciais somente quando as nossas vidas são sacrificiais.

Sobre isso, ouçamos o que diz o apóstolo Paulo: "Portanto, irmãos, rogo-lhes pelas misericórdias de Deus que se ofereçam em sacrifício vivo, santo e agradável a Deus; este é o *culto espiritual* de vocês" (Romanos 12:1). O que é surpreendente é o fato de que essa "adoração espiritual" é a única coisa que levaremos conosco para o céu (Apocalipse 7:15; 22:3). A adoração será a nossa ocupação eterna.

Existe uma última palavra para "adoração" no Novo Testamento. O termo *sebō* geralmente se refere à piedade, palavra tradicionalmente religiosa. Não há nada de errado com isso, mas a piedade não é o coração do cristianismo. Fazemos muitas coisas que se assemelham a outras religiões. A estrutura dos nossos cultos de adoração integralizou modelos de atividades "religiosas" presentes desde o início da igreja: "Eles se dedicavam ao ensino dos apóstolos e à comunhão, ao partir do pão e às orações" (Atos 2:42). O Espírito Santo é o que diferencia a adoração cristã das outras atividades religiosas. O Espírito nos conduz à Verdade encarnada em Jesus, o qual nos conduz diretamente ao Pai. É exatamente esse o sentido da verdadeira adoração.

Pontos-chave

- A adoração é o reconhecimento da posição que Deus ocupa, o que nos conduz a um apropriado temor;
- A adoração é o reconhecimento do que Deus é e daquilo que ele realizou;
- Servir o corpo de Jesus é a forma mais elevada de adoração.

Esta semana

- ☐ **PRIMEIRO DIA:** Leia o texto da semana.

- ☐ **SEGUNDO DIA:** Memorize João 4:24.

- ☐ **TERCEIRO DIA:** Leia Êxodo 40.

- ☐ **QUARTO DIA:** Medite em Atos 2:42; Romanos 12:1–2; Hebreus 10:24–25.

- ☐ **QUINTO DIA:** Encontre uma oportunidade de se voluntariar para algum trabalho semanal na sua igreja.

Desafio de Superação: Memorize Atos 2:42.

Bônus de Leitura: Watchman Nee, *The Breaking of the Outward Man for the Release of the Spirit*.

35

Comunhão

> Jesus lhes disse: "Eu lhes digo a verdade: Se vocês não comerem a carne do Filho do Homem e não beberem o seu sangue, não terão vida em si mesmos."
>
> —João 6:53

Pergunta: Por que a comunhão ocupa um lugar central na igreja?

Ao longo de toda a história da igreja, seja de uma maneira ou de outra, a comunhão foi praticada e tem sido motivo de conflitos mais do que qualquer outro. De fato, mais cristãos foram mortos por outros cristãos em função das diferentes práticas de comunhão do que por qualquer outro motivo.

Alguns grupos cristãos usam o suco e outros insistem em usar o vinho para celebrar a comunhão. Alguns a praticam semanalmente e outros de forma mais esporádica. Alguns insistem que a comunhão é um sacramento enquanto outros ensinam que a mesma não passa de um símbolo. Não conseguimos nem mesmo chegar a um consenso sobre como denominá-la. Uns a denominam Comunhão, outros, a Ceia do Senhor e, ainda, a Eucaristia (originada da palavra grega que traz o sentido de "dar graças"). Então, o assunto merece uma discussão sobre o real significado da comunhão e como ela deveria ser celebrada.

A Ceia do Senhor foi instituída por Jesus na noite que antecedeu sua morte (Lucas 22:17–20). A primeira Ceia do Senhor foi por ocasião da ceia da Páscoa juntamente com seus discípulos mais próximos. Desde aquela ocasião, a igreja tem relembrado o sacrifício de Jesus em uma versão mais simples da Páscoa judaica, celebrada com pão e vinho. Cerca de 20 anos após sua instituição, o apóstolo Paulo recontou aquele momento especial em detalhes: "E, [Jesus] tendo dado graças, partiu-o e disse: 'Isto é o meu corpo, que é dado em favor de vocês; façam isto em memória de mim.' Da mesma forma, depois da ceia ele tomou o cálice e disse: 'Este cálice é a nova aliança no meu sangue; façam isto, sempre que o beberem, em memória de mim'" (1 Coríntios 11:24-25). Então, Paulo escreveu um breve comentário acerca do sentido desse memorial (versículo 26). Ainda hoje, essas palavras apresentam um esclarecimento sem paralelos acerca da comunhão.

A Comunhão é Um Olhar Para o Passado

A comunhão tem suas raízes em uma prática antiga muito anterior à existência da igreja. Ela remonta o tempo da fundação de Israel. Na verdade, a palavra de Jesus *em memória* poderia ser traduzida pela palavra *memorial*.

Essa observância não se resume a pensar sobre o que Jesus fez. A prática mais se assemelha a uma reencenação. Todos os anos desde o Êxodo (quinze séculos antes), os judeus reuniam-se em grupos familiares ao redor de uma mesa com elementos bastante específicos. O pão ázimo representava a pressa com que eles saíram do Egito. Para Jesus, o vinho representava o sangue da nova aliança. O cordeiro pascal reconta a história da sua saída do Egito (Êxodo 12). As ervas amargas, mergulhadas em um molho especial, o *charosset*, representavam sua amarga servidão. A mesa em si era um esboço da história da fundação de Israel como nação.

Uma vez que Jesus é o cumprimento de toda a história e esperanças de Israel, essa refeição na noite que antecedeu a sua morte se tornou seu próprio roteiro profético. Ele associou os elementos históricos da mesa com sua própria execução iminente. Esta interpretação não é menos do que surpreendente, até porque, para os judeus, a Páscoa era o que eles tinham de mais patriótico. Sendo assim, ou Jesus seria um megalomaníaco maluco que se apropriaria dessa cerimônia sagrada, ou era realmente o Filho de Deus, aquele que era prefigurado nessa celebração nacional.

Essa surpreendente reinterpretação da Páscoa como sendo sua própria biografia pessoal foi algo que Jesus refletiu por anos. Sua preparação para aquela noite datava de pelo menos um ano antes, quando ele milagrosamente alimentou cinco mil pessoas. Ele escandalizou a multidão ao dizer: "Eu lhes digo a verdade: Se vocês não comerem a carne do Filho do Homem e não beberem o seu sangue, não terão vida em si mesmos" (João 6:53). Está bem claro que ele sabia qual seria o seu destino. Ele soube que aquela refeição simples encapsularia toda a história dos judeus.

Contudo, a comunhão não aponta somente para o passado; ela também olha para o futuro.

A Comunhão é Um Olhar Para o Futuro

Paulo afirmou que "Porque, sempre que comerem deste pão e beberem deste cálice, vocês anunciam a morte do Senhor *até que ele venha*" (1 Coríntios 11:26). No contexto da igreja primitiva, esta celebração semanal era uma lembrança que, de fato, Jesus estava para voltar. E quando ele vier, haverá um espetacular banquete. "Felizes os convidados para o banquete do casamento do Cordeiro!" (Apocalipse 19:9).

Esse momento ainda não chegou, mas Jesus prenunciou que esse é um evento a acontecer, mesmo quando instituiu a eucaristia. Em suas próprias palavras, "Desejei ansiosamente comer esta Páscoa com vocês antes de sofrer. Pois eu lhes digo: Não comerei dela novamente até que se cumpra no Reino de Deus" (Lucas 22:15-16).

O que se seguiu a essa declaração naquela noite é bastante curioso. Jesus passou o cálice de vinho, então o pão, e então outro cálice de vinho (versículos 17-20). Por que ele usou dois cálices? Na tradição judaica, são quatro cálices usados. De acordo com uma interpretação, os quatro cálices são um brinde para cada uma das quatro linhas de Êxodo 6:6–7.

- Com o primeiro cálice: "Por isso, diga aos israelitas: 'Eu sou o Senhor. Eu os livrarei do trabalho imposto pelos egípcios'" (versículo 6). Esse cálice era abençoado pelo chefe da família e sinalizava o início oficial da refeição;
- Com o segundo cálice: "Eu os libertarei da escravidão" (versículo 6). Esse parece ter sido o primeiro cálice que Jesus entregou a seus discípulos (Lucas 22:17-18).[1] Isso aponta para a morte de Jesus que nos libertaria da escravidão do pecado;
- Com o terceiro cálice: "e os resgatarei com braço forte e com poderosos atos de juízo" (Êxodo 6:6). Esse era o cálice que se seguiu ao pão. Jesus identifica esse cálice como "o meu sangue da aliança, que é derramado em favor de muitos, para perdão de pecados" (Mateus 26:28). A redenção é o preço pago por nossos pecados. Logo, é o sangue de Jesus derramado que nos redime;
- E com o quarto cálice: "Eu os farei meu povo e serei o Deus de vocês. Então vocês saberão que eu sou o Senhor, o Deus de vocês,

que os livra do trabalho imposto pelos egípcios" (Êxodo 6:7). Esse cálice é aquele que Jesus disse que teria de esperar até seu retorno (Mateus 26:29). Esse raciocínio faz todo sentido, uma vez que o cumprimento deste versículo não ocorrerá até Apocalipse 21:3. "Agora o tabernáculo de Deus está com os homens, com os quais ele viverá. Eles serão os seus povos; o próprio Deus estará com eles e será o seu Deus." Ao aplicar essa promessa a si mesmo, Jesus estava declarando ser semelhante a Javé, precisamente aquele que deverá nos saudar em nosso eterno lar no céu.

Em razão do simbolismo de riqueza histórica presente nesta refeição, nós não podemos simplesmente encenar a Páscoa; mais que isso, nós proclamamos a história de Jesus interligando-a à história dos judeus. Todos os que participam da Ceia do Senhor anunciam toda a mensagem do evangelho. Ela é um sermão encenado, assim como ocorre com o batismo. A comunhão é um sermão coletivo sem que o pregador mencione uma única palavra. E aqui encontramos uma verdadeira boa notícia sobre esse sermão: ele não poderá ser proclamado de forma incorreta porque os próprios elementos narram a história.

A Páscoa inaugurou a história dos judeus; a eucaristia terá seu ponto culminante no banquete do casamento do cordeiro (Apocalipse 19:9) quando Jesus será o nosso Deus Conosco (Emanuel) e nós seremos seu povo.

A Comunhão é Um Olhar Para Dentro

A Ceia do Senhor é o elemento mais introspectivo dos nossos cultos de adoração. É apropriado, até obrigatório, que reflitamos acerca do nosso relacionamento com Deus. E isso não é para medirmos se merecemos ou não tomar parte na mesma; somente o sacrifício de Jesus é o que nos faz merecedores de participar. Ou melhor, nossas mentes e corações estão prontos para a natureza santa da celebração. Não é pouca coisa beber do sangue de Jesus ou comer do seu corpo mediante essa simbólica refeição.

Quanto a isso Paulo fez uma advertência:

Portanto, todo aquele que comer o pão ou beber o cálice do Senhor indignamente será culpado de pecar contra o corpo e o sangue do Senhor. Examine-se o homem a si mesmo, e então coma do pão e beba do cálice. Pois quem come e bebe sem discernir o corpo do Senhor, come e bebe para sua própria condenação. Por isso há entre vocês muitos fracos e doentes, e alguns morreram" (1 Coríntios 11:27-30).

O fato de que cristãos caíam doentes ou mesmo morriam em função de participarem da comunhão sem estarem preparados para isso indica que esse memorial é mais que um símbolo. É um sacramento no qual ocorre algo espiritual, místico e poderoso.

Esteja avisado: o Cristo não físico encontra-se presente na Ceia.

A Comunhão é Um Olhar Para Fora

Essa celebração vai além da comunhão com Jesus. Ela é uma refeição de comunhão junto com outros cristãos.

Originalmente, essa era uma refeição completa feita na casa de uma pessoa onde era realizado um culto de adoração, isso antes da existência das construções exclusivas para funcionamento da igreja como temos hoje. Assim sendo, a refeição ocorria depois da pregação. O salão do banquete era limpo e as mesas eram postas. A preparação das mesas criava um problema de espaço no salão, cabendo menos pessoas dentro dele. Diante disso, a maior parte da congregação comia na área do pátio, onde havia mais lugares. Quem eram as pessoas que poderiam permanecer dentro do salão? Não seria surpresa para ninguém que os crentes mais ricos adquiriam posições de honra antes mesmo de serem batizados.

Os velhos hábitos demoram a desaparecer. Então, o que era escandaloso nisso tudo é que os cristãos mais pobres voltavam para casa com fome, enquanto os ricos voltavam para casa embriagados: "porque cada um come sua própria ceia sem esperar pelos outros. Assim, enquanto um fica com fome, outro se embriaga" (1 Coríntios 11:21). Isso explica o porquê daquele tipo de refeição completa ter sido tão rapidamente substituída por elementos em miniaturas, como hoje em dia. Paulo explicou isso: "Portanto, meus irmãos, quando vocês se reunirem para comer, esperem uns pelos outros. Se alguém estiver com fome, coma em casa, para que, quando vocês se reunirem, isso não resulte em condenação" (1 Coríntios 11:33-34).

Encontramos aqui uma boa razão para não termos ceias completas no contexto da igreja moderna. Entretanto, com essa mudança, perdemos algo essencial. Nós mal reconhecemos a natureza da comunhão na celebração moderna. Ela tornou-se o momento mais individualista da celebração. Na celebração da ceia, uma coisa que precisamos resgatar é o senso do "nós", em lugar do "eu". Assim como na celebração original comemorava-se o nascimento da nação, essa celebração contínua é a marca de uma comunidade cristã. E é por isso que a comunhão é a única celebração compartilhada por cada igreja ao longo de toda a história.

Pontos-chave

- A comunhão é uma extensão da refeição anual da páscoa judaica;
- A comunhão é um memorial do sacrifício de Jesus já realizado e uma lembrança de Seu futuro retorno;
- Embora a comunhão seja um tempo para reflexão pessoal, o nome nos lembra que trata-se de um evento comunitário que reúne o corpo de Cristo.

Esta semana

☐ **PRIMEIRO DIA:** Leia o texto da semana.

☐ **SEGUNDO DIA:** Memorize João 6:53.

☐ **TERCEIRO DIA:** Leia Êxodo 12-13.

☐ **QUARTO DIA:** Medite em Mateus 26:26–28; Lucas 22:14–20; 1 Coríntios 11:24–25.

☐ **QUINTO DIA:** Realize uma celebração da comunhão em sua casa com uma refeição completa.

Desafio de Superação: Memorize 1 Coríntios 11:24–25.

Bônus de Leitura: Rose Publishing, *The Lord's Supper: Holy Communion Explained.*

36

Segurança Eterna

> Eu lhes dou a vida eterna, e elas jamais perecerão; ninguém as poderá arrancar da minha mão.
>
> —João 10:28

Pergunta: O cristão pode perder sua salvação?

Um grande número de cristãos enfrenta dúvidas acerca da segurança eterna, especialmente quando as Escrituras parecem apresentar conclusões paradoxais a este respeito. Por isso, analisaremos com o devido cuidado o que expressa o texto bíblico, e não com outras conjecturas. Além disso, abraçaremos as promessas e as advertências provenientes da Palavra de Deus.

A Tensão Envolvendo a Segurança Eterna

Somos salvos unicamente pela graça de Jesus Cristo e ponto final. A nossa salvação não resulta dos nossos esforços nem da força do nosso intelecto, tampouco é fruto das nossas ações ou de nosso merecimento. A nossa segurança quanto a isso foi assegurada pelo próprio Senhor Jesus: "Todo o que o Pai me der virá a mim, e quem vier a mim eu jamais rejeitarei" (João 6:37) Ele reafirma no nosso versículo-chave, em João 10:28. Esse versículo, a propósito, foi dirigido aos fariseus, não aos cristãos, pois os fariseus estavam tentando intimidar os discípulos de Jesus para que eles o abandonassem. Ou seja, Jesus sempre lutou por nós. Paulo reflete esse sentimento de segurança no *crescendo* de sua poesia em Romanos 8:38–39. Nessa passagem, ele declara que nada pode nos separar do amor de Cristo. A garantia da nossa salvação não é nada mais e nada menos que o próprio Espírito Santo (2 Coríntios 5:5).

Tudo isso só para dizer que a nossa segurança em Jesus está garantida.

Entretanto, existe uma constelação de passagens bíblicas que alertam aos cristãos a não abandonarem Jesus. A passagem mais clara encontra-se em Hebreus 6:4–6:

> Ora, para aqueles que uma vez foram iluminados, provaram o dom celestial, tornaram-se participantes do Espírito Santo, experimentaram a bondade da palavra de Deus e os poderes da era que há de vir, e caíram, é impossível que sejam reconduzidos ao arrependimento; pois, para si mesmos, estão crucificando de novo o Filho de Deus, sujeitando-o à desonra pública.

O próprio Jesus afirmou que "se alguém não permanecer em mim, será como o ramo que é jogado fora e seca. Tais ramos são apanhados, lançados ao fogo e queimados" (João 15:6). Usando uma metáfora bastante parecida e que se relaciona à agricultura, o apóstolo Paulo afirmou que "[os ramos judaicos] foram cortados devido à incredulidade, e você permanece pela fé. Não se orgulhe, mas tema. Pois, se Deus não poupou os ramos naturais, também não poupará você" (Romanos 11:20-21). Poderíamos citar outras partes das Escrituras, mas essas já são o suficiente para nosso estudo.

O que temos aqui são duas constelações de afirmações bíblicas que parecem estar em conflito direto. O primeiro grupo nos garante que estamos seguros em Jesus. Já o segundo sugere que de fato podemos abandonar Jesus. Como podemos lidar com essa tensão?

Antes de tudo, observe que não se trata de Jesus contra Paulo. Ao contrário, é Jesus em oposição a Jesus e Paulo contrapondo a Paulo. A menos que suponhamos que eles estão em plena contradição, o correto seria considerar a existência de um modo de interpretação que nos permita compreender as duas ênfases.

A maioria dos pregadores se inclinam a destacar um conjunto de afirmações bíblicas em detrimento de outras, geralmente usando uma ginástica mental bastante criativa. Sua argumentação se encaixa com cada uma das passagens. Mas, em determinado momento, quando o "sentido natural" de inúmeros textos são postos de lado, alguém começa a suspeitar que a Bíblia está sendo justificada em vez de ser simplesmente explicada.

Mas é possível lidar coma tensão existente entre essas duas aparentes contradições? Eu acredito que sim. Os cristãos desfrutam da segurança eterna em

Jesus, e ao mesmo tempo e de alguma maneira eles também possuem certa responsabilidade por seus próprios destinos. Para que sejamos claros, é importante lembrar que nunca responderemos a todas as questões teológicas que as pessoas levantam. O que podemos e devemos fazer é compreender e procurar aplicar os princípios práticos que estão subjacentes às verdades bíblicas.

Princípios Para a Compreensão da Segurança Eterna

Saber o que Jesus e Paulo disseram é muito importante para nossa compreensão; saber *porque* eles fizeram tais afirmações é fundamental para nossa transformação. Temos aqui alguns princípios que nos auxiliarão bastante nessa busca.

1. *Os pastores precisam destacar os dois lados para tornar seu ministério mais aplicável em situações da vida real.* As advertências para não largar a fé em Jesus ajudam os crentes a lidar com o sofrimento e a administrar o sucesso. A tribulação pode ser um convite para a pessoa abandonar Jesus. Já o sucesso pode nos seduzir a nos tornar infiéis a Ele. Muitos de nós temos amigos ou familiares que se afastaram de Jesus ou porque encontram situações aflitivas ou quando alcançaram o sucesso na vida.

    Por outro lado, as promessas quanto à segurança da nossa salvação podem servir de grande conforto produzindo fortalecimento às nossas almas, especialmente nos momentos em que nos encontramos na estrada da dor e do sofrimento.

    Como pastor, eu deveria odiar o fato de não enfatizar apenas um dos lados. Mas, se eu escolhesse enfatizar um lado só, o nosso povo se tornaria mais pobre espiritualmente falando;

2. *A nossa perseverança em Jesus depende mais d'Ele do que de nós.* A segurança espiritual não é, nem exclusivamente tampouco primordialmente, dependente dos nossos próprios esforços. O Bom Pastor das nossas almas leva muito a sério seu compromisso de proteger e manter seu rebanho. É ele o responsável por nos trazer até o seu rebanho (João 6:44), e ele decidiu nos sustentar no grupo (João 10:27-30).

    Portanto, quer reconheçamos ou não, o fato é que Deus nos buscava muito antes de nós o buscarmos. Deus nos fez, nos selecionou e nos atraiu muito antes que firmássemos a nossa aliança com Ele e muito depois de termos nos afastado, o rejeitado. Continuaremos sempre pertencendo a ele.

Qualquer pessoa que tenha um filho entende o que Deus sente por nós. Se seu filho fosse embora para longe, o que você faria? Você não lutaria por seu filho? Deveríamos ser resilientes, resolutos, perseverantes, vigilantes o tempo todo. Assim é Deus para com seus filhos.

Contudo, é possível apostatar (se afastar da fé)? A Bíblia descreve pessoas específicas que "naufragaram" na fé e foram entregues a Satanás (1 Timóteo 1:19-20). É o que a Bíblia chama de *apostasia* (1 Timóteo 4:1). Apesar disso, trata-se de algo quase impossível. O cão do céu nunca solta a mão dos seus filhos que à sua mão seguram.

Marque bem isso: A poderosa mão de Deus segura tão bem a sua mão de maneira que nenhuma força exterior a pode arrancar. Tampouco nós poderemos nos afastar sem uma longa luta com Aquele que entregou Sua vida por nós. Para nos salvar, custou-lhe absolutamente tudo. Nada o deterá para que nos mantenha com Ele;

3. *Esse debate todo é um ponto passível de discussão.* Alguns teólogos argumentam que uma pessoa pode se afastar. Outros discordam veementemente. Ainda assim, todos conhecemos alguém que se declarava cristão e agora deixou de sê-lo. O pessoal que defende a salvação eterna argumenta que, em primeiro lugar, esse "ex-cristão" nunca fora salvo de verdade, enquanto quem defende a perda da salvação diz que aquele indivíduo realmente apostatou. Contudo, nenhuma das partes duvida do estado de perdição de pessoas como Judas Iscariotes (João 17:12), o Simão Mago (Atos 8:18–23), Himeneu e Alexandre (1 Timóteo 1:19–20). Eles estão perdidos.

Assim, o que devemos fazer? A resposta é clara. Ajude esse pessoal que se afastou a encontrar a fé. Quais pessoas especificamente? Todos eles. Não podemos saber onde as pessoas têm estado em sua trajetória com Jesus, sendo assim não podemos prever o resultado do nosso evangelismo. Então, quando e como for, vamos amar as pessoas proclamando a salvação pela graça do nosso Senhor Jesus.

O problema do velho debate entre a segurança eterna da salvação versus a perda da salvação não se trata do que deveríamos fazer a respeito, mas, antes disso, acaba se resumindo à discussão sobre o que cremos acerca da salvação da outra pessoa. Tal abordagem não transformaria o debate em algo frívolo e potencialmente perigoso, uma vez que estaríamos julgando a jornada da fé de outrem a quem realmente não conhecemos?

4. *Os dois lados podem ser justificados e criticados por transmitirem mensagens equivocadas.* A doutrina da salvação eterna pode estar em perigo de promover falta de lealdade a Jesus. O que, na verdade, nunca foi a intenção. Mas alguns têm ouvido os pregadores dizerem: "Você está salvo, não importa o que você faça." Os ouvintes podem interpretar mal tal afirmação com a pretensão de poderem pecar sem serem punidos. Temos de admitir que essa é a mensagem errada que brota do púlpito.

Por outro lado, aqueles que negam a certeza da salvação eterna, muitas vezes, têm inadvertidamente pregado a insegurança quanto ao estado eterno. Ao conferir demasiada ênfase ao livre arbítrio no abandono da fé, temos feito com que algumas pessoas vivam no medo e na incerteza. Essa mensagem, inequivocamente, não é produtiva e também não ajuda a ninguém.

Se a Bíblia parece apoiar os dois lados, parece sábio que os líderes de igreja adotem o mesmo procedimento. É claro, isso vai contra a tendência da teologia sistemática, na qual fazemos de conta que compreendemos tudo e sistematizamos isso de maneira tão ordenada que qualquer pessoa sensata haveria de concordar conosco. Isso decorre da cultura da nossa sociedade ocidental, a qual é avessa ao paradoxo. Isso não é um mal em si, mas pode criar uma esperança que é estranha aos autores do Novo Testamento. A vida, a lógica e a doutrina bíblica nem sempre se encaixam em categorias simplistas.

Talvez devêssemos deixar que cada texto permanecesse no seu devido lugar, mesmo quando temos dificuldade de ligar e combinar duas aparentes declarações paradoxais. Existem promessas maravilhosas acerca da fidelidade de Deus em proteger seu povo (João 10:28; Romanos 8:35-39). Deus dedica maior esforço em sustentar a nossa fé mais do que nós geralmente creditamos a ele. Isso deveria nos conferir uma grande confiança e conforto. Da mesma forma, há algumas advertências claras sobre o perigo de abandonar a nossa fé (Romanos 11:20–22; Gálatas 5:1–4; 1 Timóteo 1:18–20; Hebreus 6:4–8). Deveríamos transmitir aquelas advertências de forma não apologética;

5. *O amor requer liberdade de escolha.* Naturalmente todos sabemos disso. Afinal de contas, cada um de nós deseja ser escolhido pelos amigos, pela família e por aqueles a quem amamos. O amor, mais do que qualquer outra coisa, faz com que a vida mereça ser vivida e torna este mundo algo que valha a pena salvar. Deus poderia nos forçar a amá-lo? Tecnicamente, a resposta é sim. Ele poderia ter nos criado sem capacidade de escolha. Contudo, isso deixaria de ser amor, ao menos do jeito que o concebemos, e também como Deus desejaria.

   Antes de prosseguir, precisamos destacar algo. A liberdade para amar é um ponto fundamental em cada aliança, seja ela humana ou divina. Alguém poderia se casar sem a liberdade de escolher amar? Isso não seria uma relação similar ao tráfico de seres humanos? Alguém poderia ser um sócio empresarial sem a liberdade de escolher se fecharia o acordo ou não? Isso não seria uma relação similar à escravidão?

   Deus poderia ter criado um mundo completamente diferente, mas não se ele desejasse amar. Diante disso, verifica-se que nos foi dada a escolha entre nos mantermos fiéis na aliança que temos com Deus ou virarmos as costas a Ele. Observamos essa verdade aplicada às alianças feitas com Abraão, Moisés e Davi, assim como aquela firmada com os cristãos. Ao longo da história bíblica, Deus esperava que seu povo fosse leal à aliança para que pudessem experimentar as bênçãos por Ele oferecidas.

   Ou seja, uma aliança requer fidelidade. Quando uma pessoa se recusa a ser leal a Jesus, tal atitude rompe o relacionamento que Deus tanto lutou para estabelecer e manter. Esse fator deveria ser um sério lembrete quanto à natureza de Deus, à nossa dignidade diante dele e à nossa obrigação de viver de maneira fiel e de adoração contínua. Deus nos mantém eternamente seguros em Cristo, nos oferecendo a possibilidade de sermos dignos ao escolhermos ser fiéis a Jesus.

Pontos-chave

- Um grande número de passagens bíblicas fundamentam ambas, a realidade da salvação eterna e a possibilidade da apostasia;

- As duas abordagens ajudam e são necessárias ao ministério pastoral da igreja local;
- Um paradoxo não é teologicamente um erro se ele pode ser justificado biblicamente.

Esta semana

- ☐ **PRIMEIRO DIA:** Leia o texto da semana.
- ☐ **SEGUNDO DIA:** Memorize João 10:28.
- ☐ **TERCEIRO DIA:** Leia 1 Samuel 17.
- ☐ **QUARTO DIA:** Medite em João 6:37; Romanos 11:20–21; Hebreus 6:4–6.
- ☐ **QUINTO DIA:** Identifique três ou quatro maneiras que Deus usou para buscá-lo antes de você ter se comprometido com Ele. Em oração, expresse sua lealdade e gratidão a Ele por ter lhe buscado.

Desafio de Superação: Memorize Deuteronômio 6:4-6.

Bônus de Leitura: Robert Shank, *Life in the Son:* A Study of the Doctrine of Perseverance.

37

O Espírito Santo

Mas receberão poder quando o Espírito Santo descer sobre vocês, e serão minhas testemunhas em Jerusalém, em toda a Judeia e Samaria, e até os confins da Terra.

—Atos 1:8

Pergunta: O que o Espírito Santo faz por nós?

O Espírito Santo parece ser incompreensível para a maioria dos cristãos. Mas a Bíblia nos ensina que Deus é mais acessível a nós por meio do Espírito Santo do que por Jesus. Jesus está no céu com o Pai, já o Espírito Santo se encontra dentro de nós. O próprio Jesus falou sobre isso:

> E eu pedirei ao Pai, e ele lhes dará outro Conselheiro para estar com vocês para sempre, o Espírito da verdade. O mundo não pode recebê-lo, porque não o vê nem o conhece. Mas vocês o conhecem, pois ele vive com vocês e estará em vocês. (João 14:16-17)

O Espírito Santo veio com poder no dia de Pentecostes, em uma visão espetacular de línguas de fogo (Atos 2:1-4). Aquele se tornou um marco na história. Antes de Pentecostes, o Espírito Santo habitava em uma pessoa somente para conferir uma capacidade temporária. Depois do evento em Pentecostes, o Espírito Santo estabelece residência permanente naqueles que seguem Jesus. A residência do Espírito Santo em nós nos permite constante acesso a Deus enquanto cumprimos a agenda do Reino.

A maioria de nós frequentemente pensa no Espírito Santo trabalhando com vistas a nossa transformação. Essa é, sem dúvida, a principal ênfase dada nos escritos do apóstolo Paulo. De acordo com suas epístolas, o Espírito Santo sela, salva e nos renova de dentro para fora. Por outro lado, João e Lucas enfatizam a operação do Espírito Santo *por meio de nós* a fim de que tornemos Jesus conhecido. O propósito do poder do Espírito Santo é a própria evangelização, o que foi bem resumido por Lucas no nosso versículo-chave, Atos 1:8.

Sem o Espírito Santo não poderíamos nos tornar aquilo para que fomos formados ou cumprir a missão a que fomos destinados. São muitas as bênçãos recebidas pelos crentes mediante o Espírito. Para sermos didáticos, vamos resumi-las em duas grandes categorias:

Transformação: O Espírito Santo em Nós

1. *Criação.* O Espírito de Deus desempenhou um papel fundamental na criação (Gênesis 1:2), pairando sobre as águas e transformando o caos em algo ordenado. Ele foi o responsável pelo primeiro fôlego que conferiu vida à espécie humana, ao soprar nas narinas de Adão (Gênesis 2:7). Na verdade, o Espírito de Deus é o responsável pela respiração de cada ser vivente (Salmo 104:29–30).

    Portanto, só o Espírito Santo poderia mediar nosso acesso ao Pai, dado que Jesus já removeu a maldição dos nossos pecados. Assim como em Gênesis 1:2, o Espírito ainda se move sobre o caos das nossas vidas, procurando fazer uma nova criação ou, para ser mais preciso, uma criação renovada. É a isso que a Bíblia chama de "nascer da água e do Espírito" (João 3:5);

2. *Conversão.* O que o Espírito realiza em nós de maneira mais significativa é invisível aos olhos humanos. Ele nos sela: "Nele, quando vocês ouviram e creram na palavra da verdade, o evangelho que os salvou, vocês foram selados com o Espírito Santo da promessa" (Efésios 1:13). Essa ideia origina-se de uma antiga prática de selar documentos com um sinete real. A imagem invertida pressionada em cera mole ou em argila deixava o item marcado como sendo de posse permanente do rei ou do dignitário. Quando nós, pela fé, juramos nossa lealdade a Jesus, há uma transferência permanente da nossa propriedade. O selo do Espírito pode ser invisível aos seus olhos, mas não ao olhar dos anjos, dos demônios e do próprio Deus. Esse selo nos proporciona proteção, impondo limites aos ataques de Satanás. Ele também determina o nosso

destino eterno. Além disso, ele nos permite acesso à presença e ao poder de Deus.

Em resumo, o selo do Espírito é o ponto alto da conversão (Tito 3:5). É nada mais nada menos que a nova vida concedida pelo Espírito (João 6:63; 7:38–39; Romanos 8:11);

3. *Santificação*. Uma vez que agora pertencemos a Deus, somos separados para seu agrado e propósito. A Bíblia chama esse processo de "santificação" (2 Tessalonicenses 2:13; veja também Romanos 15:16). No instante em que somos selados pelo Espírito Santo, nos tornamos novas criaturas (1 Coríntios 6:11). No entanto, a santificação é também um trabalho contínuo que Deus realiza para alinhar as nossas ações futuras às ações que Cristo realizou no passado. Podemos compreender essa ideia nas palavras de Paulo ao expressar o desejo de "que o próprio Deus da paz os santifique inteiramente. Que todo o espírito, alma e corpo de vocês seja conservado irrepreensível na vinda de nosso Senhor Jesus Cristo" (1 Tessalonicenses 5:23). Esse é um processo para toda a vida, o qual é dirigido pelo Espírito e protegido pela armadura que Ele mesmo provê (Efésios 6:13–18).

Capacitação: O Espírito Santo Por Meio De Nós

1. *Ensino*. O trabalho principal realizado pelo Espírito tanto no Antigo quanto no Novo Testamentos está relacionado à comunicação. Ele é um contador de histórias. Parece que não lhe faltam estratégias para falar às nossas vidas. O espírito provavelmente se torna mais claro por meio das Escrituras, das quais Ele é o autor máximo (2 Pedro 1:21). Entretanto, se preciso for, ele pode se comunicar diretamente nos corações e mentes dos indivíduos (João 15:26; Atos 8:29; 10:19–20). Ele também pode se comunicar usando um terceiro, entre eles, pais, pregadores, conselheiros, colegas e crianças.

O propósito d'Ele ao se comunicar é mais para transformar do que para informar. Sua expectativa é nos ensinar a fim de nos tornar capazes de viver sabiamente (João 14:26). Para atingir essa finalidade, ele nos guia ou nos impede (Atos 16:6–7), examina ou revela (1 Coríntios 2:10), fortalece e conforta (João 14:26), comanda (Atos 8:29; 13:2) e convence do pecado (João 16:8–11). E, quando ele tiver nos falado acerca de Deus, ele fala para Deus a nosso respeito, intercedendo em nosso favor (Romanos 8:26);

2. *Habilidades.* O Espírito fornece as ferramentas que precisamos para cumprir completamente nosso chamado. Algumas vezes esse poder se revela em forma de uma fenomenal intervenção miraculosa (Romanos 15:19; Gálatas 3:5). Essa ação pode incluir curas (Atos 5:16), exorcismo (Mateus 12:28), profecia e o falar em outras línguas (Atos 2:4). Essas ferramentas de poder são concedidas principalmente a indivíduos que fazem algo dinâmico a fim de contribuir com a expansão do reino de Deus.

Contudo, o modo de capacitação preferido pelo Espírito Santo parece ser mais coletivo do que individual. A Bíblia ensina que Ele habita em nossos corpos (1 Coríntios 3:16; 6:19; Efésios 2:22; 1 Pedro 4:14; 1 João 3:24; 4:13). A partir dessas declarações, ficamos com a impressão de que o Espírito Santo está dentro de nós, individualmente. O que é a mais pura verdade. Cada um de nós tem uma conexão interna dinâmica com o Espírito de Deus. Observe, porém, que a plenitude do Espírito jamais poderia estar em um simples indivíduo. Ao contrário, o Espírito Santo habita na igreja, o corpo de Cristo. A igreja manifesta a plenitude dos dons espirituais.

O Espírito manifesta seu poder por meio do corpo (Romanos 12:6–8; 1 Coríntios 12:4,7–12; Efésios 4:11–13). Essa interdependência e serviço proporcionam unidade como uma força dinâmica para o bem deste mundo (Efésios 4:3–4). Uma vez que precisamos um do outro para o cumprimento da nossa missão, permanecemos juntos;

3. *Caráter.* Da mesma forma, Ele produz em nós o fruto do Espírito: "Mas o fruto do Espírito é amor, alegria, paz, paciência, amabilidade, bondade, fidelidade, mansidão e autocontrole. Contra essas coisas não há lei" (Gálatas 5:22-23). Observe que tal fruto do Espírito primeiramente não é destinado à nossa santificação. Não há fruto do Espírito que tenha outro objetivo maior do que servir à comunidade. Por meio dessas virtudes, cumprimos o mandamento de Cristo de alcançar o nosso próximo com a mensagem da salvação. Sem que o caráter do Espírito tenha sido evidenciado em nós, jamais contribuiremos com a expansão do reino de Deus em meio a um mundo tão hostil;

4. *Sustento.* O Espírito Santo tem uma capacidade incrível de mobilizar a pessoa certa para o lugar certo na hora certa. Isso acontece com muito mais frequência do que podemos supor, principalmente no processo de evangelismo (Lucas 2:27; Atos 8:29,39; 10:19–20; 11:12; 16:6–7; 20:22). Contudo, a sua forma de conduzir é principalmente espiritual, e não física. Algumas vezes ele pode conceder instruções específicas para um momento em particular (Atos 13:2–4; 15:28), ou mesmo nos trazendo à mente a palavra certa a ser dita (Lucas 12:12).

Na maioria das vezes, o Espírito Santo usa a sabedoria em seu aspecto geral para nos guiar na maneira como devemos viver (Efésios 1:17). É por essa razão que o Espírito Santo é chamado de conselheiro ou ensinador (João 14:16–17,26; 15:26). Ele encoraja a igreja (Atos 9:31), fortalece os indivíduos (Efésios 3:16) e assiste aos feridos (Filipenses 1:19; 2 Timóteo 1:14).

Além disso, o Espírito Santo nos apoia e ferozmente nos defende. Quando as outras pessoas duvidam de você, o Espírito Santo te afirma. Ele fez isso para Jesus no seu batismo (Mateus 3:16; Marcos 1:10; Lucas 3:22; João 1:32–33) bem como ao longo do seu ministério (Mateus 12:18; Lucas 4:18; Atos 10:38) e especialmente na sua Ressurreição e Ascensão (Atos 2:33; Romanos 1:4; 1 Timóteo 3:16).

Tal afirmação se estende de Jesus a todas as pessoas (Atos 15:8). Esteja certo, todo aquele colocar sua fé como base terá atrás de si o vento do Espírito.

Particularmente, e de maneira pessoal, o Espírito Santo confirma que somos filhos de Deus (Romanos 8:16–17; Gálatas 4:6) e nos concede acesso à presença Dele (Efésios 2:18). Por meio do Espírito, aceitamos o amor de Deus e somos preenchidos por esse amor (Romanos 5:5; 15:30). E, ainda mais, o Espírito Santo intercede por nós diante de Deus com gemidos inexprimíveis (Romanos 8:26-27).

Surpreendentemente, um dos meios mais efetivos para receber a orientação do Espírito e seu encorajamento é mediante o canto congregacional (Efésios 5:18–19). Talvez seja por isso que a presença do Espírito de Deus é sentida de forma mais profunda em meio ao povo de Deus. Ele tende a se revelar quando e onde estamos fazendo isso.

Algumas vezes a vida se torna dura. Em tais momentos, o Espírito Santo nos sustenta. Ele nunca nos deixa sozinhos. Ele estará mais perto de nós no momento em que estamos mais abertos a ouvir as batidas do coração da missão, anunciando as boas notícias de Jesus Cristo.

Pontos-chave

- Temos acesso mais privilegiado a Deus por meio do Espírito do que tínhamos em Jesus;
- O Espírito Santo trabalha em nós, nos transformando: criação, conversão e santificação;
- O Espírito Santo trabalha por meio de nós, nos capacitando: ensino, habilidades, caráter e sustento.

Esta semana

☐ **PRIMEIRO DIA:** Leia o texto da semana.

☐ **SEGUNDO DIA:** Leia Atos 1:8.

☐ **TERCEIRO DIA:** Leia Atos 2.

☐ **QUARTO DIA:** Medite em João 16:13–14; Gálatas 5:22–23; Efésios 1:13.

☐ **QUINTO DIA:** Identifique uma das bênçãos que você obteve pelo Espírito Santo e que você esteja precisando mais neste momento. Procure cada passagem que menciona tal bênção.

Desafio de Superação: Memorize Gálatas 5:22–23.

Bônus de Leitura: Francis Chan, *Forgotten God: Reversing Our Tragic Neglect of the Holy Spirit.*

# 38

A Ascensão

Tendo dito isso, foi elevado às alturas enquanto eles olhavam, e uma nuvem o encobriu da vista deles.

—Atos 1:9

Pergunta: Por que Jesus partiu?

Isso aconteceu exatamente 40 dias após a Ressurreição. No alto do Monte das Oliveiras, divisando Jerusalém, Jesus entregava a seus discípulos uma última missão. Enquanto Ele falava com os discípulos, começou a subir aos céus. Ele desafiou as leis da gravidade, da mesma maneira que fizera quando andou sobre as águas (Mateus 14:22–25).

Esse milagre marca a saída de Jesus aqui da Terra. Como pano de fundo dessa história, havia dois homens vestidos de branco. Está bem claro que se tratavam de anjos enviados por Deus para dizer a esses primeiros discípulos quais deveriam ser seus próximos passos. Nesse relato, Lucas empregou um tempo verbal para indicar que os anjos "surgiram diante deles". Em outras palavras, os anjos apareceram e não foram notados. Aquilo foi um pouco desencorajador para os anjos. Afinal, ao longo de toda a Bíblia, os anjos sempre se apresentam como figuras impressionantes. Quando eles faziam uma aparição, produziam terror nos corações dos seres humanos. Por isso, a primeira coisa que os anjos geralmente diziam era "Não tenha medo". Contudo, dessa vez, os discípulos nem mesmo notaram a presença deles. Os discípulos estavam fitando o olhar em direção às nuvens, mas, em vez de permanecerem lá com o olhar fixo em direção ao céu, eles deveriam se espalhar pelo mundo inteiro.

Finalmente, os anjos quebram o silêncio: "Galileus, por que vocês estão olhando para o céu? Este mesmo Jesus, que dentre vocês foi elevado ao céu, voltará da mesma forma como o viram subir" (Atos 1:11). Aqueles homens simples da Galileia foram comissionados para ir para todo o mundo: cada língua, tribo e nação precisa ouvir a mensagem redentora de Jesus.

Para aqueles discípulos, a Ascensão deve ter soado como um tipo de abandono. Mas não o era. Na verdade, era exatamente isso que eles precisavam para que cumprissem a comissão que receberam. Vamos tratar disso agora, respondendo a duas importantes questões.

A Ascensão Realmente Aconteceu?

Sejamos honestos. A história de Jesus ser transportado da Terra para o céu soa como se fosse algo tirado de um romance de ficção científica. Ou, pior ainda, parece se assemelhar a alguma daquelas antigas superstições das religiões do mundo. Afinal, alguém poderia catalogar uma lista de heróis que teriam ascendido também, como Hércules, Buda ou Maomé.

Outro desafio é que Lucas, que não testemunhou o acontecido, foi o único cronista do evento. Nós podemos realmente confiar no seu relato?

Contudo, temos inúmeras razões para acreditar que a Ascensão realmente ocorreu.

1. Lucas foi um investigador cuidadoso de suas testemunhas e também das fontes primárias (Lucas 1:1-4);
2. A presença de testemunhas vivas na época que fez os registros reforça sua credibilidade;
3. Ele fez um registro dos eventos com caráter histórico, não inserindo detalhes fantásticos que são comuns aos relatos não bíblicos envolvendo a Ascensão;
4. Para Jesus, esta foi a viagem de retorno para casa. Nos casos de Hércules, Maomé e muitos outros, suas transladações ao céu foram viagens só de ida. Com Jesus foi diferente, porque, em primeiro lugar, ele veio do céu. Fazia sentido Ele regressar para lá.

O Salmo 68:18 registra esta profecia: "Quando subiste em triunfo às alturas, levaste cativo muitos prisioneiros; recebeste homens como dádivas, até mesmo rebeldes, para estabeleceres morada, ó Senhor Deus." O apóstolo Paulo usou esse versículo para esclarecer que Jesus era o único a retornar ao local onde iniciou: "Que significa 'ele subiu', senão que também descera às profundezas da Terra? Aquele que desceu é o mesmo que subiu acima de todos os céus, a fim de encher todas as coisas" (Efésios 4:9-10);

5. A Ascensão de Jesus foi profetizada. Podemos verificar essa evidência em Salmos 68:18, que acabamos de ler, mas também em Salmos 110:1: "O Senhor disse ao meu Senhor: 'Senta-te à minha direita até que eu faça dos teus inimigos um estrado para os teus pés.'"

    O próprio Jesus predisse sua Ascensão: "Ninguém jamais subiu ao céu, a não ser aquele que veio do céu: o Filho do Homem" (João 3:13; veja também João 6:62; 20:17). "Mas de agora em diante o Filho do Homem estará assentado à direita do Deus Todo-poderoso" (Lucas 22:69). Se Jesus estava correto quando predisse sua morte e ressurreição, por que duvidaríamos dele ao predizer sua Ascensão?

6. A Ascensão de Cristo é afirmada ao longo do restante do Novo Testamento. Paulo afirmou que Deus "ressuscitou [Cristo] dos mortos e o fez assentar-se à sua direita, nas regiões celestiais" (Efésios 1:20). Paulo também nos diz: "procurem as coisas que são do alto, onde Cristo está assentado à direita de Deus" (Colossenses 3:1).

    O autor de Hebreus, na introdução do livro, declarou acerca do Filho de Deus: "Depois de ter realizado a purificação dos pecados, ele se assentou à direita da Majestade nas alturas" (Hebreus 1:3). E o apóstolo Pedro escreveu que Jesus é aquele "que subiu ao céu e está à direita de Deus; a ele estão sujeitos anjos, autoridades e poderes" (1 Pedro 3:22).

    Outras passagens poderiam ser acrescentadas, mas essas já são o suficiente para provar que o relato de Lucas relativo à Ascensão não se trata de uma referência isolada. Trata-se de uma verdade afirmada por cada autor do Novo Testamento com exceção de Tiago e Judas. Esse parecer favorável quase universal quanto à Ascensão nos confere mais certeza da realidade da Ascensão;

7. Nenhuma outra razão explicaria por que as aparições do Jesus ressurreto teriam cessado. Se você pensar bem, a Ascensão não é algo inventado pela igreja. Afinal, as declarações reiteradas de pessoas que viram Jesus teriam fundamentado sua autoridade.

    Mas, se de fato Jesus ressuscitou dos mortos, ou seja, se a Ressurreição realmente ocorreu, não deveríamos pressupor que ele retornaria ao céu? Se Deus tem poder para ressuscitar Jesus, então levantá-lo da Terra não seria impossível, tampouco difícil.

Diante de tudo isso, as evidências pesam a favor da credibilidade do relato de Lucas.

Como a Ascensão de Jesus Nos Ajuda No Cumprimento da Nossa Missão?

1. *Jesus terminou seu trabalho de redenção.* Observe a oração que Jesus fez a Seu Pai: "Eu te glorifiquei na Terra, completando a obra que me deste para fazer. E agora, Pai, glorifica-me junto a ti, com a glória que eu tinha contigo antes que o mundo existisse" (João 17:4-5). Jesus veio do céu para a Terra. Ele esvaziou-se de suas prerrogativas divinas para habitar com os homens (Filipenses 2:6-8). Quando retornou ao céu, ele mostrou a que profundidade ele havia descido bem como a que altura ele pode nos levar. A partir desse ponto de vista, a Ascensão foi crucial para reconduzir Jesus à sua devida posição;

2. *Jesus está preparando um lugar para nós.* Na noite de sua prisão, Jesus prometeu a seus seguidores que ele prepararia um lugar para eles: "Na casa de meu Pai há muitos aposentos; se não fosse assim, eu lhes teria dito que iria preparar-lhes lugar?" (João 14:2). Aqui na Terra, Jesus morreu pelos nossos pecados para preparar um caminho para que chegássemos a Deus. Agora, ele está preparando um lugar para nós na eternidade, não como um operário da construção civil construindo uma mansão celestial, mas como um advogado de defesa nos representando perante a Deus (Romanos 8:34);

3. *Jesus intercede por nós assentado à direita do Pai.* Ele não está parado. Ao contrário, ele está sentado como um juiz, defendendo a nossa causa.

   Nós podemos imaginar isso mais ou menos assim: sempre que pecarmos aqui na Terra, Jesus inclina-se à sua esquerda, aponta para as marcas em suas mãos e fala a seu Pai, "está vendo estas feridas? Isso pagou por aquele pecado. Vamos considerar isso encerrado". O quadro pintado pelo apóstolo Paulo ficou assim: "Quem os condenará? Foi Jesus Cristo que morreu; e mais, que ressuscitou e está à direita de Deus, e também intercede por nós" (Romanos 8:34);

4. *Jesus nos enviou seu Santo Espírito.* Não estamos sugerindo que Jesus precisou partir para só então o Espírito descer. Não há nenhuma regra divina que exija ao menos a presença de dois membros da

Trindade residindo no céu ao mesmo tempo. O fato é que Jesus retornou ao céu a fim de completar seu trabalho de intercessão. Ao fazer isso, ele abriu a porta para o ministério do Espírito Santo em convencer, guiar e sustentar o crescente movimento de Deus que ocorria na Terra.

O Espírito Santo não é um substituto inferior de Jesus. Ele não ocupa uma posição de reserva na Trindade. É mais certo dizer que ele tem a mesma força de Jesus, e a mesma missão do Pai. Mas ele nos proporciona uma vantagem que o Jesus ressurreto não pode oferecer. Em função da sua natureza, o Espírito Santo pode estar igualmente presente com cada cristão, simultaneamente.

Jesus mesmo disse isto: "Mas eu lhes afirmo que é para o bem de vocês que eu vou. Se eu não for, o Conselheiro não virá para vocês; mas se eu for, eu o enviarei" (João 16:7). Esse aspecto disponibiliza uma vantagem estratégica tanto para a igreja como um todo como também para os cristãos individuais enquanto eles cumprem a missão dada por Jesus de contar ao mundo todo sobre Ele (Mateus 28:19–20);

5. *Jesus está preparando seu retorno à Terra*. "Eis que ele vem com as nuvens, e todo olho o verá, até mesmo aqueles que o traspassaram; e todos os povos da Terra se lamentarão por causa dele. Assim será! Amém" (Apocalipse 1:7). Quando Jesus retornar à Terra, Ele consumará o plano maior de Deus. Ele levará a história humana à sua consumação, conduzindo o Juízo Final e restaurando o Éden na nova Terra.

Pontos-chave

- Existem fortes razões históricas para a crença na Ascensão literal de Jesus;
- Agora Jesus se encontra no céu, intercedendo por nós;
- Por causa da Ascensão, o Espírito Santo foi enviado para continuar o ministério de Jesus (João 16:7).

Esta semana

☐ **PRIMEIRO DIA:** Leia o texto da semana.

☐ **SEGUNDO DIA:** Memorize Atos 1:9.

☐ **TERCEIRO DIA:** Leia Atos 1.

☐ **QUARTO DIA:** Medite em João 16:7; Efésios 4:8–10; Apocalipse 1:7.

☐ **QUINTO DIA:** Reserve um tempo para imaginar Jesus entronizado ao lado do Pai. Como aquela imagem alteraria seus atos hoje?

Desafio de Superação: Memorize Apocalipse 1:7.

Bônus de Leitura: Tim Perry e Aaron Perry, *He Ascended into Heaven:* Learn to Live an Ascension Shaped Life.

39

Batismo

> Arrependam-se, e cada um de vocês seja batizado em nome de Jesus Cristo, para perdão dos seus pecados, e receberão o dom do Espírito Santo.
>
> —Atos 2:38

Pergunta: Por que devo ser batizado?

O batismo é muito importante. Toda igreja, ao longo da história da igreja cristã, praticou o batismo, ainda que igrejas o pratiquem de diferentes maneiras e com ênfases diferentes. Diante disso, é inegável que existe um conflito acerca do seu significado e de como a igreja deve realizá-lo.

Em muitas tradições cristãs, adota-se a prática do batismo de crianças. Em outras, porém, somente os adultos é que passam pelo batismo. Para realizar seus batismos, algumas igrejas usam a prática da aspersão, enquanto outras, a infusão, e ainda há igrejas que adotam a completa imersão nas águas. É importante lembrar que, assim como ocorre com a Ceia do Senhor, o batismo é uma prática central da fé cristã a ser observada, ao que algumas igrejas consideram como sendo um sacramento. A partir desse entendimento, o batismo não seria meramente um símbolo representando alguma coisa aqui da Terra, mas uma encenação sagrada aqui na Terra, que reflete algo que está acontecendo no céu. Assim sendo, a prática é de vital importância.

Na verdade, o batismo é tão importante que o próprio Jesus iniciou seu ministério sendo imergido (Mateus 3:16–17). Seu batismo foi um marco em seu ministério.

Da mesma maneira, o batismo pode marcar significativamente a sua vida também. Ele é tanto uma graça maravilhosa como uma ordenança central deixada por Jesus Cristo. Diante disso, queremos, a partir deste texto, responder questões comuns referentes ao batismo, removendo quaisquer barreiras que alguém possa enfrentar em relação ao tema. Vamos iniciar com uma questão tática.

Devemos Ser Imergidos Em Vez de Sermos Batizados por Aspersão?

Durante os primeiros séculos da igreja, a imersão foi a forma normativa para o batismo. Isso faz sentido, uma vez que a palavra grega empregada para se referir ao batismo (*baptizō*) significa "imergir" ou "mergulhar". João Batista batizou onde "havia muitas águas" (João 3:23). Filipe e o eunuco etíope "desceram à água" (Atos 8:38).

Devemos considerar um ponto ainda mais importante: as representações que envolvem a imersão são figuras poderosas da morte, sepultamento e ressurreição de Jesus (Romanos 6:4–5). Nenhuma outra forma de batismo é tão claramente retratada como no modelo da imersão. Isso não é para respingar naqueles que foram batizados por aspersão. Estamos apenas afirmando que a imersão foi o modo original do batismo, conforme a Bíblia o apresenta. Essa prática ganha mais importância porque, para muitos cristãos, o batismo é a única ocasião capaz de juntar sua família e seus amigos para assistir uma encenação da morte e ressurreição de Jesus.

Muitos daqueles que foram batizados por aspersão quando crianças se preocupam se, ao passarem pelo batismo por imersão quando adultos, isso poderia representar de alguma forma um insulto a seus pais. Tal preocupação jamais deveria ser a questão principal. Nesse caso, você não está dizendo a seus pais que eles estavam errados. Ao contrário disso, você estaria agradecendo por tê-lo feito e agora estaria confirmando, por meio da própria confissão de fé, que cumpriram bem seu papel de incutir a fé em sua vida. Seus pais iriam sentir-se afirmados por saberem que a fé que eles procuraram passar para você foi completamente efetivada pelo Espírito Santo.

O Batismo é Essencial?

Sejamos claros: somos salvos quando o Espírito Santos coloca em nós o seu selo. É Deus quem determina quando, onde e como somos salvos. Mas a Bíblia ensina que, no processo de conversão, o batismo é o ponto mais evidente.

Cada pessoa é distinta, passando por estágios completamente diferentes em sua trajetória espiritual. Etapas diferentes no processo de conversão de uma pessoa são descritas em diversas passagens bíblicas: o ouvir o evangelho, a resposta com fé, o arrependimento do passado e a confissão dos pecados. Em cada uma dessas etapas encontramos um passo importante no estabelecimento do compromisso com Jesus. O batismo é a conclusão de um processo iniciado lá atrás, ou seja, é o culminar da conversão.

No livro de Atos dos Apóstolos, a confissão pública da fé era dada no ato do batismo (2:41; 8:12; 10:48; 16:33). Como consequência, o batismo lembra um novo nascimento (João 3:5; Tito 3:5), o revestir-se de Cristo (Gálatas 3:27) e o rito judeu de entrada pela circuncisão (Colossenses 2:11-12).

Porém, o ato de ser batizado não produz salvação. A simples ideia de conquistar o céu ao ficar molhado é completamente absurda. Na verdade, o batismo é uma adequada expressão de fé em Deus. Além disso, estamos cientes de que "a fé sem obras está morta" (Tiago 2:26). Então a questão a ser respondida não é *se* "responderíamos ao dom gracioso de Deus em Cristo", mas *como* "responderemos ao dom gracioso de Deus em Cristo".

Quando os judeus foram convencidos de sua necessidade de salvação, a primeira pergunta que fizeram foi "O que faremos?" Ao que o apóstolo Pedro respondeu: "Arrependam-se, e cada um de vocês seja batizado em nome de Jesus Cristo, para perdão dos seus pecados; e receberão o dom do Espírito Santo" (Atos 2:37-38).

Uma Pessoa Pode Ser Salva Sem Ser Batizada?

É claro que sim. Deus pode nos conceder a salvação no tempo d'Ele e à Sua maneira. Contudo, o Novo Testamento afirma que toda pessoa que crê deverá receber essa maravilhosa dádiva divina.

Isso mesmo, a pessoa que crê em Jesus e que produz o fruto do espírito, mas que nunca tenha passado pelo batismo, pode ser salva. Para ilustrar isso, pensemos no nascimento por cesariana. Nesse caso, a criança pode vir ao mundo sem passar pelo processo natural de um nascimento. De fato, essa não é a primeira escolha da mãe nem do seu ginecologista. Porém, se a vida da mulher ou da criança estiver em risco, a cesariana será a melhor opção. Se os seres humanos são tão inteligentes para inventar um parto cirúrgico, não poderíamos supor que Deus, o doador da vida, seja capaz de fazer algo semelhante? Deus ama a vida, e ele fará com que as coisas aconteçam.

Mas, segundo o plano e o mandamento de Deus, cada pessoa que se arrepender e crer deverá ser batizada. Trata-se de um plano perfeito.

Quais São os Benefícios do Batismo?

1. *O batismo nos torna discípulos.* O último mandamento de Jesus abrangia ir e fazer discípulos ao batizá-los.

   > Portanto, vão e façam discípulos de todas as nações, batizando-os em nome do Pai e do Filho e do Espírito Santo, ensinando-os a obedecer a tudo o que eu lhes ordenei. E eu estarei sempre com vocês, até o fim dos tempos. (Mateus 28:19–20).

   Deus sabe que as nossas memórias mais fortes combinam os múltiplos sentidos. O batismo toca a maior parte dos nossos sentidos, como a visão, a audição, o tato e, algumas vezes, o paladar e o olfato. É por isso que muito tempo depois que já tivermos esquecido as palavras que pronunciamos na nossa "profissão de fé", ainda lembramos da data, da hora, do local e das pessoas que testemunharam nosso batismo.

   O batismo é uma oração encenada. O apóstolo Pedro o define como "o compromisso de uma boa consciência diante de Deus" (1 Pedro 3:21). A representação desta oração sempre será articulada de maneira perfeita, uma vez que a imersão encena exatamente a mensagem correta. Todos nós precisamos desse importante marco, especialmente quando enfrentamos períodos turbulentos. Se existisse um símbolo capaz de captar o sentido do batismo, este seria a aliança de casamento, um lembrete tangível de um compromisso para a vida inteira;

2. *O batismo nos liga a Deus.* Ele não é um mero símbolo. É um sacramento. Os símbolos simplesmente representam algo; um sacramento *cumpre* algo. Os sacramentos nos conectam às realidades celestiais.

   Embora a água não seja um elemento mágico, a obediência relacionada ao batismo é um ato espiritual. O batismo expressa algo que realmente se alterou. Segundo as palavras do apóstolo Paulo, por meio do batismo, os crentes "de Cristo se revestiram" (Gálatas 3:27).

A nossa parte velha se foi, e somos revestidos com o novo. Além disso, o batismo é uma evidência de que recebemos a permanente habitação do Espírito Santo: "não por causa de atos de justiça por nós praticados, mas, devido à sua misericórdia, ele nos salvou pelo lavar regenerador e renovador do Espírito Santo, que ele derramou sobre nós generosamente, por meio de Jesus Cristo, nosso Salvador" (Tito 3:5-6). Evidentemente, o Espírito Santo pode vir a habitar qualquer pessoa que escolher em qualquer tempo que julgue apropriado. Apesar disso, a observância do batismo é uma demonstração do cumprimento da promessa bíblica do Espírito Santo.

Também o nosso status diante de Deus se altera. Se existe algum outro símbolo capaz de capturar essa mudança de status seria a circuncisão:

> Nele também vocês foram circuncidados, não com uma circuncisão feita por mãos humanas, mas com a circuncisão feita por Cristo, que é o despojar do corpo da carne. Isso aconteceu quando vocês foram sepultados com ele no batismo, e com ele foram ressuscitados mediante a fé no poder de Deus que o ressuscitou dentre os mortos. (Colossenses 2:11-12);

3. *O batismo nos livra por meio da fé.* Para muitos, essa é uma declaração bastante forte. Afinal, somos salvos *somente* pela graça mediante a fé.

   Não estamos dizendo que somos salvos pela realização do batismo. O que estamos afirmando é que o batismo é uma apropriada e verdadeira expressão bíblica de fé. Com isso, estamos apenas citando as Escrituras: "e isso é representado pelo batismo que agora também salva vocês — não a remoção da sujeira do corpo, mas o compromisso de uma boa consciência diante de Deus — por meio da ressurreição de Jesus Cristo" (1 Pedro 3:21). E, "quem crer e for batizado será salvo, mas quem não crer será condenado" (Marcos 16:16).

   Portanto, o batismo é uma verdadeira e maravilhosa cerimônia de caráter espiritual. É a única prática existente entre as religiões do mundo que lida de forma adequada com o sentimento de culpa e de vergonha. O sentimento de culpa faz referência à consciência quanto ao avanço de um limite que não poderia ter sido ultrapassado. É um sentimento interior e muito pessoal. O sentimento de vergonha, por outro lado, faz referência àquilo que sentimos quando falhamos em atingir uma linha estabelecida pelo outro, seja pela nossa família, pela equipe ou pela unidade militar. É um sentimento exterior e social. O batismo é um ato individual que afasta o nosso sentimento de culpa em decorrência do perdão dos nossos pecados. Ao mesmo tempo, o batismo é uma declaração pública que remove o nosso sentimento de vergonha ao incorporar em nós o Corpo de Cristo. A ideia do batismo é genialidade pura, um dos maiores convites que temos da parte de Deus.

A travessia do povo de Israel pelo Mar Vermelho em terra seca é um símbolo apropriado desse conceito. É um ato de livramento milagroso e extraordinário que transformou pessoas que viviam como escravos, tornando-os uma nova nação. Veja as palavras do apóstolo Paulo:

> Porque não quero, irmãos, que vocês ignorem o fato de que todos os nossos antepassados estiveram sob a nuvem e todos passaram pelo mar. Em Moisés, todos eles foram batizados na nuvem e no mar. Todos comeram do mesmo alimento espiritual e beberam da mesma bebida espiritual; pois bebiam da rocha espiritual que os acompanhava, e essa rocha era Cristo. (1 Coríntios 10:1-4)

Paulo comparou o batismo cristão ao êxodo do povo de Israel. Assim como Moisés conduziu o povo de Israel através do mar pelo Espírito Santo, os cristãos são conduzidos através das águas, pelo mesmo Espírito, a andar com Jesus. O chamado de Deus por meio do batismo é a demonstração da libertação da escravidão do pecado, o que nos proporciona liberdade para podermos assim nos tornar uma nova nação que marcha rumo à verdadeira terra prometida. O batismo é uma dádiva concedida por Deus.

Pontos-chave

- O batismo é um sacramento importante, praticado por todas as igrejas ao longo da história cristã;
- O batismo é uma apropriada demonstração da fé em Jesus, que marca a nossa nova vida, a qual recebemos em Cristo, e lembra sua morte, sepultamento e ressurreição;
- O batismo nos liga a Deus pela demonstração da nossa fé em Jesus Cristo e de que somos habitados pelo Espírito Santo.

Esta semana

☐ **PRIMEIRO DIA:** Leia o texto da semana.

☐ **SEGUNDO DIA:** Memorize Atos 2:38.

☐ **TERCEIRO DIA:** Leia Êxodo 14-15.

☐ **QUARTO DIA:** Medite em Romanos 6:3–6; Tito 3:5–6; 1 Pedro 3:21.

☐ **QUINTO DIA:** Se você ainda não foi batizado, então estabeleça, com sua igreja, um momento para você observar essa ordenança de jesus.

Desafio de Superação: Memorize Romanos 6:3-6.

Bônus de Leitura: Jack Cottrell, *Baptism:* A Biblical Study.

40

A Solução de Deus para o Racismo

> De um só fez ele todos os povos, para que povoassem toda a terra, tendo determinado os tempos anteriormente estabelecidos e os lugares exatos em que deveriam habitar.
>
> —Atos 17:26

Pergunta: Qual é a solução cristã para o racismo?

Reconhecemos que vivemos em um país com um histórico de preconceito racial. Mas não se trata só de um problema da sociedade brasileira, é também uma realidade observada no próprio cristianismo. Observa-se em grande parte das igrejas um preconceito velado que causa feridas em nossas comunidades. Para nós, filhos de Deus, trata-se de um assunto de família. O nosso Pai celestial fica escandalizado porque seus filhos estão praticando o pior tipo de rivalidade entre irmãos.

A Divisão Racial no Antigo Testamento

Há apenas uma raça, a raça humana. Contudo, existe uma diversidade de nações. Por quê? De acordo com a história bíblica, há dois momentos considerados marcos na separação entre irmãos, os quais produziram divisão de línguas, culturas, nações e etnias. A primeira ocasião se seguiu ao dilúvio, quando cada um dos três filhos de Noé escolheu percorrer seu próprio caminho: "Os filhos de Noé que saíram da arca foram Sem, Cam e Jafé... Esses foram os três filhos de Noé; a partir deles toda a terra foi povoada" (Gênesis 9:18-19). Em função do seu pecado, Cam foi amaldiçoado por seus irmãos (versículos 22-27).

A Torre de Babel foi o segundo momento histórico, ocasião em que as pessoas disseram: "Vamos construir uma cidade, com uma torre que alcance os céus. Assim nosso nome será famoso e não seremos espalhados pela face da Terra" (Gênesis 11:4). Em face à atitude arrogante do povo, Deus confundiu as línguas, causando separação entre elas (versículos 6-8).

O pecado humano foi a causa da dispersão daquela gente. Contudo, a dispersão em si não é o problema. Deus planejou que a humanidade governasse toda a Terra. A diversidade também não é o problema. Do ponto de vista da genética, Deus nos criou completamente diferentes uns dos outros. O real problema é a dominação de um grupo de pessoas sobre os outros.

Deus escolheu a nação de Israel para ser seu próprio povo, não por que fossem os "melhores", mas para que fossem o canal pelo qual Deus alcançaria todas as outras nações. Isaías afirma que:

> É coisa pequena demais para você ser meu servo
>   para restaurar as tribos de Jacó
>   e trazer de volta aqueles de Israel que eu guardei.
> Também farei de você uma luz para os gentios,
>   para que você leve a minha salvação até aos confins da Terra.
> (Isaías 49:6)

Afinal, do ponto de vista da criação de Deus, todos os seres humanos são filhos de Deus: "De um só fez ele todos os povos" (Atos 17:26). Além disso, Deus colocou sua própria imagem em cada ser humano (Gênesis 1:27).

A Reconciliação Racial no Antigo Testamento

Jesus raramente interagia com os gentios, o povo não judeu, e quando o fazia, sua iniciativa sempre era cautelosa. Diante disso, podemos imaginar que Jesus não teve atuação efetiva na promoção da reconciliação racial. Entretanto, você não pode levar Jesus a sério se não observar como Jesus se moveu dos seus em direção ao outro.

É por isso que o livro de Atos tem mais a dizer sobre o evangelismo entre etnias do que todo o resto, exceto a salvação. Para os cristãos espalharem o evangelho pelo mundo, antes de qualquer outra coisa, tiveram de ser convencidos de que os outros grupos étnicos eram seres humanos tais como eles. Isso deu mais trabalho a Deus do que qualquer pessoa poderia esperar. Contudo, Seu plano estava delineado e bem claro, embora naquele momento estivesse se desenvolvendo bem lentamente.

Vamos estudar isso traçando este movimento entre os capítulos 6 ao 10 do livro dos Atos dos Apóstolos. Em Atos 6, os discípulos foram forçados a lidar com a tensão entre as viúvas hebreias e aquelas que eram de raízes helenísticas (versículos 1-5). Seguramente, tanto um grupo quanto o outro eram de viúvas judias, mas algumas não eram comprovadamente legítimas.

No capítulo 8 de Atos, Pedro e João foram enviados a fim de supervisionar a congregação samaritana recém-fundada, composta por um grupo de judeus miscigenados com outras etnias (versículo 14). Estes, então chamados de mestiços, foram tomados pela graça de Deus (versículos 5-13).

Já no capítulo 9, encontramos o apóstolo Pedro vivendo na mesma casa de Simão, o curtidor (versículo 43). Esse tipo de profissão o tornava cerimonialmente impuro para os judeus, o que deve ter tirado Pedro da sua zona de conforto.

Então, no capítulo 10, Pedro teve uma visão de animais impuros. Quando Deus o mandou comê-los, o apóstolo Pedro objetou a comer qualquer coisa "impura" (versículos 10-14). Diante disso, Deus objetou a objeção de Pedro. Veja bem, essa lição não tinha nada a ver com comida, mas se tratava da inclusão dos gentios. Deus destaca esse ponto com estas memoráveis palavras: "Não chame impuro ao que Deus purificou" (Atos 10:15).

O Espírito Santo deu uma ordem direta logo após essa visão de Pedro, ordenando que ele seguisse três gentios que "coincidentemente" tinham chegado naquele exato momento à frente do portão de Simão (versículos 19-20). Então Pedro foi com eles até a casa de Cornélio, onde pregou as boas notícias de Jesus. Houve ainda outra manifestação do Espírito Santo, e Cornélio e sua família milagrosamente falaram em línguas. A seguir, Pedro os batizou em nome de Jesus (versículos 23-48).

Deveríamos aprender duas lições a partir desses relatos. A primeira delas é que o racismo é uma barreira difícil de ser superada para a maioria de nós. Negar que temos algum nível de preconceito é provavelmente mais arrogante do que qualquer um de nós poderia dar-se ao luxo de ser. A segunda lição é que esse não é um assunto bíblico de menor importância porque não é um assunto menos importante para Deus.

Evangelismo inter-racial é um tema-chave no livro de Atos dos Apóstolos porque trata-se do ponto-chave da Grande Comissão. Quando Jesus disse para fazer discípulos de todas as *nações* (Mateus 28:19), no texto original, a palavra grega significa "todos os grupos étnicos".

A reconciliação racial em Cristo é um princípio-chave nas cartas do apóstolo Paulo. Deus está determinado a eliminar esse mal por meio do sacrifício de Cristo porque o racismo é uma consequência do pecado: "Mas agora, em Jesus Cristo, vocês, que antes estavam longe, foram aproximados mediante o sangue de Cristo. Pois ele é a nossa paz, o qual de ambos fez um e destruiu a barreira, o muro de inimizade" (Efésios 2:13-14). Tal "barreira" era uma mureta lateral no tempo de Jerusalém que barrava a entrada dos gentios. Achados arqueológicos revelam dois segmentos dessa mureta que trazem a seguinte inscrição: "É proibida a entrada de qualquer estrangeiro dentro da balaustrada em volta do santuário e do recinto. Quem for pego, será considerado culpado e passível de pena de morte."[1] Jesus veio para romper qualquer barreira que impeça as pessoas de ficarem próximas de Deus.

Deus quer que todas as pessoas sejam salvas, mas não com o simples propósito de reunir uma grande multidão. Tampouco para que evangelizemos outros grupos em função de sermos pessoas bondosas que precisam demonstrar gentileza para com os outros. Nem porque Deus simplesmente valoriza a diversidade ou porque ama todo mundo, o que, é claro, também é verdade. A razão principal pela qual Deus deseja que todos os grupos étnicos cheguem ao céu se dá em função da estatura da Sua dignidade. Evangelizamos o mundo inteiro porque somente assim o nosso Grande Deus pode receber, de todos os povos e tribos, o louvor que lhe é devido.

João, em Apocalipse, descreve isso nos seguintes termos:

Depois disso olhei, e diante de mim estava uma grande multidão que ninguém podia contar, de todas as nações, tribos, povos e línguas, de pé, diante do trono e do Cordeiro, com vestes brancas e segurando ramos de palmeira. E clamavam em alta voz: "A salvação pertence ao nosso Deus, que se assenta no trono, e ao Cordeiro." (Apocalipse 7:9-10)

A pessoa que não gosta do multiculturalismo sofrerá muito lá no céu.

A Reconciliação Racial na Igreja

Cada pessoa tem sua língua materna. Mesmo os poliglotas, ao orar, ainda assim oram em sua língua materna. A nossa língua materna não envolve apenas o nosso vocabulário, mas também os nossos valores sociais, linguagem corporal e tradições. Esteja certo disso, todos nós devemos ser flexíveis, especialmente quando se trata de evangelismo. Contudo, não é justo nem realístico exigir que determinado grupo cultural adapte sua língua materna na adoração.

A conclusão a que chegamos é a seguinte: o caminho para a unidade entre grupos étnicos não se dá mediante serviços que promovam a integração cultural, mas por meio de serviços comunitários que promovam a cooperação. As igrejas devem iniciar parceria visando espalhar o amor de Deus em determinadas áreas geográficas. Igrejas localizadas em áreas mais afastadas, com recursos financeiros e humanos, devem ser parceiras de igrejas situadas em áreas mais centrais, cuja experiência e relacionamentos podem abrir portas para trabalhadores imigrantes, refugiados ou de origem menos favorecida etc. Esse é apenas um exemplo entre tantos que existem, os quais representam possibilidades práticas para promover a reconciliação racial em face das variadas comunidades que não contam com a presença da igreja.

Contudo, para esse tipo de trabalho requer-se um Barnabé (veja sua história em Atos 11:19-30). Tal indivíduo deve ser dirigido pelo Espírito Santo e respeitado pela comunidade onde esteja atuando. E essa pessoa deve estar disposta a arriscar a própria reputação, como Barnabé o fez ao acolher Saulo de Tarso e também a João Marcos (9:26-27; 15:37-39).

Trabalhar pela reconciliação racial é uma luta que sempre vale a pena.

Tem ficado bem claro que a reconciliação racial não será alcançada mediante programas governamentais, campanhas humanitárias, terapias de grupo nem pela educação integral. Os nossos esforços humanos ao longo das últimas décadas têm apenas encorajado grupos étnicos a lutar pela garantia de seus próprios territórios e para assegurar seus próprios direitos e interesses.

Jesus, no entanto, nos chama a renunciar a nós mesmos e servir aos outros. Enquanto estivermos protegendo nossos próprios interesses, as tensões raciais continuarão a inflamar-se.

Existem dois lugares onde o racismo perdeu força: no campo de batalha e na quadra de esportes. Aqui, o inimigo é claramente identificado. As nossas diferenças se tornam insignificantes quando comparadas aos nossos objetivos. Portanto, a chave para a reconciliação racial é unir diferentes grupos sob uma bandeira que seja maior que eles mesmos.

As boas notícias para os cristãos apresentam Jesus como sendo a nossa bandeira. Se o nosso olhar estiver n'Ele, consequentemente estaremos unidos. É exatamente por isso que *somente na igreja de Jesus Cristo conseguiremos promover a reconciliação racial*. Não existe bandeira maior capaz de abranger tamanha diversidade.

Diante disso, está sobre nós a obrigação moral de usar a nossa influência, vantagens pessoais e recursos para promover a reconciliação racial, especialmente no corpo de Cristo. Observe a exortação de Tiago 4:17: "Quem sabe que deve fazer o bem e não o faz, comete pecado."

Pontos-chave

- A diversidade e a dispersão geográfica são saudáveis; a dominação decorrente do preconceito é pecaminosa;
- A mensagem do evangelho e a Grande Comissão são os caminhos para vencer toda a espécie de pecado, incluindo o racismo. Isso está claramente demonstrado no livro de Atos dos Apóstolos e nas epístolas;
- A igreja local é a esperança para o mundo, especialmente na superação do racismo.

Esta semana

☐ **PRIMEIRO DIA:** Leia o texto da semana.

☐ **SEGUNDO DIA:** Memorize Atos 17:26.

☐ **TERCEIRO DIA:** Leia Jonas 1-4.

☐ **QUARTO DIA:** Medite em Isaías 49:6; Efésios 2:13–14; Apocalipse 7:9–10.

☐ **QUINTO DIA:** Faça uma refeição com alguém pertencente a um grupo étnico diferente do seu ou de outra formação cultural para conhecer mais sobre a história da pessoa.

Desafio de Superação: Memorize Isaías 49:6.

Bônus de Leitura: Christena Cleveland, *Disunity in Christ: Uncovering the Hidden Forces That Keep Us Apart.*

41

Liberdade

Portanto, agora já não há condenação para os que estão em Jesus Cristo.

—Romanos 8:1

Pergunta: Como posso ser verdadeiramente livre?

Uma das maiores dificuldades que os cristãos enfrentam diz respeito a aceitar a graça de Deus. Isso porque nós percebemos o nosso próprio pecado: "pois todos pecaram e estão destituídos da glória de Deus" (Romanos 3:23). E embora saibamos que Deus nos perdoa, perdoar a nós mesmos é uma tarefa bem mais difícil. Para entender melhor esse tema, uma análise do capítulo 8 de Romanos nos ajudará bastante. Esse capítulo é o capítulo da Bíblia mais completo sobre o tema e serve de grande auxílio aos cristãos quando o assunto é a superação do ônus do julgamento a fim de alcançar a liberdade pela graça de Cristo.

A Declaração de Liberdade

"Portanto, agora já não há condenação para os que estão em Jesus Cristo" (Romanos 8:1). Esta simples declaração é uma realidade capaz de mudar o mundo. Nós violamos a lei de Deus? Sim. Existem claras consequências por causa das nossas transgressões? Sim. No entanto, em Cristo todas elas foram resolvidas.

Não temos como negar a validade da lei de Deus. Ainda existe o certo e o errado. Para ir além da lei, contudo, precisamos saber as limitações da própria lei.

A lei tem o poder de revelar as nossas falhas, mas ela não é capaz de construir o nosso caráter. De acordo com a explicação de Paulo em Romanos 7, a lei acentua as transgressões. Como? Quando a lei diz "Não cobiçarás", perguntamos o que é cobiça. "Bem", começa a resposta, "cobiça é quando você deseja o que é do outro". Ao que prosseguimos "Por exemplo?" "Por exemplo, a casa do seu vizinho, sua esposa, seu trabalho e seus brinquedos". Então, olhamos para o outro lado e dizemos "Ah, gostei daquilo! Por que não pode ser *meu*?" É desta maneira que a lei acentua a transgressão (versículos 7-12). Seja o que for que a lei diga para não fazer, repentinamente aquilo se torna exatamente o que desejamos fazer.

Jesus nos libertou desse círculo vicioso. O apóstolo Paulo explicou isso no início de Romanos 8:

> Porque por meio de Jesus Cristo a lei do Espírito de vida me libertou da lei do pecado e da morte. Porque, aquilo que a lei fora incapaz de fazer por estar enfraquecida pela carne, Deus o fez, enviando seu próprio Filho, à semelhança do homem pecador, como oferta pelo pecado. E assim condenou o pecado na carne, a fim de que as justas exigências da lei fossem plenamente satisfeitas em nós, que não vivemos segundo a carne, mas segundo o Espírito. (Romanos 8:2-4)

Observe que a última frase descreve os crentes "que não vivemos segundo a carne, mas segundo o Espírito". O Espírito Santo em nós assumiu o comando de Jesus. Cristo, de maneira completa e final, nos libertou da lei, não apenas da sua penalidade, mas também da sua influência. Ele nos mostrou um caminho superior, uma trajetória nobre. Como consequência, a penalidade da lei foi removida e a força do pecado foi restringida.

Sendo assim, a única força da lei sobre nós é a que nós a conferimos. É onde o Espírito intervém: "Ora, o Senhor é o Espírito e, onde está o Espírito do Senhor, ali há liberdade" (2 Coríntios 3:17). Ele é o recurso de que precisamos para nos apropriar completamente da liberdade que temos em Cristo.

O Espírito da Liberdade

A verdadeira liberdade inicia com Deus perdoando os nossos pecados. *Está feito!* Ou, nas palavras de Jesus, "Está consumado" (João 19:30).

O próximo passo é crucificar o nosso antigo eu. Isso acontece mediante a lenta e às vezes persistente obrigação de viver pelo Espírito Santo em vez de ser conduzido pelos instintos da nossa velha natureza. Paulo aborda isso em Romanos 8:

> E, se o Espírito daquele que ressuscitou Jesus dentre os mortos habita em vocês, aquele que ressuscitou a Cristo dentre os mortos também dará vida a seus corpos mortais, por meio do seu Espírito, que habita em vocês.
> Portanto, irmãos, estamos em dívida, não para com a carne, para vivermos sujeitos a ela. Pois, se vocês viverem de acordo com a carne, morrerão; mas, se pelo Espírito fizerem morrer os atos do corpo, viverão. (versículos 11-13)

É uma declaração clara e direta. Então, por que não vivemos de acordo com essa declaração?

É provável que existam muitas razões para isso, mas a principal está relacionada à nossa identidade. Desenvolvemos a crença de que a nossa identidade é determinada pelos nossos desejos e pelo que realizamos. Se pecamos, logo somos pecadores. Aqui reside uma das mentiras mais destrutivas do Maligno. A nossa identidade é definida pela nossa natureza criada, não pela nossa natureza caída. Somos criados por Deus; portanto, somos seus filhos. Somos redimidos por Jesus; sendo assim, somos sua possessão. Somos dirigidos pelo Espírito Santo, por isso somos santos.

Se crermos no que Deus fala a nosso respeito, teremos a capacidade de viver melhor, de acordo com os mandamentos que Ele nos deu. É exatamente por isso que um dos trabalhos mais importantes que o Espírito Santo opera em nós é nos convencer que não somos quem pensamos ser: "Pois vocês não receberam um espírito que os escravize para novamente temer, mas receberam o Espírito que os adota como filhos, por meio do qual clamamos: 'Abba! Pai'" (Romanos 8:15). Quando ouvimos o sussurro do Espírito, podemos chamar "Abba! Pai!"

Ao mesmo tempo que isso parece ser muito bom para ser verdade, representa apenas uma parte. Se Deus é o nosso Pai, temos todos os tipos de vantagens na vida. Vamos mencionar aqui duas delas, que são especialmente valiosas.

A primeira vantagem é que o nosso bom Pai deseja nos responder positivamente. Na verdade, Jesus prometeu que cada uma das nossas petições que estiverem alinhadas à sua missão serão atendidas. Ele realmente repetiu essa promessa, diversas vezes (Mateus 7:7–11; 18:19; 21:22; Lucas 11:9–13; João

14:13–14; 15:7,16; 16:23–24). Ou seja, a oração é uma vantagem significativa desfrutada por todos os cristãos.

A segunda tem a ver com a esperança que o cristão tem de participar de tudo o que Jesus herdou do Pai, uma vez que somos seus filhos: "Se somos filhos, então somos herdeiros; herdeiros de Deus e coerdeiros com Cristo, se de fato participamos dos seus sofrimentos, para que também participemos da sua glória" (Romanos 8:17). Essa é uma declaração fundamental. Você *não* quer ficar fora dessa.

O Plano Para a Liberdade

Este tópico nos conduz a outra conclusão. Se Deus investiu em nossas vidas, é certo que Ele protegerá Seu investimento.

Não existem dúvidas de que precisamos da proteção de Deus em meio à nossa cultura atual. Precisamos de proteção dos ataques de Satanás, da sedução da sociedade e do nosso próprio pecado. Estamos o todo tempo sob ataque por todos os lados.

Além disso, o próprio planeta está sob a maldição do peso do pecado. A criação física compartilha da mesma maldição que está sobre a humanidade (Romanos 8:18–23). A criação geme, ansiando pela redenção da humanidade (versículos 19-22).

Virá o dia em que todos os filhos de Deus serão completamente redimidos. Na verdade, no tempo presente, as nossas almas estão salvas. Mas os nossos corpos ainda mostram sinais da queda e da maldição. Um dia, quando Jesus voltar, os nossos corpos mortais serão transformados pelo mesmo poder que atuou na ressurreição de Jesus. Da mesma maneira que os nossos corpos físicos estarão completamente redimidos, essa terra física também o será, dando lugar para um novo céu e uma nova Terra. As maravilhas que se seguirão serão cheias de glória, finalmente.

Enquanto isso, o Espírito Santo assegura que estejamos fazendo daquele futuro tão esperado o nosso real destino. Sua assistência invisível é mais vital do que podemos imaginar. Ele nos ajuda de múltiplas maneiras, e um dos métodos mais poderosos que Ele utiliza é a oração. O apóstolo Paulo explica: "Da mesma forma o Espírito nos ajuda em nossa fraqueza, pois não sabemos como orar, o próprio Espírito intercede por nós com gemidos inexprimíveis" (Romanos 8:26). Quando desfalecemos sem forças para levantar de novo, e nem mesmo em condições de unir palavras para orar, o Espírito Santos intervém fazendo uma oração silenciosa. Seu gemido em nosso favor comunica tudo o que precisamos que seja expresso para que Deus entre em ação.

Mesmo assim, o gemido do Espírito é algo suave em comparação à sua orquestração nos eventos do dia a dia que se desenrolam ao longo das nossas vidas. Ele tem poder para tomar o pior do nosso sofrimento e tecê-lo em uma deslumbrante tapeçaria. Em meio ao nosso vale da sombra da morte, as nossas vidas podem parecer sem sentido, talvez até arbitrárias. Nessas horas, Deus pode parecer em silêncio. O Espírito Santo está caminhando ao nosso lado, conduzindo o nosso destino em direção a Seu propósito.

Em uma tentativa de captar toda essa ideia em uma única e sublime sentença, o apóstolo Paulo ensina que os cristãos têm uma sustentação sem medida em meio às mais escuras noites da alma: "Sabemos que Deus age em todas as coisas para o bem daqueles que o amam, dos que foram chamados de acordo com o seu propósito" (Romanos 8:28). Deus não desperdiça uma simples dor, tudo é usado para o Seu propósito. Os eventos que te deixam sem chão são aqueles que Deus pode usar para expandir Seu reino neste mundo.

Além disso, Deus não fica apenas reagindo diante dos eventos que ocorrem na sua vida. Ao contrário, Ele antecipadamente planejou tudo para o seu bem, antes mesmo de você ter nascido. É isso que a Bíblia chama de predestinação. Embora o presente tópico mexa com a massa cinzenta dos mais refinados pensadores, o apóstolo Paulo o resumiu de maneira suficientemente clara para todos que precisam saber como sobreviver ao hoje: "E aos que predestinou, também chamou; aos que chamou, também justificou; aos que justificou, também glorificou" (versículo 30). De maneira simples, Deus planejou você, então, te escolheu, depois te perdoou e, enfim, te manterá.

A Luta Pela Liberdade

Deus pagou um alto preço pela sua vida. Seu amor por você não tem limites. Podemos descansar seguros que Ele nunca deixará de nos amar, que Ele jamais nos perderá e que não permitirá que absolutamente nada nos separe d'Ele.

No *crescendo* de Paulo em Romanos 8, há um dos pontos altos de toda a Revelação de Deus:

> Se Deus é por nós, quem será contra nós? Quem fará alguma acusação contra os escolhidos de Deus? É Deus quem os justifica. Quem os condenará? Foi Jesus Cristo que morreu; e que ressuscitou e está à direita

de Deus, e também intercede por nós. Quem nos separará do amor de Cristo? Será tribulação, ou angústia, ou perseguição, ou fome, ou nudez, ou perigo, ou espada?

Mas em todas essas coisas somos mais que vencedores, por meio daquele que nos amou. Pois estou convencido de que nem morte nem vida, nem anjos nem demônios, nem o presente nem o futuro, nem quaisquer poderes, nem altura nem profundidade, nem qualquer outra coisa na criação será capaz de nos separar do amor de Deus que está em Jesus Cristo, nosso Senhor. (versículos 31, 33–35, 37–39)

Pontos-chave

- Viver a liberdade da graça é um dos maiores desafios enfrentados pela maioria dos cristãos;
- Podemos experimentar a plena liberdade no Espírito Santo;
- Deus, por meio de Jesus, foi quem providenciou tudo que precisamos para nossa liberdade.

Esta semana

☐ **PRIMEIRO DIA:** Leia o texto da semana.

☐ **SEGUNDO DIA:** Memorize Romanos 8:1.

☐ **TERCEIRO DIA:** Leia João 8:1-11.

☐ **QUARTO DIA:** Medite em Romanos 8:15,28,37.

☐ **QUINTO DIA:** Escreva em um pedaço de papel cada pecado que você vem cometendo contra si mesmo, então, queime o papel como um símbolo de libertação do poder desse pecado, por meio da graça de Deus.

Desafio de Superação: Memorize Romanos 8:28.

Bônus de Leitura: Jerry Bridges, *Transforming Grace: Living Confidently in God's Unfailing Love*.

42

Mudança Radical

> Não se amoldem ao padrão deste mundo, mas transformem-se pela renovação da sua mente, para que sejam capazes de experimentar e comprovar a boa, agradável e perfeita vontade de Deus.
>
> —Romanos 12:2

Pergunta: Como posso mudar?

A nossa biografia não deve ser o fator determinante do nosso destino. Podemos mudar.

A mudança não é algo fácil de acontecer, mas também não é tão complicada. Existem três passos simples para a mudança: (1) confie na promessa da mudança, (2) receba o poder para mudar e (3) aceite o desafio de mudar.

Você *pode* mudar e dispõe de todos os recursos necessários para conseguir.

Confie na Promessa da Mudança

O profeta Ezequiel, já nos tempos antigos, registrou a seguinte promessa de Deus:

> Darei a eles um coração e porei um novo espírito dentro deles; retirarei deles o coração de pedra e lhes darei um coração de carne. Então agirão segundo os meus decretos e serão cuidadosos em obedecer às minhas leis. Eles serão o meu povo, e eu serei o seu Deus (Ezequiel 11:19-20, repetido quase integralmente em 36:26–28).

Essa promessa profética aguardava seu cumprimento em Jesus. Seu sacrifício nos liberta e assim o seu Espírito pode efetivar a promessa em nós.

Não importa quão escura seja a sua noite, Deus pode conceder a você uma nova oportunidade de vida. Se você acredita na promessa, admita a sua necessidade de mudança.

Isso é muito mais fácil do que você possa imaginar. "Se você confessar com a sua boca que Jesus é Senhor e crer em seu coração que Deus o ressuscitou dentre os mortos, será salvo. Pois com o coração se crê para justiça, e com a boca se confessa para salvação" (Romanos 10:9-10). O seu passado não representa uma barreira que te impede de construir um futuro melhor: "Se confessarmos os nossos pecados, Ele é fiel e justo para perdoar os nossos pecados e nos purificar de toda injustiça" (1 João 1:9). Acreditar e confessar são os elementos que nos conduzem à transformação: "Portanto, se alguém está em Cristo, é nova criação. As coisas antigas já passaram; eis que surgiram coisas novas!" (2 Coríntios 5:17).

Receba o Poder para Mudar

Pode parecer que as possibilidades estejam contra nós, porque temos impulsos internos que parecem tão fortes que seria impossível dominá-los. Também porque temos uma cultura saturada de sedução. E, ainda, enfrentamos um inimigo invisível que é antigo, astuto e poderoso. Como podemos superar tais obstáculos?

1. *O amor de Deus supera os nossos impulsos internos.* Essa é a promessa que Deus fez lá no tempo de Ezequiel, a qual citamos anteriormente, de que ele nos daria um novo coração e um novo espírito. Qualquer pessoa que já se apaixonou um dia sabe que isso é verdade. Um garoto que não sabia o que significava a palavra *pot-pourri* passa a decorar seu apartamento com lavanda, canela e madressilva. Por outro lado, uma mulher que nunca se interessou por esportes se apaixona e, de uma hora para a outra, se vê usando como acessório de vestuário a camisa do time do namorado. Da mesma maneira, ao sermos aceitos por Deus, experimentamos um poder transformador que altera os nossos interesses;

2. *A comunidade cristã supera a sedução da nossa cultura.* Deus nos fez com um insaciável impulso de socialização. Simplesmente não conseguimos evitar isso, é uma questão de instinto. O que

pode ser terrível. Imagine se, no ensino médio, começamos a andar com colegas insensatos que nos induzem a comportamentos autodestrutivos. Mas, em geral, a nossa necessidade de socialização é vantajosa. O nosso comprometimento com a família, a equipe, a corporação ou a comunidade nos leva a conformar os nossos valores aos valores adotados pelo grupo. Essa conformidade instintiva nos permite exercer uma sinergia de grande alcance, a qual nos ajuda não apenas a realizar mais em decorrência da cooperação mútua, como também a experimentar vidas mais saudáveis. (Fato: quando minha esposa viaja, não gosto da pessoa em que me transformo. Eu como comida não saudável, fico muito tempo em frente à TV, vou para a cama muito tarde e esqueço de tomar minhas vitaminas. É bem provável que você esteja sorrindo presunçosamente neste exato momento.)

É exatamente por isso que é importante a frequência regular à igreja. Participar de uma comunidade cristã reforça os valores que tornam as nossas vidas mais fortes. E não me refiro apenas, nem principalmente, aos sermões pregados. É a conexão que estabeleço com aqueles que admiro. Juntos, somos melhores.

Precisamos fazer parte de um pequeno grupo se quisermos realmente percorrer o caminho mais rápido rumo à transformação. Por quê? Porque as multidões são fontes de inspiração, mas grupos pequenos são eficazes na transformação pessoal. Na igreja, ficamos enfileirados lado a lado. Já em casa, costumamos sentar em círculo, um olhando um para o outro.

Grupos pequenos oferecem duas vantagens que não existem em grupos grandes: a possibilidade de travar uma conversa pessoal e a oportunidade de testemunhar o quanto aplicamos o ensino bíblico nas nossas vidas cotidianas. Os pregadores podem ser ensinadores profissionais, o que é uma coisa boa. No entanto, não basta apenas saber o que a Bíblia ensina para que ocorram as mudanças necessárias. A transformação acontece ao aplicarmos o ensino da Palavra de Deus em meio às turbulências que se dão nos nossos relacionamentos interpessoais;

3. *O Espírito de Deus habitando em nós derrota os demônios que se levantam contra nós.* "Filhinhos, vocês são de Deus e os venceram, porque aquele que está em vocês é maior do que aquele que está no mundo" (1 João 4:4). Satanás é poderoso? Sim, ele é. Ele organizou

um exército destrutivo a nível global? Sim, ele fez isso. É bem provável que, neste exato momento, haja demônios que te conhecem, designados para tirar proveito das suas fraquezas.

Também é certo que existem anjos designados para protegê-lo. O mais importante de tudo é que você tem o Espírito de Deus vivendo em você, atuando como seu advogado de defesa. Sua presença é de valor inestimável para sua transformação. Essa verdade deve produzir confiança e aumentá-la dentro de sua alma.

Agora que tomou conhecimento dos recursos e do arsenal necessário de que precisa, você está disposto a aceitar o desafio de mudar?

Aceite o Desafio de Mudar

Muitas áreas de nossas vidas ainda não foram totalmente submetidas a Jesus Cristo. Talvez você tenha vício em alguma substância química. Ou uma língua descontrolada (ou envios de mensagens de texto). Também pode ser um sentimento de inferioridade ou dúvida. Não tenha dúvida, todos esses exemplos partem da mesma raiz, a qual nada mais é do que a tentativa orgulhosa de impedir que Deus seja o soberano de nossas vidas. Então, antes de prosseguirmos, identifique *uma* ação, não três ou quatro, que esteja disposto a se comprometer a mudar. Dê uma pausa e faça isso antes de prosseguir para o próximo parágrafo.

Seja o que for que identificou, será difícil mudar. Não seja inocente e entenda que você não pode simplesmente eliminar tal hábito só pelo fato de ser um cristão. A mudança transformadora é difícil, mas como crentes temos todos os recursos de que precisamos.

Vamos dar uma olhada em duas passagens bíblicas que são bastante instrutivas na produção de mudanças táticas, práticas e permanentes. A primeira delas é o nosso versículo-chave:

> Não se amoldem ao padrão deste mundo, mas transformem-se pela renovação da sua mente, para que sejam capazes de experimentar e comprovar a boa, agradável e perfeita vontade de Deus. (Romanos 12:2)

Nessas passagens existem duas palavras que nos ajudam a ter uma percepção aguçada sobre a transformação de vida. A primeira delas é a palavra *amoldem*. Trata-se a palavra grega *syschēmatizō*. Consegue perceber a ligação desta palavra com *esquema* em português? Essa palavra traz a ideia de modelo. Existem esquemas culturais: o materialismo, o entretenimento, o individualismo e o sensualismo. Tais valores ficam nas entrelinhas, por assim dizer. A pressão gravitacional da cultura sempre atrai esses valores, a menos que nós, propositadamente, contrabalancemos seus efeitos. Mas como fazemos isso?

Deus providenciou quatro armas para combater a influência cultural sobre nossas vidas.

1. *Escrituras.* Estudos bíblicos como este nos ajudam a refletir de maneira diferente sobre a vida. Se a Palavra de Deus não está em você, o mundo que o cerca impregnará seu modo de viver;
2. *Música.* A música passa desapercebida pelo porteiro da alma. A música de adoração exalta Deus, e nós somos envolvidos por essa força em direção a Deus. Somos elevados a lugares que desejaríamos estar. Quanto mais pesado for seu histórico, mais combustível de adoração precisará usar para atingir os lugares aonde quer chegar;
3. *Serviço.* Jesus continua a se revelar entre os menos favorecidos, a exemplo de órfãos, vítimas do tráfico e pobres. Quando tomamos posição frente a essas necessidades, demonstramos solidariedade, servindo;
4. *Comunhão.* À medida que nos reunimos para adorar, orar e proclamar a Palavra de Deus, o todo do que está sendo realizado se torna maior que a soma de cada parte. Somos transformados simplesmente nos posicionando na comunidade de fé.

Encontramos a segunda palavra em Romanos 12:2, a tão instrutiva "transformem-se". A palavra grega é *metamorphoō*, que origina a palavra *metamorfose* na língua portuguesa. Essa palavra emprestada descreve a transformação das lagartas em borboletas e dos girinos em sapos. Ela carrega uma forte conotação de transformação radical.

Podemos nos tornar pessoas completamente diferentes. Como? *Não* nos conformando.

Qual é a conclusão disso? *A transformação requer a não conformidade.* Se realmente deseja mudar sua vida, primeiramente precisa mudar de amigos. Mudança de amizades requer alteração do seu ambiente. Alterar seu ambiente exige mudança de prioridades. Para algumas pessoas, isso significa um rompimento difícil de ser feito. Outras, no entanto, precisam largar uma equipe ou o trabalho. É possível até que precisem mudar de cidade.

Tamanho sacrifício para uma reorientação tão radical valeria a pena? A resposta a essa questão envolve nossa segunda passagem, a qual nos ajuda particularmente a fazer mudanças de ordem tática, prática e permanente.

> Portanto, já que vocês ressuscitaram com Cristo, procurem as coisas que são do alto, onde Cristo está assentado à direita de Deus...
> Assim, façam morrer tudo o que pertence à natureza terrena de vocês: imoralidade sexual, impureza, paixão, desejos maus e a ganância, que é idolatria...
>
> Portanto, como povo escolhido de Deus, santo e amado, revistam-se de profunda compaixão, bondade, humildade, mansidão e paciência. Suportem-se uns aos outros e perdoem as queixas que tiverem uns contra os outros. Perdoem como o Senhor lhes perdoou. (Colossenses 3:1,5,12–13)

Precisamos remover e substituir. É assim que a transformação acontece. Deixamos morrer os velhos hábitos e adotamos novos.

De acordo com o apóstolo Paulo, há duas coisas que precisam morrer: a imoralidade sexual e a avareza. Outras coisas são incluídas na lista, mas essas duas resumem o grupo de hábitos que precisam desaparecer. O sexo e o dinheiro são entraves para o crescimento espiritual quando escapam aos limites estabelecidos. Se você disser que deseja mudar, a mudança começa aqui. Livre-se dos hábitos e das ocasiões que te conduzem a essas duas seduções sociais.

A seguir, precisamos colocar algumas virtudes em prática. O apóstolo Paulo as listou na passagem anterior. Três delas estão no topo da lista: atos de bondade (sendo as mãos de Cristo), humildade (adotando a mente de Cristo), e perdão (agindo com o coração de Cristo).

Não existem atalhos para o caminho da transformação radical. O custo é alto, geralmente excruciante. Mas não há dúvida: os benefícios são muito mais recompensadores do que o tamanho da dificuldade em fazer tal sacrifício.

Pontos-chave

- A Bíblia promete que é possível experimentar uma transformação radical;

- A força necessária para mudar é encontrada no amor de Deus, entre o povo de Deus e no Espírito de Deus;
- A transformação pessoal exige mudança de amizades, de ambientes e de prioridades, a fim de erradicar as velhas práticas e começar novas.

Esta semana

☐ **PRIMEIRO DIA:** Leia o texto da semana.

☐ **SEGUNDO DIA:** Memorize Romanos 12:2.

☐ **TERCEIRO DIA:** Leia Mateus 17:1–20.

☐ **QUARTO DIA:** Medite em Romanos 10:9–10; 2 Coríntios 5:17; 1 João 4:4.

☐ **QUINTO DIA:** Qual é o hábito que você identificou no texto acima que você precisa deixar de lado e uma virtude que você precisa colocar em prática? Compartilhe isso com um parceiro a quem você possa mais tarde testemunhar que se livrou de tal hábito.

Desafio de Superação: Memorize 1 João 4:4.

Bônus de Leitura: Tim Chester, *You Can Change*: God's Transforming Power for Our Sinful Behavior and Negative Emotions.

43

Conhecendo a Vontade de Deus

"Quem conheceu a mente do Senhor para que possa instruí-lo?" Nós, porém, temos a mente de Cristo.

—1 Coríntios 2:16

Pergunta: É possível conhecer a vontade de Deus para a minha vida?

A resposta simples é sim. Deus tem mais interesse em revelar Sua vontade para você do que você deseja conhecê-la. Na verdade, a Bíblia faz um grande esforço a fim de revelar a vontade geral de Deus.

Antes de mais nada, Ele quer que sejamos salvos. Deus "é paciente com vocês, não querendo que ninguém pereça, mas que todos cheguem ao arrependimento" (2 Pedro 3:9). Ele deseja que experimentemos vidas saudáveis e santas: "A vontade de Deus é que vocês sejam santificados: abstenham-se da imoralidade sexual" (1 Tessalonicenses 4:3). A pureza sexual é apenas um dos exemplos; Deus almeja o seu bem em cada área da sua vida. O apóstolo Paulo disse: "Alegrem-se sempre, orem continuamente, deem graças em todas as circunstâncias, pois essa é a vontade de Deus para vocês em Jesus Cristo (1 Tessalonicenses 5:16-18).

Deus deseja que você faça boas ações para assim beneficiar outros mediante uma vida de inegável testemunho: "Pois é da vontade de Deus que, praticando o bem, vocês silenciem a ignorância dos insensatos" (1 Pedro 2:15). Na verdade, algumas vezes Deus nos permite sofrer para que nosso testemunho tenha maior alcance: "É melhor sofrer por fazer o bem, se for da vontade de Deus, do que por fazer o mal" (1 Pedro 3:17).

Contudo, existe uma pequena questão acerca da vontade geral de Deus. Isso porque, diante de inúmeras decisões do dia a dia e também em tomadas de decisões mais importantes, simplesmente não sabemos o que Deus realmente quer que façamos: que conselho oferecer a um amigo, que tipo de carreira seguir ou com quem nos casar. O apóstolo Paulo frequentemente não sabia a vontade de Deus quanto ao lugar aonde ele deveria ir (Atos 18:21; Romanos 1:10; 15:32).

Como posso saber o que Deus deseja que eu faça em situações bem específicas que a Bíblia não trata de maneira direta? O conhecimento da vontade de Deus começa com um ponto abordado por Jesus: "Se alguém decidir fazer a vontade de Deus, descobrirá se o meu ensino vem de Deus ou se falo por mim mesmo" (João 7:17). Portanto, se estamos cumprindo a vontade de Deus naquilo que *sabemos* que Ele deseja para nós, a partir daí podemos descobrir sua vontade sobre o que ainda não conhecemos.

Temos a Mente de Cristo

Você consegue conceber a ideia de ser capaz de saber o que Deus está pensando? À medida que acompanha as notícias ou inicia um novo relacionamento, você não gostaria de saber qual é a perspectiva ou a opinião de Deus a respeito daquilo? O apóstolo Paulo disse que podemos saber. Não só isso, mas que podemos conhecer os profundos e escondidos pensamentos de Deus, o que vai além do extraordinário. Como isso pode ser possível? Como seria possível algum dia participar da mesma envergadura cognitiva do criador do universo?

Paulo escreveu: "Quem dentre os homens conhece as coisas do homem, a não ser o espírito do homem que nele está? Da mesma forma, ninguém conhece as coisas de Deus, a não ser o Espírito de Deus" (1 Coríntios 2:11). Sabemos que essa é a mais pura verdade. É isso que torna os primeiros encontros tão difíceis. Você fica imaginando o que a outra pessoa está pensando. É o que torna entrevistas de emprego tão intimidadoras. Os entrevistadores sorriem e apertam a sua mão, mas você não faz a menor ideia se estão impressionados com você ou se simplesmente te acham estúpido. Esse é o mesmo problema que acarreta conflitos nos casamentos e nas amizades de longa data. Estamos convencidos de que sabemos o que o outro está pensando, e muitas vezes nos enganamos redondamente. Não temos como saber com certeza o que se passa na cabeça da outra pessoa.

Ainda assim, escute o que o apóstolo Paulo diz no trecho a seguir:

> Nós, porém, não recebemos o espírito do mundo, mas o Espírito procedente de Deus, para que entendamos as coisas que Deus nos têm dado gratuitamente. Delas também falamos, não com palavras ensinadas pela sabedoria humana, mas com palavras ensinadas pelo Espírito, interpretando verdades espirituais para os que são espirituais.
> (1 Coríntios 2:12-13)

O que isso significa?

Temos aqui duas acepções que se destacam. Na primeira delas, esse acesso não está igualmente aberto para todos os cristãos. Alguns deles são salvos, contudo não têm a capacidade de pensar espiritualmente. Eles ainda têm um estilo de vida que não está em sintonia com as prioridades de Deus. Quanto mais enredados estivermos em pecados habituais, menos compreenderemos a Bíblia. Por quê? Porque o modo como lemos as Escrituras nos permite justificar o nosso próprio comportamento. Todos já fizemos isso. Gente avarenta ignora os conselhos de Jesus sobre o perigo do amor ao dinheiro. Ao encontrar-se em um relacionamento impróprio, você pula as passagens bíblicas que falam sobre pureza sexual. Quando envolvido em fofocas, você simplesmente não lê o livro de Provérbios.

A segunda acepção do texto é quanto ao nosso desconhecimento do ensino bíblico, e este é um problema bastante comum. Mas é um problema fácil de prevenir. O propósito maior deste projeto de identificar 52 textos-chaves para entender a Bíblia é uma tentativa de ajudar a corrigir o analfabetismo bíblico em nossas igrejas. Ao tomar conhecimento dos fundamentos da Palavra de Deus, nos tornamos capazes de refletir de maneira honesta se as nossas vidas encontram-se alinhadas às prioridades de Deus ou não. Se permitirmos que a mensagem bíblica nos faça refletir e alterar os nossos hábitos, então teremos a real possibilidade de ter a mente de Cristo.

Não é natural para mentes humanas caídas pensar de acordo com os pensamentos de Deus: "Quem não tem o Espírito não aceita as coisas que vêm do Espírito de Deus, pois lhe são loucura; e não é capaz de entendê-las, porque elas são discernidas espiritualmente" (1 Coríntios 2:14). Não seria surpresa para ninguém que uma pessoa do mundo ou mesmo alguém que pouco aparece na igreja não consiga ver sentido no que a Bíblia ensina. Mas isso não significa que Deus não tenha posições bem definidas ou que um cristão espiritualmente maduro não tenha acesso a tais posicionamentos. Você é *capaz* de conhecer os pensamentos de Deus. Você é *capaz* de ter a mente de Cristo.

No versículo 16, quando o apóstolo Paulo parafraseava Isaías 40:13, encontramos uma das mais admiráveis declarações bíblicas: "Quem conheceu a mente do Senhor para que possa instruí-lo?" A resposta é óbvia: ninguém! Ninguém é capaz de instruir a Deus, como se Ele precisasse da nossa opinião. Nunca faremos uma observação que faça com que Deus coloque a mão na testa e diga "Como não pensei nisso antes?"

Mas o versículo ainda não terminou. Em uma conclusão de tirar o fôlego, o apóstolo Paulo declarou: "Nós, porém, temos a mente de Cristo."

Permita-me dizer isso da maneira mais simples possível. Se você é um discípulo de Jesus Cristo, é dirigido pelo Espírito Santo e se está com sua vida alinhada às prioridades de Deus, quanto mais ler as Escrituras, mais tem possibilidades de conhecer os pensamentos de Deus. A obediência aos mandamentos de Deus resulta em maior compreensão da vontade divina. Se você deseja descobrir ainda mais a vontade de Deus, além de conhecer Sua Palavra, você também deve ajustar sua vida com o que é apresentado nela.

Não estamos dizendo com isso que você tem de ser perfeito. Obviamente, com exceção de Jesus, ninguém jamais conseguiu chegar à perfeição. Isso significa que, quanto mais colocamos em prática a Palavra de Deus, mais conheceremos Sua vontade. Por outro lado, quanto mais falharmos em observar os mandamentos que aprendemos ao estudar a Bíblia, mais acelerado será o processo que nos levará a uma condição espiritual de surdez e cegueira.

O Surgimento da Cegueira e da Surdez Espiritual

Aproximadamente no ano 740 a.C., o rei Uzias tinha acabado de falecer e a nação de Judá encontrava-se em crise. Deus tinha chamado seu povo ao arrependimento ao longo de várias gerações. A rejeição obstinada a Javé os conduzira a um caos cultural. Deus se cansou daquilo.

Ele se revelou ao profeta Isaías em uma visão impressionante. O templo foi tomado por uma cortina de fumaça, enquanto serafins acima dele proclamavam uns aos outros: "Santo é o Senhor dos Exércitos, a Terra inteira está cheia da Sua glória" (Isaías 6:3). O próprio Javé se revelou. Isaías então ouviu o chamamento de Deus: "Quem irá por nós?" Ao que Isaías respondeu: "Eis-me aqui! Envia-me" (Isaías 6:8).

Então, Deus comissionou a Isaías:

Vá, e diga a este povo:

"Estejam sempre ouvindo, mas nunca entendam; estejam sempre vendo, e jamais percebam."

Torne insensível o coração desse povo;
    torne surdos os ouvidos deles
    e feche os seus olhos.
Que eles não vejam com os olhos,
    não ouçam com os ouvidos,
e não entendam com o coração,
    para que não se convertam e sejam curados. (Isaías 6:9-10)

Deus estava chamando Isaías para cegar os olhos de Israel e fazer com que não ouvissem. Como? Por meio da pregação contínua de Deus para o arrependimento.

Três autores do Novo Testamento citam essa passagem: Jesus (Mateus 13:14–15), João (João 12:39–41) e Paulo (Atos 28:25–27). Em cada citação, foi a pregação que endureceu os corações das pessoas.

A pregação é inacreditavelmente perigosa, porque aqueles que ouvem e não obedecem tornam-se surdos. Como isso acontece? Todos conhecemos pessoas que continuam dormindo quando o despertador toca ou pessoas que vivem próximas ao aeroporto, mas que nunca ouvem o som das aeronaves. Ouvir sem prestar atenção conduz à surdez. Quando deliberadamente ignoramos as advertências de Deus, Ele nos envia outras que simplesmente tornam mais difícil prestar atenção no que é dito.

A vontade de Deus se torna clara pela obediência, mas ela se obscurece diante da desobediência. Há um momento quando o desobediente simplesmente não ouve mais, não importando o volume da voz de Deus. Muitas dessas pessoas costumam frequentar a igreja todos os domingos.

Pontos-chave

- A vontade geral de Deus é clara como o cristal, especialmente quando se refere à moralidade;
- O Espírito Santo revela a vontade de Deus a todos aqueles que obedecem à Sua Palavra;
- A desobediência nos impede de contemplar a vontade de Deus, da mesma maneira que a pregação nos deixa surdos.

Esta semana

- [ ] **PRIMEIRO DIA:** Leia o texto da semana.
- [ ] **SEGUNDO DIA:** Memorize 1 Coríntios 2:16.
- [ ] **TERCEIRO DIA:** Leia Atos 17-18.
- [ ] **QUARTO DIA:** Medite em Isaías 6:9–10; João 7:17; Colossenses 1:9.
- [ ] **QUINTO DIA:** Faça a seguinte oração por você mesmo: "não deixamos de orar por vocês e de pedir que sejam cheios do pleno conhecimento da vontade de Deus, com toda a sabedoria e entendimento espiritual" (Colossenses 1:9).

Desafio de Superação: Memorize Isaías 6:9–10.

Bônus de Leitura: Henry Blackaby, Richard Blackaby e Claude King, *Experiencing God*: Knowing and Doing the Will of God.

44

A Ressurreição

E, se Cristo não ressuscitou, é inútil a nossa pregação, como também é inútil a fé que vocês têm.

—1 Coríntios 15:14

Pergunta: Jesus realmente ressurgiu dos mortos?

A ressurreição é a pedra fundamental do cristianismo. Se Jesus não tivesse ressuscitado dentre os mortos, o cristianismo desmoronaria.

O apóstolo Paulo destacou bem isso em nosso versículo-chave. Então, ao inquirir se Jesus ressurgiu dos mortos, nos deparamos com a questão central que precisa ser respondida para que possamos determinar se a fé em Cristo está bem fundamentada ou se ela não passa de uma farsa.

Para tanto, abordaremos duas questões extremamente importantes: (1) Por que eu deveria crer que Jesus ressuscitou dos mortos? (2) E, se isso for verdade, por que é importante?

Por que Eu Deveria Crer que Jesus Ressuscitou dos Mortos?

Os quatro fatos que apresentaremos a seguir são afirmações feitas por praticamente todo historiador que estudou o mundo do primeiro século da era cristã. Se os fatos são todos verdadeiros, a ressurreição de Jesus é a única explicação para aquilo que cada um deles afirmou.

1. *Jesus de Nazaré foi executado por crucificação.* Esse é o testemunho unânime não apenas dos autores bíblicos (Mateus, Marcos, Lucas, João, Paulo, Pedro e o autor de Hebreus), mas também dos historiadores antigos, como Josefo[1] e Tácito.[2] Se os líderes judeus concluíram que Jesus era uma ameaça, eles certamente o teriam entregado ao governador romano a fim de executá-lo.

   De acordo com todos os quatro evangelhos, José de Arimateia, um membro do sinédrio, o conselho dos judeus em Jerusalém, providenciou um túmulo para o sepultamento de Jesus. Esse ato de piedade foi mais tarde relembrado pelo apóstolo Paulo (Atos 13:29; 1 Coríntios 15:4). Caso essa história tenha sido fabricada, teria sido bastante ousado, até mesmo arriscado, declarar que um membro do sinédrio tenha simpatizado com Jesus e ainda fazer tal declaração quando aquelas pessoas ainda viviam. Na hipótese de José de Arimateia não ter realmente feito o que os evangelistas declararam, seria óbvio que sua família haveria de exigir reparações legais diante de tal afirmação;

2. *A sepultura estava vazia.* Um número pequeno de críticos tentou negar que a sepultura estava vazia, embora o testemunho unânime da Bíblia afirme isso. Portanto, aqueles poucos detratores precisam explicar porque nunca houve qualquer veneração da sepultura de Jesus. Face à prática judaica de honrar as sepulturas dos profetas, isso seria incompreensível se o túmulo não estivesse vazio.

   Some-se a isso o fato de que a ressurreição corporal de Jesus era a doutrina central da igreja primitiva. Seria inconcebível admitir que a igreja cristã, iniciada na exata cidade onde Jesus fora executado, teria feito qualquer avanço se a sepultura estivesse então ocupada pelo corpo de Jesus. Não há dúvida que alguém apresentaria o corpo e acabaria com o movimento já no seu início.

   Alguém pode supor que a experiência dos apóstolos seria ou uma alucinação ou um tipo de visão que não precisava que a sepultura estivesse vazia. Contudo, não existe praticamente nenhum exemplo de judeus ou quem quer que fosse que tivesse manifestado algo semelhante a isso, nem mesmo falando sobre qualquer ressurreição "espiritual" ou "mística". A ressurreição sempre fez referência ao levantar de um corpo morto. É claro que pessoas tiveram visões e sonhos, mas eles foram identificados como visitações angelicais, como ocorreu em Atos 12:14–15, e nunca como uma ressurreição.

Em outras palavras, o túmulo vazio é um pré-requisito para qualquer tipo de proclamação ou crença envolvendo a ressurreição de Jesus.

O argumento inicial contra a ressurreição estava relacionado a um túmulo vazio. Mateus registrou a história dos guardas relatando que os discípulos tinham roubado o corpo de Jesus (28:11–15). O problema não é verificar qual lado estaria falando a verdade, mas quem iniciou o rumor e por quê. Dificilmente esse tipo de relato teria sido inventado pelos cristãos, porque isso desnecessariamente os comprometeria no envolvimento de um ato criminoso. Além do mais, tirar o corpo do lugar profanaria o honorável sepultamento de Jesus, portanto, nenhum cristão se arriscaria a levar a culpa por tal ato. E quanto aos soldados romanos? Considerando que eles poderiam ser executados por terem perdido seu "prisioneiro", não é plausível pensar que eles tivessem inventado tal história.

Mateus nos conta que essa narrativa nasceu dos chefes dos sacerdotes e anciãos (versículos 11–13). É razoável concluir que o túmulo vazio foi o que os motivou a dizer aquilo. Caso tivesse algum corpo naquele túmulo, não haveria qualquer necessidade de acusar os discípulos de terem roubado o corpo.

Todos os indícios apontam para o fato de que o túmulo estava de fato vazio;

3. *Os apóstolos acreditavam que Jesus tinha aparecido a eles em um corpo material.* Talvez os discípulos tivessem se enganado, mas eles estavam definitivamente convencidos de que Jesus ressuscitara (Mateus 28:9; Lucas 24:36–43; João 20:27). Essa crença transformou a vida deles.

Pontos adicionais ainda precisam ser mencionados. Em primeiro lugar, a cultura greco-romana considerava o corpo uma prisão da alma, portanto, nunca desejaram a ressurreição. Homero e Ésquilo negaram a possibilidade da ressurreição.[3] Ocorre que os cristãos estavam pregando a ressurreição como principal doutrina em um contexto cultural no qual ela não era esperada nem mesmo desejada (Atos 17:32; 1 Coríntios 1:22–23).

Por outro lado, os judeus, muitos dos quais acreditavam na ressurreição, geralmente a interpretavam como física e corporal e como algo que ocorreria no fim dos tempos. Consequentemente, embora a visão cristã da ressurreição pudesse progredir somente em um contexto judeu, ela era completamente diferente do entendimento predominante no judaísmo em alguns aspectos consideráveis: (1) a ressurreição foi individual (Jesus) e não nacional; e (2) foi no transcorrer da história, e não no seu fim. Então, pela primeira vez a ressurreição se tornou a comprovação de que Jesus era o Messias. E, como tal, era considerado elemento central no contexto da igreja.

Essa importante teologia nova acerca da ressurreição requer explicação. Os discípulos não poderiam fabricar uma nova visão de mundo sem uma forte fundamentação que a comprovasse.

Além disso, sejam quais forem as experiências que os discípulos tenham tido, ou pensado terem tido, as mesmas os levaram a concluir que Jesus tinha ressuscitado, e essa conclusão transformou radicalmente suas vidas. Pedro passou de um covarde (Mateus 26:69–75) a um notável pregador (Atos 2:14–40). Tiago, o meio-irmão de Jesus, antes um crítico inveterado (João 7:1–9) tornou-se um dos principais líderes da igreja de Jerusalém (Atos 15:13; 21:18; Gálatas 2:9). Tomé, a princípio um cético, transformou-se em um adorador (João 20:24–28), com sua declaração significativa acerca da deidade de Jesus: "Senhor meu e Deus meu" (versículo 28). Então, há Paulo, aquele que se transformou de principal perseguidor da igreja no seu mais efetivo propagador (Gálatas 1:11–16; 1 Coríntios 9:1; 15:8–10).

Ou seja, aconteceu algo muito extraordinário com esses homens para fazer com que suas vidas fossem transformadas de maneira tão radical;

4. *A igreja cristã foi fundada.* Todo movimento judeu iniciado no primeiro século morreu com seu fundador ou continuou somente sob a liderança do seu parente mais próximo. Com Jesus, no entanto, temos um líder messiânico, que foi preso e então crucificado, a punição mais vergonhosa que havia. Tal fato destruiu qualquer esperança de que Jesus fosse o homem que os líderes judeus considerariam como Messias (Lucas 24:21). Mesmo assim, cinquenta dias mais tarde, a igreja explodiu na mesma cidade onde Jesus tinha sido executado. Além disso, a pavorosa cruz tornou-se o ponto central do movimento todo. Como alguém poderia explicar a celebração da Ceia do Senhor, um ritual no qual os cristãos participavam da carne e do sangue de Jesus? Quem haveria de rememorar a morte do Messias com tal símbolo canibalístico?

Da mesma forma, a prática do batismo, simbolizando a morte, sepultamento e ressurreição de Jesus (Romanos 6:4-5) teria de ter uma origem razoável. A maneira como era praticado o batismo não apenas pressupõe a crença na ressurreição, como também representa uma substituição da circuncisão (Colossenses 2:11–12), um dos mais valiosos símbolos do judaísmo. Seria muito difícil superestimar a significância para essa substituição. Seria como se uma das nossas igrejas colocasse uma imagem de Buda na cruz.

Além disso, o que teria feito com que um grupo de judeus alterasse tão radicalmente a prática que era tão valorizada e permanente, a guarda do *Sabbath*, o sábado, e instituir o culto de adoração aos domingos? Para um povo mergulhado na tradição de mais de 15 séculos, tal mudança poderia produzir um efeito semelhante a um tsunami na esfera espiritual.

Havia algo lá que poderia produzir grande mudança de vida capaz de transformar o mundo.

O que poderia explicar isso tudo?

Muitos têm tentado encontrar explicações alternativas para a ressurreição física de Jesus. No entanto, os quatro fatos apresentados aqui desafiam qualquer outra explicação. Você pode descansar seguro quanto à realidade da ressurreição de Jesus Cristo.

E, sendo isso verdade, por que importa?

Por que a Ressurreição de Jesus é Importante?

Embora a cruz seja o símbolo central da fé cristã, a ressurreição é o ponto central do ensinamento bíblico (Atos 2:22–36; 4:2,33; 23:6; Romanos 1:4; 6:5; 1 Coríntios 15; Efésios 1:20; 2:4–7; Filipenses 3:10–11; 1 Tessalonicenses 4:13– 18; 1 Pedro 3:18–22). Veja a nossa declaração de fé: "Se você confessar com a sua boca que Jesus é Senhor e crer em seu coração que Deus o ressuscitou dentre os mortos, será salvo" (Romanos 10:9). O apóstolo Paulo proclamou o relato da ressurreição como herança de seus predecessores (1 Coríntios 15:3–4). Por que a ressurreição representa a doutrina central da fé cristã?

1. Jesus *completou* sua obra, cumprindo a profecia (Salmo 16:8–11; Isaías 53:8–10; veja também Oseias 6:2). Podemos acreditar na sua autorrevelação e obedecer aos seus ensinamentos porque ele derrotou

a morte (Romanos 6:9; 1 Coríntios 15:20,55–57) e determinou nossa justificação (Romanos 4:25);

2. Jesus está *exaltado* à direita de Deus (Atos 2:32–33; Efésios 1:20–21), provando ele mesmo ser "Senhor e Cristo" (Atos 2:36) e o próprio Filho de Deus (Romanos 1:4). Desta forma, Jesus é a pedra angular da igreja e a fonte única da vida eterna (Atos 4:10–12);

3. Temos um *advogado* à direita de Deus, nos defendendo perante Deus (Romanos 8:31–39). Assim sendo, Jesus concede o arrependimento e o perdão (Atos 5:30–31; 13:38). Portanto, não há razão para temermos o juízo divino (João 5:28–29; Atos 17:31);

4. Temos *comunhão* com Jesus em seus sofrimentos e morte (Romanos 6:4–5; Colossenses 2:12; Filipenses 3:8–11). Assim, estamos mortos para o pecado (Romanos 6:6–14), para a lei (Atos 13:37–39; Romanos 7:1–5; 8:1–4) e para os valores e coisas deste mundo (Colossenses 3:1–2; Romanos 8:5);

5. Temos *poder* mediante o Espírito Santo (João 14:26; Atos 2:33), que nos encoraja a proclamar o evangelho (Atos 1:8; 4:31);

6. Temos *esperança* (1 Coríntios 15:19–20; 1 Pedro 1:3). Se Jesus ressuscitou, nós também podemos ressuscitar, não apenas da morte, mas também para estar à mão direita de Deus (Efésios 2:6). De acordo com 1 Coríntios 15:40–54, os nossos novos corpos serão semelhantes ao corpo de Jesus: celestiais, incorruptíveis, glorificados, poderosos, espirituais, alterados instantaneamente e imortais. Nós nos tornamos coerdeiros com Cristo (Romanos 8:17) e governaremos com Ele (Apocalipse 20:6).

A ressurreição de Jesus é importante? Nada importa mais do que isso! Além disso, a nossa fé está fundada em evidência histórica, no cumprimento profético e no testemunho de milhões de pessoas que tiveram suas vidas transformadas pelo Cristo ressurreto.

Pontos-chave

- A ressurreição de Jesus é o coração do cristianismo;
- Existem quatro fatos que não se explicam se excluirmos a ressurreição de Jesus;
- Em decorrência da sua ressurreição, Jesus está entronizado e nós estamos capacitados.

Esta semana

☐ **PRIMEIRO DIA:** Leia o texto da semana.

☐ **SEGUNDO DIA:** Memorize 1 Coríntios 15:14.

☐ **TERCEIRO DIA:** Leia Marcos 16 e João 11.

☐ **QUARTO DIA:** Medite em Ezequiel 37:1–14; João 11:25; 20:1–31.

☐ **QUINTO DIA:** Selecione um dos seis pontos acima mencionados que deve causar maior impacto em sua vida. Como esta verdade mudaria suas ações e pensamentos?

Desafio de Superação: Memorize João 11.25.

Bônus de Leitura: Gary R. Habermas and Michael R. Licona, *The Case for the Resurrection of Jesus.*

45

Graça

Pois vocês são salvos pela graça, por meio da fé, e isto não vem de vocês, é dom de Deus.

—Efésios 2:8

Pergunta: O que precisamos fazer para alcançar a salvação?

Cada religião tem sua própria resposta à questão: O que precisamos fazer para alcançar a salvação? Algumas delas encorajam o sacrifício como meio de alcançá-la, outras indicam o serviço e ainda há aquelas que destacam a purificação ou a meditação como meio de atingir este fim. Todos esses meios têm em comum a aplicação de esforço humano para alcançar o favor divino. Quando pessoas batem à porta das casas segurando folhetos nas mãos, elas podem estar com essa motivação, assim como aquelas que fazem caridade, se autoflagelam ou confessam um erro e restituem. O traço comum entre cada uma dessas ações é o esforço humano para atingir o padrão de Deus.

A Graça é a Salvação de Deus

Somente o cristianismo vai em direção contrária à ideia do esforço do homem para agradar a Deus. O cristianismo afirma que Deus desceu até nós, em vez de termos de fazer uma escalada a fim de alcançá-lo. Ou seja, a salvação é uma oferta mediante o sacrifício de Jesus, portanto, ela não é uma realização resultante do esforço humano. Logicamente, esse é o único caminho para estar seguro quanto à salvação. Afinal de contas, como o ser humano pode alcançar Deus?

Dentre todos os autores do Novo Testamento, Paulo foi quem melhor esclareceu esse assunto. Vamos dar uma olhada em alguns excertos de seu mais notável tratado sobre a graça, a carta aos Romanos: "Pois todos pecaram e estão destituídos da glória de Deus, sendo justificados gratuitamente por sua graça, por meio da redenção que há em Cristo Jesus" (Romanos 3:23-24). "Tendo sido, pois, justificados pela fé, temos paz com Deus, por nosso Senhor Jesus Cristo, por meio de quem obtivemos acesso pela fé a esta graça na qual agora estamos firmes; e nos gloriamos na esperança da glória de Deus" (Romanos 5:1-2). "Pois o pecado não os dominará, porque vocês não estão debaixo da lei, mas debaixo da graça" (Romanos 6:14). "E, se é pela graça, já não é mais pelas obras; se fosse, a graça já não seria graça" (Romanos 11:6).

Com essas breves passagens, podemos ver claramente o coração da fé cristã, ou seja, somos salvos pela Graça de Deus, não pelo nosso próprio esforço.

Embora o apóstolo Paulo seja quem domine o assunto da graça, ele não está sozinho. Pedro afirmou o mesmo. Durante um debate com alguns judeus convertidos ao cristianismo, os quais tentavam impor a circuncisão como um pré-requisito para a salvação, o apóstolo Pedro concluiu sua argumentação com as seguintes palavras: "Cremos que somos salvos pela graça de nosso Senhor Jesus, assim como eles também" (Atos 15:11). Nessa mesma direção, Tiago, o irmão de Jesus, oficializou o debate confirmando o posicionamento do apóstolo Pedro e declarando a posição oficial da igreja, de que a salvação é unicamente pela graça (Atos 15:13-19).

A Graça é um Sistema Social

A declaração mais clara sobre a salvação pela graça por meio da fé foi feita por Paulo em sua pequena epístola aos Efésios. Trata-se de uma daquelas declarações de fé digna de ficar permanentemente exposta na fachada de uma igreja:

> Pois vocês são salvos pela graça, por meio da fé, não por obras, para que ninguém se glorie. Porque somos criação de Deus realizada em Cristo Jesus para fazermos boas obras, as quais Deus preparou de antemão para que nós as praticássemos. (Efésios 2:8-10)

Apesar dessa descrição da salvação ser seu registro mais claro, ela também apresenta um paradoxo. A passagem declara que somos salvos pela graça mediante a fé, mas também afirma que fomos criados para as boas obras. Sendo assim, a seguinte questão emerge: Qual é a relação entre graça, fé e obras?

Melhor dizendo, se somos salvos pela graça somente, por que teríamos de realizar boas obras?

As obras representam o resultado da salvação, não a sua causa. Essa é a resposta mais simples à pergunta acima. Aquilo que realizamos para Cristo é um subproduto da nossa salvação, não é o que a fundamenta.

Existe um cenário social que ajuda a descrever a salvação retratando o relacionamento existente entre fé, graça e obras. No contexto econômico do mundo antigo, cerca de 2% da população controlava praticamente todos os bens e serviços. Eles eram chamados de senhores. Esses senhores contratavam funcionários (ou escravos) para trabalhar na casa deles, tais como médicos, advogados, professores e artistas. Tais funcionários eram chamados de serviçais, os quais representavam aproximadamente 5% da população. Enquanto isso, aqueles que trabalhavam fora da casa, os trabalhadores braçais, agricultores, artesões etc., eram chamados de fidelizados. Esse grupo representava aproximadamente três quartos da população, portanto, sua maioria. Então, sobrava aproximadamente 15% dos "excluídos", aqueles que desempenhavam as ocupações mais inferiores, como mineiros, prostitutas, coveiros, e que tinham uma curta vida útil.

Esses senhores, serviçais e fidelizados tinham papéis sociais e responsabilidades claramente definidas. A responsabilidade do senhor era fornecer os recursos que garantisse o sustento dos seus fidelizados, como o trabalho, casa, terra, assistência médica e assistência jurídica. O total de gratificações fornecidas pelo senhor era chamado de "graça".

A tarefa dos serviçais era contribuir com a ampliação da influência do senhor. Os serviçais eram evangelistas responsáveis pela conquista de novos fidelizados. Mas qual seria a razão dos senhores desejarem mais fidelizados se eles tinham de dar constantes gratificações? Haveria viabilidade econômica nesse fornecimento de benefício aos fidelizados? Sim, certamente havia. Contudo, no mundo antigo, as riquezas não representavam o bem mais invejado. A *honra* era o bem de maior valor. Quanto mais fidelizados um senhor era capaz de sustentar, mais honra ele tinha dentre os membros da comunidade.

Os fidelizados, por outro lado, tinham um único propósito principal que era honrar seu senhor. Seu único trabalho consistia em aumentar a fama de seu senhor. Se ele estivesse concorrendo a um cargo eletivo, eles iam atrás do seu senhor, promovendo sua campanha. Se ele estivesse colhendo um campo, eles deveriam ajudar no serviço da colheita. Se ele estivesse falando para uma multidão, eles se reuniam e cantavam em seu louvor. Então, enquanto o senhor não mencionava de novo as gratificações que eram distribuídas, o fidelizado nunca deixava, sempre que possível, de mencionar cada graça que dele já tinha recebido.

Havia uma palavra que os gregos usavam para descrever tal lealdade dos fidelizados para com seus senhores. Essa palavra era *fé*, provavelmente uma melhor tradução seria "fidelidade".

Por isso a declaração do apóstolo Paulo: "Pois vocês são salvos pela graça, por meio da fé [fidelidade]" (versículo 8), a qual serve para descrever Jesus como o Senhor e nós como seus fidelizados. Resumindo, o nosso papel como cristãos é fazer o que estiver ao nosso alcance para honrar Jesus.

A Graça é o Nosso Serviço

Os nossos esforços em tornar Jesus conhecido implicam em expandir a graça de Deus a outros potenciais fidelizados. Sendo assim, o nosso serviço é um ato de graça. É por isso que os nossos dons espirituais são denominados graça: "Temos diferentes dons, de acordo com a graça que nos foi dada. Se alguém tem o dom de profetizar, use-o na proporção da sua fé" (Romanos 12:6). Pedro afirmou praticamente a mesma coisa: "Cada um exerça o dom que recebeu para servir aos outros, administrando fielmente a graça de Deus em suas múltiplas formas" (1 Pedro 4:10). O apóstolo Paulo descreve a seu próprio ministério com um ato de graça: "Certamente vocês ouviram falar da responsabilidade imposta a mim em favor de vocês pela graça de Deus... Deste me tornei ministro pelo dom da graça de Deus, a mim concedida pela operação de seu poder" (Efésios 3:2,7).

E mais uma coisa. A graça não é simplesmente o nosso serviço que prestamos em benefício dos outros. Ela faz referência ao próprio caráter manifestado em nosso modo de viver que inevitavelmente resulta em atos de graça direcionados às outras pessoas.

Veja como isso funciona: Deus nos presenteou com a graça, assim sendo, nos tornamos pessoas agraciadas que praticam atos graciosos em benefício dos outros. A graça se tornou nossa própria natureza. Não é conquistada por meio das nossas ações, mas a recebemos mediante Jesus (2 Coríntios 12:9; 1 Pedro 1:13).

A partir dessa concepção, *graça* traz a conotação de "favor" ou "bênção". A graça é o que uma pessoa entrega à outra, que a aceita como um amigo. Dessa maneira, Deus nos tornou seus amigos e fidelizados nos presenteando com seus benefícios (João 1:16–17; Atos 11:23; 15:40; 1 Coríntios 1:4; 2 Coríntios

8:1–2; 9:8; Efésios 1:6–7; 2 Tessalonicenses 1:12; Tiago 4:6; 1 Pedro 5:5,10). Essa graça significa que temos um relacionamento certo com Deus. E, como tal, carrega o sentido de "filiação à igreja" mediante o relacionamento com Jesus (Atos 13:43; Romanos 5:2; 6:14–15; 1 Coríntios 15:10; 2 Coríntios 13:14; Gálatas 5:4; 2 Tessalonicenses 2:16; 1 Timóteo 1:14; 2 Pedro 3:18). Nesse sentido, a graça se aproxima mais com a eleição de Deus do que com os nossos esforços (Romanos 11:5–6; Gálatas 1:15; Efésios 4:7; 2 Timóteo 1:9).

Graça é uma Saudação

Encontramos uma particularidade no Novo Testamento que é fácil passar despercebida. *Graça* se tornou uma saudação cristã tão comum que é encontrada no início e no encerramento de todas as cartas do Novo Testamento, com raras exceções. Aqui temos um exemplo típico dessa forma de render saudação: "A vocês, graça e paz da parte de Deus, nosso Pai, e do Senhor Jesus Cristo." A combinação de *graça* e *paz* é utilizada como um dispositivo sociológico fascinante. Observe que, antes mesmo de *graça* ter se tornado um termo teológico, uma forma similar desta palavra era comumente usada como saudação entre os romanos e os gregos. Era possível ouvir um nobre cavalheiro cumprimentando outro com essa mesma palavra em cada praça pública do império romano. Ela era usada como uma forma de expressão desejando saúde e bênçãos, a exemplo do nosso "Tenha um bom dia". *Paz*, por outro lado, era uma salva comum entre os judeus. O termo é uma tradução da palavra hebraica *shalom*. Essa rica expressão era um desejo de saúde, plenitude, paz e bênçãos. Era um termo carregado de sentido teológico ouvido em toda sinagoga.

A igreja de Jesus Cristo uniu as saudações que eram comuns no mundo greco-romano e no judeu, exatamente porque eram dois mundos agora unidos por Jesus. Além disso, o completo peso teológico dos dois termos foi incorporado nos cumprimentos comuns entre os cristãos.

Existe uma lição a ser considerada nesta prática. A graça é um conceito tão central para os cristãos, que o incorporamos na conversação do dia a dia. Como seguidores de Jesus, usamos uma linguagem comum, em aplicações incomuns, a fim de tornar o extraordinário ato da graça de Deus disponível a todas as pessoas que fazem parte do nosso círculo de influência. A graça como um cumprimento é um forte exemplo de como Jesus pode se tornar parte integrante do nosso cotidiano. Para os cristãos, a linguagem é santificada pelo evangelismo. Conferindo sentido às palavras, criamos a possibilidade de infundir em cada conversa sentidos que podem alterar o destino eterno de uma alma.

Pontos-chave

- A graça é o que distingue o cristianismo das outras religiões;
- A salvação pela graça por meio da fé reflete diretamente no sistema social senhor-fidelizado;
- As nossas boas obras brotam da nossa fidelidade a Jesus, o nosso Senhor de toda a graça.

Esta semana

☐ **PRIMEIRO DIA:** Leia o texto da semana.

☐ **SEGUNDO DIA:** Memorize Efésios 2:8.

☐ **TERCEIRO DIA:** Leia Lucas 15.

☐ **QUARTO DIA:** Medite em Atos 15:11; Romanos 3:23–24; 10:13.

☐ **QUINTO DIA:** Pense em uma coisa que você pode fazer ao longo desta semana, em um período de trinta minutos, e que possa tornar Jesus mais conhecido.

Desafio de Superação: Memorize Romanos 3:23.

Bônus de Leitura: Philip Yancey, *Maravilhosa Graça*.

46

Unidade

> Há um só corpo e um só Espírito, assim como a esperança para a qual vocês foram chamados é uma só; há um só Senhor, uma só fé, um só batismo, um só Deus e Pai de todos, que é sobre todos, por meio de todos e em todos. E a cada um de nós foi concedida a graça, conforme a medida repartida por Cristo.
>
> —Efésios 4:4-7

Pergunta: O que podemos fazer para unificar a igreja?

Um dos últimos pedidos em oração que Jesus fez foi pela unidade da igreja.

> Minha oração não é apenas por eles. Rogo também por aqueles que crerão em mim, por meio da mensagem deles, para que todos sejam um, Pai, como tu estás em mim e eu em ti. Que eles também estejam em nós, para que o mundo creia que tu me enviaste. (João 17:20-21)

Essa oração feita por Jesus ainda não foi respondida. Existem, no sentido literal da palavra, centenas de denominações cristãs, o que é um tanto embaraçoso. Como promover a unidade da igreja?

As Formas de Unidade

Muitas pessoas defendem a unidade organizacional da igreja. A partir de princípios de liderança, eles procuram unir as estruturas organizacionais de várias denominações. Já outros, por meio de discussões teológicas, procuram promover a unidade da igreja por meio da doutrina. Para estes, se houver acordo sobre o sentido do ensino bíblico, poderíamos ter um ministério alinhado. Para dizer a verdade, esse não é um bom começo. Não se evidencia, no pedido de Jesus, nenhuma intenção de unidade organizacional, tampouco uniformidade ideológica. Em vez disso, Sua oração visava a nossa unidade *relacional*: "para que todos sejam um, Pai, como tu estás em mim e eu em ti" (João 17:21). Essa unidade pode realmente ser atingida, e Efésios 4 nos diz como: por meio dos dons espirituais.

A igreja primitiva se espalhou pelo Império Romano, que era bastante dividido entre etnias, distâncias geográficas, gêneros e alinhamento político. A igreja de Jesus Cristo foi a única organização que conseguiu romper todos esses limites. Aquilo que parecia impossível se tornou perfeitamente viável quando os cristãos fizeram de Jesus o Senhor de todos. O apóstolo Paulo afirmou que "não há judeu nem grego, escravo nem livre, homem nem mulher; pois todos são um em Jesus Cristo" (Gálatas 3:28). Essa declaração não se tratava de idealismo, ela refletia a realidade. O ponto central desse versículo é a distribuição dos dons espirituais a cada cristão, para que cada um pudesse exercitá-los visando o benefício de todo o corpo.

Os Dons Espirituais no Novo Testamento

Todos nós já ouvimos falar sobre os dons espirituais. Você já percebeu que cada passagem bíblica que lista os dons está ligada à unidade da igreja?

Romanos 12:6–8; 1 Coríntios 12:4–10,28; e Efésios 4:11 são as passagens principais e relacionam um total de dezesseis dons espirituais. Cada passagem é uma argumentação defendendo a unidade da igreja mediante o uso dos cristãos, de seus dons espirituais. A declaração mais clara a respeito disso encontra-se em Efésios 4:4-7, o nosso versículo-chave.

O propósito principal dos dons espirituais é promover a unidade do corpo de Cristo. Então, quais são esses dons?

Antes de mencionar cada um dos 16 dons citados nas Escrituras Sagradas, vamos deixar estabelecido um princípio importante: *os dons espirituais são habilidades concedidas pelo Espírito Santo a cada cristão visando o benefício do corpo de Cristo*. Alguns desses dons são miraculosos, tais como a profecia, a operação de milagres, o dom de curar e o dom de línguas. Entretanto, a maioria dos dons são habilidades consideradas naturais, como o dom do ensino, administração, contribuição e da misericórdia.

Embora alguns dons possam ser dados após a salvação, a maioria deles é concedida no nascimento. São habilidades inatas que o indivíduo tem, as quais são transformadas em dons espirituais; não no momento que o Espírito Santo os concede, mas quando nós os devolvemos a Deus ao utilizá-los no serviço da igreja. É importante destacar que as nossas habilidades naturais se tornam dons espirituais quando são exercitadas e não quando recebidas.

Sendo assim, temos aqui os 16 dons relacionados nestas passagens. Leia a lista toda para ver se você consegue identificar as habilidades que tem e que você poderia utilizar para o benefício do corpo de Cristo:

1. *Ensino*: capacidade espiritual de explicar e fazer aplicação da verdade (Romanos 12:7; 1 Coríntios 12:28; Efésios 4:11);
2. *Serviço*: auxiliar as pessoas no suprimento de suas necessidades (Romanos 12:7; 1 Coríntios 12:28);
3. *Administração*: supervisionar a execução dos assuntos relacionados à igreja (Romanos 12:8; 1 Coríntios 12:28);
4. *Evangelista*: pessoa com uma capacidade especial de apresentar a mensagem do evangelho aos não salvos (Efésios 4:11);
5. *Pastor*: cuida, protege, lidera e alimenta as ovelhas (Efésios 4:11);
6. *Exortação*: pregação prática, e às vezes específica, que chama a igreja à ação (Romanos 12:8);
7. *Contribuição*: habilidade e desejo de contribuir para o bem da igreja (Romanos 12:8);
8. *Misericórdia*: confortar aqueles que estão doentes, aflitos ou marginalizados (Romanos 12:8);
9. *Fé*: habilidade de acreditar na palavra de Deus e confiar nele para as necessidades diárias e nas provações (1 Coríntios 12:9);
10. *Discernimento de espíritos*: percepção de motivos, atitudes e propósitos de outra pessoa (1 Coríntios 12:10);
11. *Apóstolo*: alguém que é enviado com um comissionamento (1 Coríntios 12:28; Efésios 2:20; 4:11). A princípio, esse dom estava diretamente relacionado ao que foram os Doze Apóstolos para os filhos de Israel (Mateus 10:2–4; Atos 1:20–26) e o apóstolo Paulo para os gentios (Romanos 11:13);
12. *Profecia*: falando de forma categórica, é a revelação recebida diretamente de Deus (Romanos 12:6; 1 Coríntios 12:10,28; 14; Efésios 4:11);

13. *Milagres*: habilidade de alterar eventos ou processos naturais (1 Coríntios 12:10,28);
14. *Cura*: habilidade de restaurar a saúde do corpo físico de uma pessoa (1 Coríntios 12:9,28);
15. *Dom de línguas*: habilidade de falar em uma língua a qual nunca estudou nem adquiriu de maneira natural (1 Coríntios 12:10,28; 14:1–27);
16. *Interpretação de línguas*: habilidade de interpretar uma língua não conhecida para a língua nativa (1 Coríntios 12:10; 14:26–28).

Descobrindo e Exercitando Seu Dom Espiritual

Você identificou qual é o seu dom espiritual na lista acima? Muitos ainda não descobriram. Caso nenhum daqueles 16 dons combine com seu perfil pessoal, isso não significa que você não tenha um dom para contribuir com o corpo de Cristo. As listas de dons na Bíblia nunca são exaustivas, e sim listas representativas que retratam uma realidade. Da mesma maneira, as listas de pecados apresentadas nas epístolas paulinas, mais do que pecados em si, revelam tipos de comportamentos que deveríamos evitar. O mesmo ocorre nas relações que apresentam qualificações requeridas para anciões e diáconos em 1 Timóteo 3 e Tito 1, apontando para o perfil adequado do candidato para o posto, portanto, não se resumindo a testes positivos que alguém teria de passar.

Esse princípio sugere que algumas habilidades concedidas pelo Espírito Santo, visando o benefício da igreja, podem estar ausentes dessas relações. Encontramos um exemplo disso no registro do primeiro dom espiritual, o qual foi dado a Besaliel, homem que foi encarregado da construção do tabernáculo:

> Eu escolhi a Besaliel, filho de Uri, filho de Hur, da tribo de Judá, e o enchi do Espírito de Deus, dando-lhe habilidade e inteligência, conhecimento e destreza, e plena capacidade artística para desenhar e executar trabalhos em ouro, prata e bronze, para talhar e esculpir pedras, para entalhar madeira e executar todo tipo de obra artesanal. (Êxodo 31:2–5)

Se Besaliel estivesse vivo hoje em dia, certamente ele seria contratado pelas maiores empresas de decoração de interiores. (É um dom espiritual!)

Da mesma forma, o Rei Davi foi dotado de uma capacidade especial na área da música (1 Samuel 16:23), um tipo de dom que não é encontrado nas relações do Novo Testamento. Salomão fala no livro de Provérbios que o "coração bem disposto é remédio eficiente" (Provérbios 17:22), mas humor não aparece em nenhuma listagem. O mesmo ocorre com o aconselhamento, uma habilidade incrivelmente valiosa no contexto da igreja, que também não se observa nas relações de dons. Artistas, encanadores, contadores, advogados, especialistas em RH, relações públicas e em TI, todas essas habilidades são inestimáveis no contexto da igreja, ainda que nenhuma delas esteja inclusa nas listas apresentadas pela Bíblia. Portanto, nenhuma das relações de dons é exaustiva, muito embora seja suficientemente completa para nos informar a natureza de cada dom necessário à edificação da igreja.

Diante do que foi apresentado, chegamos a um ponto importante: Como posso saber qual é o meu dom espiritual se o mesmo não se encontra em nenhuma das relações bíblicas? Essa questão pode soar misteriosa e complicada. Mas não o é. A resposta está em três passos bem simples: (1) ande em uma sala, (2) olhe em volta e (3) veja o que é necessário ser feito que você poderia, alegremente, fazer com excelência. *Este é o seu dom espiritual.*

Ou talvez devamos esclarecer que, talvez seja este seu dom espiritual, se, contudo, você o consagrar ao Espírito Santo e permitir que Ele o guie na aplicação desta habilidade de forma a servir aos outros. Uma das distinções do dom espiritual é que ele sempre é aplicado em benefício de outrem. Embora o apóstolo Paulo tivesse o dom de curar, não observamos que ele tenha exercido esse dom para curar a si próprio. Também não observamos cristãos com dom de contribuição sendo generosos para si mesmos. É improvável encontrarmos um pregador ou um professor, posicionado sozinho à frente de uma sala de aula, ensinando a si mesmo. Por quê? A principal razão para isso decorre do propósito de que cada dom espiritual tem como fim tanto o benefício dos outros quanto um mecanismo de unidade.

Os dons espirituais existem para serem compartilhados. Em outras palavras, somos canais das bênçãos divinas, não reservatórios. Deus nunca concedeu um dom a um indivíduo simplesmente por amá-lo. Deus confere dons a um cristão para que ele seja Seu instrumento para demonstrar Seu amor às outras pessoas. Ou seja, Seu propósito ao conferir dons é nos tornar bênçãos nas vidas dos outros, e não meramente para sermos abençoados. Com essa estratégia brilhante, Deus nos torna interdependentes, humildes e fortemente cooperativos.

Diante dessas considerações, chegamos a um ponto importante: Os dons espirituais não são para beneficiar seu portador nem, primariamente, para benefício do seu receptor. Eles são concedidos para o benefício da *igreja* pelo desenvolvimento de uma unidade inabalável, por meio da dependência mútua.

Essa é a razão pela qual aqueles que recebem dons de liderança servem, em vez de exercer autoridade. É por isso também que nem todos os doentes foram curados, no contexto do Novo Testamento. A questão não é o milagre, mas a fé produzida pelo milagre dentro da comunidade cristã.

O que encanta e atrai o mundo que está nos observando é o nosso amor e serviço prestado ao outro. Voltemos à oração de Jesus: "para que todos sejam um [...] para que o mundo creia que tu me enviaste" (João 17:21). Os dons são dados para desenvolver a unidade, e esta representa um elemento convincente capaz de atrair as pessoas de fora para dentro da nossa comunidade. A nossa unidade é tão convincente quanto o é a nossa pregação.

Em um mundo dividido por raças, classes sociais, gêneros e posicionamentos políticos, as pessoas estão buscando um lugar em que possam sentir-se aceitas, e onde é seguro amar e ser amado. Se você tem uma habilidade, torne-a espiritual, usando isso para servir ao outro no contexto da igreja. Dessa forma, as pessoas de fora da igreja podem ser resgatadas para Jesus.

Pontos-chave

- Na oração de Jesus, em João 17, Ele pediu pela unidade da igreja, pedido que aparentemente está para ser respondido;

- Podemos ser parte da resposta à oração feita por Jesus, exercendo nossos dons espirituais em benefício do corpo de Cristo;

- A unidade dos cristãos é um importante e convincente elemento para um mundo que os observa com uma desesperada necessidade de pertencimento.

Esta semana

☐ **PRIMEIRO DIA:** Leia o texto da semana.

☐ **SEGUNDO DIA:** Memorize Efésios 4:4-7.

☐ **TERCEIRO DIA:** Leia Atos 15.

☐ **QUARTO DIA:** Medite em João 17:20–21; Gálatas 3:28; Efésios 4:11–16.

☐ **QUINTO DIA:** Ande em uma sala, olhe em volta e veja o que precisa ser feito que você poderia alegremente fazer com excelência. Faça isso agora mesmo.

Desafio de Superação: Memorize Gálatas 3:28.

Bônus de Leitura: C. Peter Wagner, *Discover Your Spiritual Gifts*: The Easy-to-Use Guide That Helps You Identify and Understand Your Unique God-Given Spiritual Gifts.

47

Humildade

> Seja a atitude de vocês a mesma de Jesus Cristo, que, embora sendo Deus, não considerou que o ser igual a Deus era algo a que devia apegar-se; mas esvaziou-se a si mesmo, vindo a ser servo, tornando-se semelhante aos homens.
>
> —Filipenses 2:5-7

Pergunta: Como a humildade pode ajudar você a ter sucesso?

A *liderança que serve* é um chavão que ganhou força nos anos de 1980 quando os líderes de grandes corporações e pesquisadores começaram a repensar o uso do poder nos negócios e na política. Eles descobriram que o poder é melhor empregado quando utilizado para ajudar os menos capacitados. Ou seja, quando os líderes usam sua influência e autoridade em benefício daqueles que não podem retribuir, a efetividade, a influência e o respeito dos líderes aumentam muito mais do que quando eles se utilizam do poder para fins de autopromoção e autoproteção.

O instinto natural de um líder é assegurar o seu poder. Mas como se evidenciou, distribuir o poder, a honra e a influência é o segredo para quem quer se tornar um líder eficaz.

O fato é que a liderança que serve foi uma criação original de Jesus Cristo. Ele foi o primeiro líder na história a defender que o poder opera em movimento descendente, e não ascendente. Ele amou os pequenos, resgatou o perdido, defendeu os indefesos e incluiu os excluídos. A liderança que serve passa pela humildade, um atributo honrado em nossa cultura. Mas, nos dias de Jesus, a humildade era interpretada como sinal de fraqueza. Se chamássemos alguém de humilde, estaríamos insultando tal pessoa.

Hoje, isso é algo surpreendente para nós, já que a humildade é uma virtude esperada e até requerida por todos, exceto os boxeadores e artilheiros. Jesus pegou a palavra *humildade* e a colocou na relação dos ganhadores. A própria maneira como essa palavra é usada atualmente é uma homenagem à competência de Jesus como engenheiro social.

A Humildade em Jesus

Dizer que Jesus foi humilde dificilmente é preciso. Ele desceu do céu à Terra para nascer em um estábulo e morreu em uma cruz. A fim de capturar a essência da humilhação de Jesus, o apóstolo Paulo usou um termo grego bem específico e carregado, *kenoō*, que tem o sentido de "esvaziar" ou "humilhar". Jesus "não considerou que o ser igual a Deus era algo a que devia apegar-se; mas *esvaziou-se* a si mesmo, vindo a ser servo, tornando-se semelhante aos homens" (Filipenses 2:6-7). Essa sentença extraordinária é de tirar o fôlego.

Jesus abriu mão, temporariamente, de suas prerrogativas divinas, como onipresença, onipotência e onisciência, para poder vir à Terra e se tornar um de nós, a fim de nos resgatar da condição de caídos. Jesus desceu do céu à Terra, uma distância grande demais para ser medida, para que em sua ascensão Ele pudesse ser elevado novamente à Sua posição de dignidade, conforme Sua natureza original. A palavra *encarnação* expressa exatamente essa verdade. Jesus vestiu-se da humanidade para que nós pudéssemos participar de sua natureza divina.

A necessidade desse acontecimento era de ordem prática, muito embora isso represente um grande mistério do cristianismo. O modelo de humildade adotado por Jesus demonstra exatamente o que torna as pessoas em bons pais, CEOs, generais e bons treinadores. Aquele tipo de pai brincando de luta livre com seus filhos no chão da sala. É o CEO que recolhe o lixo. Um general que lidera as tropas pessoalmente em meio à batalha. O treinador que vai junto com os jogadores na realização dos exercícios.

Nada disso é uma obrigação. Nenhum líder é forçado a fazer nenhuma dessas coisas. No entanto, quando o líder se conduz humildemente, os corações dos seus liderados são incendiados com uma lealdade e respeito por aquele que se coloca na mesma posição deles.

A teoria da liderança finalmente captou a ideia da teologia cristã: os melhores líderes são aqueles que servem a seus liderados.

A Humildade Segundo a Bíblia

Ao longo de toda a Bíblia, Deus orientou seu povo a ser humilde. O princípio é simples, mas recorrente nas Escrituras: Deus exalta o humilde e humilha o soberbo.

Nas Escrituras Sagradas, tal inversão divina é comum (1 Samuel 2:7–10; Jó 40:11–12; Salmos 18:27; 147:6; Provérbios 18:12; 29:23; Isaías 2:11–17; 57:15; Ezequiel 17:24; 21:26). Por exemplo, "O orgulho vem antes da destruição; o espírito altivo, antes da queda" (Provérbios 16:18). E novamente, "Quando os homens forem humilhados e você disser: 'Levanta-os!', ele salvará o abatido" (Jó 22:29). Deus inverte totalmente o polo dos valores da humanidade. Aqueles que se encontram no topo são trazidos para a base, e os que estão na base são exaltados às posições mais elevadas.

Em sua própria pregação, Jesus reiterou esse assunto: "Pois todo aquele que a si mesmo se exaltar será humilhado, e todo aquele que a si mesmo se humilhar será exaltado" (Mateus 23:12, veja também Lucas 14:11; 18:14). Tanto Tiago quanto Pedro resgatam o tema nas seguintes declarações: "Humilhem-se diante do Senhor, e ele os exaltará" (Tiago 4:10) e "Sejam todos humildes uns para com os outros, porque 'Deus se opõe aos orgulhosos, mas concede graça aos humildes'. Portanto, humilhem-se debaixo da poderosa mão de Deus, para que ele os exalte no tempo devido" (1 Pedro 5:5-6).

Como se essas declarações não fossem o suficiente, Jesus também proferiu uma série de máximas sobre "muitos primeiros serão últimos, e muitos últimos serão primeiros" (Mateus 19:30; 20:8,16; Marcos 9:35; Lucas 13:30). Essa reiteração é indispensável para todos nós, que desejamos progredir em nossas carreiras, sermos reconhecidos por nossos colegas e amados por nossos discípulos.

Tiago e João tinham sido audaciosos ao pedirem posições de destaque no reino de Cristo, provavelmente porque faltaram a essa aula de liderança. Foi por isso que Jesus os censurou, assim como censura a nós hoje: "e quem quiser ser o primeiro deverá ser escravo de todos. Pois nem mesmo o Filho do Homem veio para ser servido, mas para servir e dar a sua vida em resgate por muitos" (Marcos 10:44-45).

No cenáculo, após lavar os pés de seus discípulos, novamente Jesus teve de resolver a disputa deles acerca de qual deles era o maioral: "Os reis das nações dominam sobre elas; e os que exercem autoridade sobre elas são chamados benfeitores. Mas vocês não serão assim. Pelo contrário, o maior entre vocês deverá ser como o mais jovem, e aquele que governa como o que serve" (Lucas 22:25-26).

Jesus dificilmente foi uma voz solitária ao advogar a favor da humildade. Outros mestres ficaram conhecidos por fazerem afirmações semelhantes. Ele, porém, foi um modelo de humildade. Nenhum dos outros líderes lavou os pés de seus discípulos, tocou em leprosos e em uma mulher que sangrava, honrou as crianças, incluiu os pobres e excluídos, e ouviu atentamente as prostitutas.

A humildade não se trata de um ideal filosófico nem de um princípio ético da parte de Deus. A humildade é uma prática acionável, da qual Jesus é o modelo. Seu ministério e sua morte são exemplos de suas expectativas de como deve ser a nossa própria postura ao exercer influência e ocupar cargos de liderança. Mesmo estando pregado em uma cruz sangrenta, a primeira declaração de Jesus reverbera humildade: "Pai, perdoa-lhes, pois não sabem o que estão fazendo" (Lucas 23:34).

A Humildade em Ação

Quando pensamos em humildade, o que geralmente ocorre em nossa mente é uma postura emocional ou de autoavaliação. É um tipo de atitude que se expressa por uma reposta como "Bondade a sua!": *eu não sou melhor que qualquer outro*. No nosso vernáculo, a humildade é uma atitude em relação a nós mesmos. Isso é tudo de bom. Afinal, a arrogância é raramente atrativa. Contudo, o termo bíblico faz referência à maneira como você trata as outras pessoas, e não meramente o sentimento que você tem a respeito de si mesmo.

Para tanto, desejamos identificar algumas ações para, de maneira mais consistente, implementar e modelar a humildade. Afinal, não há ação que reflita mais a vida de Jesus do que usar o poder em favor dos mais fracos. Apresentamos aqui quatro sugestões. É provável que você não possa implementar todas essas recomendações em um primeiro momento. Então, sugiro que você selecione uma das ações propostas e a coloque em prática esta semana, usando para isso um período de trinta minutos.

1. *Junte-se com os menos favorecidos como se eles fossem autoridades.* O apóstolo Paulo disse: "Vivam em harmonia uns com os outros. Não sejam orgulhosos, mas estejam dispostos a associar-se a pessoas de posição inferior. Não sejam sábios aos seus próprios olhos" (Romanos 12:16). Tiago vai nesta mesma direção, nos advertindo a não conferir melhor tratamento àqueles que possuem riquezas

(Tiago 2:1-9), e perguntou: "não escolheu Deus os que são pobres aos olhos do mundo para serem ricos em fé e herdarem o Reino que ele prometeu aos que o amam?" (Tiago 2:5). Deus não olha a aparência de ninguém para então determinar como tratá-lo. Portanto, nem nós deveríamos fazer tal coisa. Tampouco deveríamos olhar para suas contas bancárias, popularidade ou prestígio;

2. *Priorize as crianças.* Em um daqueles dias frenéticos durante o ministério de Jesus, seus discípulos impediram a aproximação de um grupo de pessoas que queriam que seus filhos fossem abençoados pelo Senhor (Marcos 10:13). Acontece que os discípulos estavam atentos aos melhores interesses de Jesus, procurando manter a agenda de Jesus liberada para as altas prioridades. Eles estavam muito bem-intencionados. Mas parece que não perceberam que Jesus sempre priorizou as crianças e os menos poderosos. Esse foi o único registro bíblico no qual Jesus se mostra indignado com seus discípulos: "Quando Jesus viu isso, ficou indignado e lhes disse: 'Deixem vir a mim as crianças, não as impeçam; pois o Reino de Deus pertence aos que são semelhantes a elas'" (Marcos 10:14);

3. *Propositadamente coloque-se em uma posição humilde.* Considerando o contexto da época de Jesus, isso significa uma pessoa intencionalmente tomar o assento inferior em um banquete (Lucas 14:10). Já em nosso contexto cultural, isso poderia significar estacionar na vaga mais distante para que os outros precisem andar menos. Também poderia significar nunca deixar de recolher o lixo. Isso poderia significar que *líderes se servem por último*, conforme diz o título do excelente livro sobre liderança de Simon Sinek. Ou, ainda, você poderia permitir que alguém ficasse à sua frente na fila, ou lavar a louça em casa ou preparar o café para seus colegas no local de trabalho. Seja o que for, significa voluntariamente abrir mão de seus direitos e privilégios. Aqueles que notarem, certamente terão mais respeito por você. É verdade que nem todo o mundo perceberá. Contudo, todos ouvirão o que você fez. Quem presenciar seus atos, espalhará fofocas positivas a seu respeito e não há dinheiro que pague isso;

4. *Serviço.* Jesus se tornou um modelo de liderança que serve quando lavou os pés de seus discípulos (João 13:1-20). Um dos maiores cirurgiões da nossa cidade frita hambúrgueres em nossa igreja. Uma mulher que trabalhou no gabinete do ex-presidente norte-americano

Bush toma conta de crianças de 2 anos de idade todos os domingos de manhã no berçário da nossa igreja. É um imperativo de líderes de alto calibre dominarem as tarefas humildes, porque, se o serviço está muito aquém de você, saiba que a liderança está muito acima de você.

Pontos-chave

- A doutrina da encarnação é expressa com termos relacionados à humildade;
- A Bíblia toda reitera o princípio da humildade; Deus abate o orgulhoso e exalta o humilde;
- Podemos adotar ações específicas a fim de implementar humildade à nossa liderança.

Esta semana

☐ **PRIMEIRO DIA:** Leia o texto da semana.

☐ **SEGUNDO DIA:** Memorize Filipenses 2:5–7.

☐ **TERCEIRO DIA:** Leia Gênesis 37; 39–41.

☐ **QUARTO DIA:** Medite em Provérbios 29:23; João 3:30; 1 Pedro 5:5–7.

☐ **QUINTO DIA:** Escolha uma das ações sugeridas para colocar em prática esta semana.

Desafio de Superação: Memorize João 3:30.

Bônus de Leitura: Robert K Greenleaf, *Servant Leadership: A Journey into the Nature of Legitimate Power and Greatness.*

48

Preocupação Desgastante

> Não andem ansiosos por coisa alguma, mas em tudo, pela oração e súplicas, e com ação de graças, apresentem seus pedidos a Deus.
>
> —Filipenses 4:6

Pergunta: Como posso diminuir a preocupação?

A preocupação é um dos padrões de comportamento que mais prejudicam a nossa efetividade.

Mas essa pandemia tem cura. Afinal de contas, a preocupação está dentro de nós. Você não é forçado por ninguém a sentir preocupação, portanto, só você pode resolver isso e só você sabe exatamente o quanto isso te afeta. Especificamente, as nossas preocupações são: *nossas*.

A preocupação não é causada pelas circunstâncias, apenas acionada por elas. Por exemplo, a preocupação não é restrita à classe social menos favorecida, ou seja, aos mais "pobres". Na verdade, os menos favorecidos economicamente costumam ter menos preocupação com o dinheiro do que os pertencentes às classes mais privilegiadas. As nossas maiores preocupações geralmente são causadas pelas comparações, não propriamente em decorrência da necessidade. No papel, isso não faz o menor sentido.

A preocupação raramente é reservada para possibilidades mais prováveis. Na verdade, as preocupações mais frequentes têm a ver com terroristas, tumores, sequestros, e por aí vai. O céu é o limite para nossa imaginação. Mas de onde a preocupação surge?

Ela brota dos nossos maus hábitos mentais. Ela é desnecessária, improdutiva e irreal. É por isso que o sábio Rei Salomão afirmou que "o coração ansioso deprime o homem, mas uma palavra bondosa o anima" (Provérbios 12:25).

A Preocupação Decorre de Teologia Fraca

A preocupação é um problema teológico e não um assunto meramente de distúrbio psicológico. No capítulo 3 de Gênesis, encontramos a origem da preocupação, o que nos leva de volta ao pecado que fez o homem cair. Eva estava determinada a ser "como Deus" (Gênesis 3:5). Ela e seu esposo Adão decidiram dirigir o mundo à sua própria maneira. Em vez de viver sob a autoridade de Deus, eles escolheram assumir o próprio status e responsabilidades. Eles se autodeclararam governantes do seu próprio mundo. Como consequência, descobriram o quanto é estressante tentar controlar o tempo, o destino e a moralidade.

Exercer esse nível de controle é humanamente impossível. Mesmo assim, todos nós tentamos fazer isso. Nós brincamos de Deus e nos encontramos sobrecarregados pela pressão.

A preocupação é tóxica para as nossas almas porque ela nos impede de ver o que Deus realizou e nos cega para enxergar o que Ele é capaz de fazer. Tudo porque colocamos o nosso olhar em nós mesmos. A nossa ânsia pela autossuficiência nos impede de confiar.

Jesus fez um diagnóstico da nossa condição, contando uma parábola sobre o solo e as sementes. Ele identificou um dos solos como sendo cheio de espinhos. Este, disse Jesus, é semelhante a uma vida sufocada pelas preocupações. Você pode até progredir espiritualmente por um tempo, mas logo seu crescimento será sufocado pelas ervas daninhas, ou seja, aqueles cuidados da vida que consomem os nutrientes e nos tornam infrutíferos (Mateus 13:22).

Tudo isso é neutralizado pela fé. Tanto o Antigo quanto o Novo Testamentos apresentam uma solução bastante simples: confiança em Deus. Não confiança cega, mas confiar no registro histórico de Deus. Ele já provou ser fiel. Jesus disse:

> Portanto, não se preocupem, dizendo: "Que vamos comer?" ou "que vamos beber?" ou "que vamos vestir?" Pois os pagãos é que correm atrás dessas coisas; mas o Pai celestial sabe que vocês precisam delas. Busquem, pois, em primeiro lugar o Reino de Deus e a sua justiça, e todas essas coisas lhes serão acrescentadas. (Mateus 6:31-33)

Jesus é o único eco do antigo hino: "Entregue suas preocupações ao Senhor, e Ele o susterá; jamais permitirá que o justo venha a cair" (Salmos 55:22). Mais tarde, o apóstolo Pedro reiterou a ideia: "Lancem sobre ele toda a sua ansiedade, porque ele tem cuidado de vocês" (1 Pedro 5:7).

É mais fácil falar do que fazer. Mas, para compreender os passos indispensáveis para isso, precisamos novamente ouvir Jesus. Os evangelhos têm muito mais a dizer sobre como nos livrar das preocupações do que quase os demais livros da Bíblia juntos.

Passos Práticos para Reduzir a Preocupação

É bastante improvável que a maioria de nós supere completamente a preocupação. No entanto, podemos fazer progresso. Para tanto, Jesus nos forneceu conselhos bastante práticos. Começaremos por eles e então permitiremos que o apóstolo Paulo acrescente algumas declarações mais no fim.

1. *Olhe para a criação.* O primeiro passo a ser dado a fim de reduzir a preocupação é simplesmente olhar para a natureza que nos envolve. No sermão da montanha, Jesus fez o mais longo discurso sobre as preocupações de toda a Bíblia. Ele apresentou duas ilustrações bem concretas.

    Na primeira delas, Ele aconselha: "Observem as aves do céu: não semeiam nem colhem, nem armazenam em celeiros; contudo, o Pai celestial as alimenta. Não têm vocês muito mais valor do que elas?" (Mateus 6:26). Caso você já tenha questionado a bondade de Deus, saia lá fora e olhe ao redor; lá, em algum lugar, você sempre encontrará passarinhos. Mas e a preocupação deles, onde está? Eles sempre encontram alimento, seja no calor mais intenso do verão ou no dia mais frio do inverno. O local onde eu vivo, o deserto de Sonora, no Arizona, nos EUA, recebe somente 221mm de chuvas esparsas ao longo do ano.[1] É impressionante como alguma coisa na natureza consegue sobreviver a essa escassez de água. Mesmo assim, todo dia encontram-se lá codornizes barulhentas, um papa-léguas se exibindo, o esvoaçar dos pardais, o canto dos beija-flores, o notável planado do falcão e uma majestosa coruja chamando no crepúsculo. Os pássaros dos ares são uma prova do caráter absurdo da preocupação. Mesmo no deserto, eles proliferam. Você realmente imagina que Deus tem menos preocupação com você do que com eles? Mesmo no seu próprio deserto, o nosso Deus é um oásis onde a vida floresce.

Da mesma maneira, Jesus então dirige a nossa atenção a um campo cheio de flores:

> Por que vocês se preocupam com roupas? Vejam como crescem os lírios do campo. Eles não trabalham nem tecem. Contudo, eu lhes digo que nem Salomão, em todo o seu esplendor, vestiu-se como um deles. Se Deus veste assim a erva do campo, que hoje existe e amanhã é lançada ao fogo, não vestirá muito mais a vocês, homens de pequena fé? (Mateus 6:28-30)

Os campos floridos são fugazes. Ainda que dificilmente exista algo que se compare a um lindo campo totalmente florido. É uma demonstração da extravagância épica. A papoula dourada da Califórnia ou as bluebonnets do Texas, as aquilégias das Rochosas ou os girassóis do Kansas, as violetas de Illinois ou as margaridas amarelas de Maryland. Todas elas são de tirar o fôlego, inspiradoras e, ainda assim, fugazes. Sua beleza é incomensuravelmente superior à de qualquer guarda-roupa ou de qualquer tapete vermelho. Basta um relance para fazer emudecer as tolices das preocupações. Deus agraciou a sua criação com extravagância. Ele não vai vesti-lo com maior cuidado do que a um campo de ervas?

2. *Ouça a Palavra de Deus.* A interação entre Maria, Marta e Jesus durante uma refeição na casa deles somente foi registrada pelo evangelista Lucas (Lucas 10:38-42). Marta preparou devidamente o matzá e o húmus. Ela queria que a refeição ficasse perfeita. Afinal, ela estava hospedando o Senhor dos hóspedes. Pode-se assumir que ela queria fazer isso corretamente. Maria, como uma irmã mais nova, agia de forma irresponsável, negligenciando seus deveres para ficar quedada aos pés de Jesus. Como ela ousava fazer isso?

Conforme a noite seguia, Marta virava os olhos a cada prato que ela trazia da cozinha. Finalmente, irritada com a negligência da irmã, Marta explode da cozinha, seu avental todo manchado de molho. Sua frustração explode em um ato de fúria: "Dize-lhe que me ajude" (Lucas 10:40).

Todos esperariam que Jesus respondesse confirmando a boa ética judaico-cristã relacionada ao trabalho: "Maria, faça sua parte." Mas não. Em vez disso, Ele confronta Marta: "Marta! Marta! Você está preocupada e inquieta com muitas coisas; todavia apenas uma é necessária. Maria escolheu a boa parte, e esta não lhe será tirada" (Lucas 10:41-42);

3. *Domine seus pensamentos*. A preocupação é uma batalha que se trava na mente. A direção dos nossos pensamentos será determinada de acordo com o que estejamos focando. A pesquisa neurocientífica nos deu uma visão impressionante de que grupos de proteínas nos fazem lembrar de algo por mais tempo. O que realmente acontece é que os pensamentos se estabelecem em pontos de nossos cérebros. Quanto mais tempo refletimos em um pensamento, maior será o agrupamento de proteínas.[2] Assim, cedemos mais espaço de nossos cérebros para os pensamentos que permitimos ocupar as nossas mentes.

Essa visão moderna do assunto nos ajuda a compreender melhor o conselho deixado pelo apóstolo Paulo:

> Não andem ansiosos por coisa alguma, mas em tudo, pela oração e súplicas, e com ação de graças, apresentem seus pedidos a Deus. E a paz de Deus, que excede todo o entendimento, guardará os seus corações e as suas mentes em Jesus Cristo.
>
> Finalmente, irmãos, tudo o que for verdadeiro, tudo o que for nobre, tudo o que for correto, tudo o que for puro, tudo o que for amável, tudo o que for de boa fama, se houver algo de excelente ou digno de louvor, pensem nessas coisas. (Filipenses 4:6-9)

Em outro momento, o apóstolo Paulo escreveu que "destruímos argumentos e toda pretensão que se levanta contra o conhecimento de Deus, e levamos cativo todo pensamento, para torná-lo obediente a Cristo" (2 Coríntios 10:5). Isso não é só uma defesa da fé cristã. Ele está se referindo às saúdes mental, emocional e espiritual. Quando Satanás nos acossa com pensamentos negativos, nós os nocauteamos com a verdade e os afastamos das nossas mentes.

Um segredo, contudo, não é só livrar-se de um pensamento negativo. Quando fazemos isso, fica um vácuo no lugar do antigo pensamento, e a negatividade é sugada de volta. É por isso que precisamos substituir os maus pensamentos com a Verdade de Deus.

Os recursos eficazes para a transformação da mente são as Escrituras Sagradas, os sermões e a música de conteúdo cristão. Os pensamentos que ganharem mais espaço e lugar se enraizarão no seu cérebro. Nessa batalha, a nossa mente será conquistada pelos pensamentos que forem mais alimentados e melhor adubados.

Quando alimentamos os pensamentos errados, obtemos como resultado as preocupações. Já que o padrão da nossa sociedade é a negatividade, a única maneira de levar todo pensamento cativo a Cristo é pela nossa diligência.

Pontos-chave

- A preocupação é psicologicamente negativa. Ela está sob nosso controle, e ela prejudica nossa efetividade;
- A preocupação é fruto de uma teologia fraca, iniciada com o pecado no Jardim do Éden, e ela sempre reduz a nossa confiança e alegria em Deus;
- Jesus, assim como Paulo, oferece muitos conselhos valiosos que nos permitem controla nossos pensamentos.

Esta semana

☐ **PRIMEIRO DIA:** Leia o texto da semana.

☐ **SEGUNDO DIA:** Memorize Filipenses 4:6.

☐ **TERCEIRO DIA:** Leia Gênesis 42-45.

☐ **QUARTO DIA:** Medite em Mateus 6:33, Lucas 10:41-42; 2 Coríntios 10:5.

☐ **QUINTO DIA:** Faça uma auditoria de mídia essa semana, anotando o total de tempo que você gasta em frente à TV, nas redes sociais e no celular. Use esse registro para comparar o total de tempo gasto nas mídias com o tempo gasto ouvindo música de conteúdo cristão, participando de atividades na igreja e lendo a Bíblia. De acordo com essa análise, qual está levando maior vantagem em uma mente?

Desafio de Superação: Memorize Mateus 6:33.

Bônus de Leitura: David A Carbonell, *The Worry Trick:* How Your Brain Tricks You into Expecting the Worst and What You Can Do About It.

49

Mentoria

> E as coisas que me ouviu dizer na presença de muitas testemunhas, confie a homens fiéis que sejam também capazes de ensinar a outros.
>
> —2 Timóteo 2:2

Pergunta: Como encontrar um mentor e como me tornar um?

A palavra *mentor* não é encontrada no texto bíblico. Na verdade, o termo foi retirado da *Odisseia,* de Homero. Mentor era um amigo do Rei Odisseu. Quando o rei foi para a guerra de Troia, ele deixou seu filho, Telêmaco, e sua casa aos cuidados de Mentor. A deusa Atena assumiu a forma de Mentor, tornando-se a professora, conselheira e treinadora de Telêmaco.[1] Como ela era a deusa da guerra, Mentor tornou-se aquele que representava a divindade, preparando um jovem para as batalhas que haveria de enfrentar no futuro.

Essa história ilustra a realidade de uma série de mentores na Bíblia. Jetro mentoreou Moisés, que enfrentou o Faraó. Moisés, por sua vez, mentoreou Josué, que liderou a conquista da terra prometida. Eli mentoreou Samuel, o homem que ungiu Saul e Davi como os primeiros Reis de Israel. Elias mentoreou Eliseu, que confrontou reis contumazes. Mordecai mentoreou Ester, que interveio junto ao Rei Xerxes, livrando sua nação da extinção. Jesus mentoreou seus doze apóstolos. Barnabé mentoreou Paulo, que passou isso à frente mentoreando Timóteo, Tito e muitos outros. A mentoria foi tão importante no ministério do apóstolo Paulo que, na sua última carta ao jovem Timóteo, ele defende que seu discípulo mantenha essa prática (2 Timóteo 2:2).

A grande maioria dos líderes na Bíblia foram mentoreados por alguém que os precedeu, com exceção de Abraão, Elias e Jesus. Diante disso, todos nós devemos consistentemente assumir nossa responsabilidade tanto de sermos mentoreados quanto de mentorear outros.

Cinco Passos Simples para Encontrar um Mentor

Se você está determinado a realmente causar um impacto significativo no reino de Deus, saiba que faríamos bem em termos um treinador que venha maximizar a nossa influência, a despeito da nossa idade ou fase da vida. Muitos jovens desejam um mentor como um conselheiro pessoal. Eles precisam de alguém com quem possam compartilhar a vida. Você não precisa de outro sistema de apoio solidário. O que realmente precisamos é de alguém que seja capaz de refinar a nossa visão e nos colocar para frente naquilo que é essencial, não meramente confortável.

Apresentamos aqui cinco passos que lhe ajudarão a conseguir um mentor.

1. *Pequenas ajudas são o prelúdio de grandes comprometimentos.* Você não deveria dirigir-se diretamente a um mentor em potencial e interpelá-lo dizendo: "Olá, você gostaria de ser meu mentor?" Fazendo isso, certamente assustaria a pessoa. Eles não têm ideia do enorme tempo de comprometimento que é requerido na mentoria. Antes mesmo de conseguirem descobrir isso, já terão respondido negativamente. A única pessoa que você gostaria que fosse seu mentor faz parte daquele grupo de pessoas que não dispõe de tempo para investir na sua vida.

    Então, sugerimos aqui uma estratégia para você conseguir seu mentor espiritual. Solicite a seu potencial mentor quinze minutos do tempo dele. Pague um cafezinho para a pessoa ou providencie um tempo e vá até ela. Você pode abordar a pessoa da seguinte maneira: "Tenho observado a sua vida [especifique aqui um comportamento específico do seu interlocutor], e gostaria de te fazer três perguntas sobre treinamento, se você tiver a disponibilidade de quinze minutos para conversarmos a respeito." Um bom início é elogiar o seu potencial mentor destacando as habilidades específicas dele, as quais poderiam ajudá-lo a se desenvolver. Todo líder deseja influenciar, e, fazendo isso, você revela o seu desejo de receber uma resposta afirmativa;

2. *Faça perguntas bem pensadas.* Prepare e escreva três perguntas de antemão. Faça perguntas específicas, relacionadas ao treinamento, e que permitam ao seu mentor ajudá-lo a avaliar o que a pessoa já

alcançou em sua própria trajetória. (Talvez você queira ensaiar as perguntas com outra pessoa antecipadamente para sentir-se seguro de que estará sendo claro e criterioso.)

Chegue no local combinado com quinze minutos de antecedência. Confie em mim. É bem melhor você ficar sentado aguardando seu potencial mentor chegar do que o contrário. Então, faça as três perguntas e conclua cada uma delas da seguinte maneira: "Que passo eu poderia dar para realizar isso?";

3. *Seja respeitoso com o tempo do seu potencial mentor.* Ao fim dos quinze minutos, agradeça a seu mentor pelo tempo dedicado àquela conversa e peça licença para sair. Se você for convidado a permanecer por mais tempo, respeitosamente agradeça e decline o convite, a não ser que a pessoa insista. Diga que agradece imensamente pelo tempo dispensado e também que sente honrado por ele/ela ter dividido um pouco de si com você, mas que você respeita o tempo combinado;

4. *Acompanhamento.* Após colocar em prática a ação, entre novamente em contato com o mentor. Solicite mais quinze minutos do seu tempo: "Eu gostaria de agradecê-lo por aquelas sugestões que você me deu. Eu as coloquei em prática e elas me ajudaram muito. Contudo, isso me fez pensar em outras questões. Você estaria disposto a um novo encontro para uma avaliação de acompanhamento?"

Após três ou quatro encontros, se as coisas estiverem indo bem, solicite encontros mensais por um período de seis meses. Se você se revelar promissor, poucos líderes recusarão investir em um discípulo em potencial que está provando ser digno de investimento;

5. *Tenha múltiplos mentores.* Repita esse mesmo processo em três ou quatro áreas principais da sua vida. Nenhuma pessoa domina cada uma das áreas que você deseja desenvolver. É adequado ter um mentor para seu casamento, um para sua profissão e outro para a área das finanças, e ainda outro para superação de qualquer vício, bem como um mentor para crescimento espiritual.

Agora, considerando você como um mentor, será importante também dominar o papel a ser desempenhado por você nas vidas de seus discípulos.

Cinco Passos Simples para Se Tornar um Mentor

Poucos de nós nos sentimos hábeis para moldar a trajetória de outro ser humano. Mas onde você estaria se outra pessoa não tivesse superado seu sentimento de impotência e, consequentemente, não tivesse investido em sua vida?

Em pelo menos uma área da vida cada um de nós deveria ser capaz de dizer aos outros, "tornem-se meus imitadores, como eu o sou de Cristo" (1 Coríntios 11:1). Se pudermos dizer isso, a seguinte declaração mais lógica seria assim: "Tudo o que vocês aprenderam, receberam, ouviram e viram em mim, ponham-no em prática. E o Deus da paz estará com vocês" (Filipenses 4:9).

Isso não é apenas para homens. A igreja moderna tem uma grande necessidade de mentoras espirituais para jovens mulheres. Embora as mulheres costumem ser mais reticentes que os homens quando o assunto é mentoria, Paulo deixou claro que esse modelo é igualmente importante:

> Semelhantemente, ensine as mulheres mais velhas a serem reverentes na sua maneira de viver, a não serem caluniadoras nem escravizadas a muito vinho, mas a serem capazes de ensinar o que é bom. Assim, poderão orientar as mulheres mais jovens a amarem seus maridos e seus filhos, a serem prudentes e puras, a estarem ocupadas em casa, e a serem submissas a seus próprios maridos, a fim de que a palavra de Deus não seja difamada. (Tito 2:3-5)

Sendo assim, seja homem ou mulher, quais passos você pode dar para mentorear cristãos novos?

1. *Seja um instrutor, não um professor.* Geralmente existe um temor entre potenciais mentores de que eles não detêm conhecimento bíblico necessário para que possam mentorear. Mas o seu papel não é ensinar a Bíblia. Já existem pastores e professores que Deus capacitou para exercer tais funções. O seu ativo mais valioso é a sua experiência de vida, relacionada ao casamento, trabalho, criação de filhos ou na superação de vícios. Além disso, o que os discípulos mais precisam é de confiança. O respeito demonstrado a você o autoriza a desenvolver neles o autorrespeito, simplesmente porque você demonstra respeitá-los. Isso, por si só, pode ser transformador.

   A maioria de nós enxerga a si mesmo por meio de um retrovisor. Os mentores habilitam seus discípulos a enxergarem a si próprios através do para-brisas. O seu maior dom é ajudar seus discípulos a visualizarem um futuro melhor para si mesmos e, corajosamente, se moverem rumo à concretização daquela visão.

Tal movimento é tão importante que Josué recebeu quatro ordens para ser corajoso: "Seja forte e corajoso" (Josué 1:6-7,9,18). Essas são as mesmas palavras que Moisés empregou para falar a Josué quando o comissionou (Deuteronômio 31:7);

2. *Crie um grupo de discípulos.* Um número adequado para formar um grupo de discípulos parece ser de cinco de cada vez. Na maioria dos encontros, há uma média de quatro participantes por líder, uma vez que geralmente acontece de faltar alguém. Um grupo desse tamanho permite que a conversa flua sem que algum indivíduo fique apagado, nem que um deles domine. Mas seja paciente. Geralmente leva aproximadamente seis meses para que um grupo fique completo. Você descobrirá que o grupo de discípulos é mais efetivo que um relacionamento de mentoria um a um. A sabedoria, os relacionamentos, testemunhos e encorajamentos compartilhados no grupo se revelarão muito mais eficazes que as suas pérolas da sabedoria;

3. *Envolva a sua família.* As grandes lições que os discípulos levam para a vida se aprendem por meio da visão, não da audição. A maioria dos jovens adultos tiveram modelos bastante fracos, tanto na área do casamento quanto na criação de filhos. Aquilo que é percebido produzirá maior impacto do que aquilo que é ensinado. O apóstolo Paulo, dirigindo-se aos seus discípulos de Efésios, falou assim: "Vocês sabem como vivi todo o tempo em que estive com vocês, desde o primeiro dia em que cheguei à província da Ásia. Servi ao Senhor com toda a humildade e com lágrimas, sendo severamente provado pelas conspirações dos judeus" (Atos 20:18-19).

A maior parte dos seus encontros acontecerão somente entre você e seus discípulos. Entretanto, pelo menos uma vez ao longo da sua mentoria, você deveria realizar três coisas que permitirão que seus discípulos tenham acesso à sua família: (1) convide-os para uma refeição em sua casa; (2) saia com eles para um evento social a fim de fazer algo; (3) realizem um trabalho comunitário juntamente com o grupo. Comer, jogar e trabalhar são atividades que revelarão o caráter de seus discípulos de uma maneira que você poderá ajudá-los com sabedoria;

4. *Passe tarefas práticas como treinamento.* Mentorear tem relação com treinamento, não com aconselhamento. As pessoas amadurecem quando estão cumprindo sua missão, não quando revelam seus temores. Quando o apóstolo Paulo mentoreou Timóteo, ele começou enviando-o vez após outra em missões difíceis, e só mais tarde permitiu que Timóteo pregasse, ensinasse ou exercesse autoridade na igreja. Ao pedir que ultrapassem seus próprios limites, você demonstrará que eles são capazes de fazer mais do que eles próprios imaginam;

5. *Evite as conversas sobre sexo e encontros.* Alguém que esteja precisando prestar contas em função de dependência precisa de um especialista na área, não de um mentor. É claro, há momentos para lidar com falhas. O que não deve ser a ênfase no relacionamento de mentoria. O seu papel como mentor é ajudá-lo a escalar, não tirá-lo da sarjeta. Semelhantemente, a mentoria entre as mulheres deve evitar excesso de conversa sobre relacionamentos amorosos. Mulheres jovens geralmente enfrentam problemas com inveja, dependência da figura masculina e materialismo. Conduza seus discípulos a patamares elevados de pensamento e de propósito;

6. *Repreensão.* Quando seus discípulos falharem, repreenda-os duramente. Você adquiriu esse direito. Você deveria temer falhas futuras mais do que de ferir os sentimentos de alguém. Você não é amigo deles; você é o futuro dos seus discípulos.

Pontos-chave

- Praticamente todos os grandes líderes da Bíblia foram mentoreados, e muitos, por sua vez, mentorearam outros;
- Existem passos práticos para encontrar um mentor; todos nós precisamos adotá-los;
- Existem passos práticos para mentorear; todos nós devemos isso aos outros.

Esta semana

☐ **PRIMEIRO DIA:** Leia o texto da semana.

☐ **SEGUNDO DIA:** Memorize 2 Timóteo 2:2.

☐ **TERCEIRO DIA:** Leia Rute 1-4.

☐ **QUARTO DIA:** Medite em Josué 1:7; 1 Coríntios 11:1; Filipenses 4:9.

☐ **QUINTO DIA:** Siga os passos apresentados para encontrar um mentor ou para se tornar um mentor.

Desafio de Superação: Memorize Josué 1:7.

Bônus de Leitura: John C. Maxwell, *Mentoring 101: What Every Leader Needs to Know.*

50

As Escrituras Sagradas

Toda a Escritura é inspirada por Deus e útil para o ensino, para a repreensão, para a correção e para a instrução na justiça, para que o homem de Deus seja apto e plenamente preparado para toda boa obra.

—2 Timóteo 3:16-17

Pergunta: Como eu posso extrair lições práticas da Bíblia?

Ler e aplicar as lições da Bíblia à sua própria vida é uma das mais importantes práticas para seu crescimento espiritual. Estudos revelam que as pessoas que se dedicam ao estudo da Bíblia, quatro vezes por semana ou mais, revelam ter casamentos mais sólidos, hábitos mais saudáveis e uma melhor autoestima.[1] Então, como eu posso por conta própria extrair lições da Bíblia?

A fim de oferecer respostas a essa pergunta, vamos analisar duas habilidades necessárias: navegar pela Bíblia e extrair lições em uma passagem específica.

Como Navegar Pela Bíblia

A Bíblia é uma coleção composta de 66 livros divididos em duas partes, o Antigo Testamento e o Novo Testamento. A palavra *testamento* significa simplesmente "contrato" ou "aliança". No Antigo Testamento encontramos a primeira aliança de Deus feita com a nação de Israel. É a história que mostra Deus escolhendo Israel, resgatando-os da escravidão no Egito e estabelecendo-os na terra prometida. O Novo Testamento descreve a segunda aliança com toda a humanidade. É a história de Deus nos escolhendo e nos resgatando da escravidão do pecado por meio do sacrifício de Jesus Cristo.

Os 39 livros do Antigo Testamento foram escritos no período entre os anos 1400 e 450 a.C., contudo, eles não foram dispostos em ordem cronológica. Em vez disso, os livros foram organizados em cinco categorias, conforme você pode conferir no gráfico a seguir:

Lei	História	Poesia	Profetas maiores	Profetas menores
Gênesis	Josué	Jó	Isaías	Oseias
Êxodo	Juízes	Salmos	Jeremias	Joel
Levítico	Rute	Provérbios	Lamentações	Amós
Números	1 e 2 Samuel	Eclesiastes	Ezequiel	Abdias
Deuteronômio	1 e 2 Reis	Cântico	Daniel	Jonas
	1 e 2 Crônicas			Miqueias
	Esdras			Naum
	Neemias			Habacuque
	Ester			Sofonias
				Ageu
				Zacarias
				Malaquias

Moisés escreveu os livros da lei, que falam da aliança de Deus desde a criação até a fundação da nação de Israel. Os livros de Gênesis e Êxodo são importantes panos de fundo para a história de Jesus.

Já os livros históricos registram a ascensão, a queda, o julgamento e a restauração de Israel. Nomes e lugares são bem estranhos, mas as lutas e vitórias são familiares a todos nós. Quando lemos sobre a vida do Rei Davi narrada em 1 e 2 Samuel, entendemos melhor como Jesus cumpriu seu legado tornando-se nosso rei.

Encontramos nos livros poéticos a antiga sabedoria e a adoração do povo judeu. Surpreendentemente, eles expressam os mesmos anseios que temos por Deus. Muitas pessoas hoje em dia leem e até cantam os salmos como forma de adoração e de inspiração. O livro de Provérbios é particularmente valioso para o desenvolvimento de uma vida sábia e para criação de filhos.

Os livros proféticos foram escritos por homens escolhidos por Deus para que proclamassem Sua palavra. Os profetas maiores não são mais importantes que os profetas menores, são apenas mais longos. Eles se relacionam à saúde espiritual de Israel, com a rara exceção de Jonas, profeta que relutou em pregar aos Ninivitas. As profecias desses livros chamavam o povo de Deus para que abandonassem seus pecados e vivessem sinceramente segundo os princípios de

Deus. Para muitos, de todos os livros do Antigo Testamento, os proféticos são os mais difíceis de serem compreendidos, uma vez que a linguagem adotada e a história que lhes serve de pano de fundo parecem bastante estranhas. Contudo, esses livros são cruciais para o entendimento da mensagem do Novo Testamento. Nesse sentido, o livro de Isaías ganha destaque, uma vez que foi citado no Novo Testamento mais do que qualquer outro livro profético.

Quanto ao Novo Testamento, seus 27 livros foram escritos entre os anos 45 e 95 d.C., e estão organizados em 3 categorias principais: os evangelhos, os livros históricos e as epístolas:

Evangelhos	História	Epístolas de Paulo para igrejas	Epístolas de Paulo para indivíduos	Outras epístolas
Mateus Marcos Lucas João	Atos dos Apóstolos	Romanos 1 e 2 Coríntios Gálatas Efésios Filipenses Colossenses 1 e 2 Tessalonicenses	1 e 2 Timóteo Tito Filemon	Hebreus Tiago 1 e 2 Pedro 1, 2 e 3 João Judas Apocalipse

Os evangelhos destacam principalmente a vida, obra e ensinamentos de Jesus. Mateus e João faziam parte do grupo apostólico e, portanto, foram importantes testemunhas oculares. Marcos foi um jovem que viveu em Jerusalém e mais tarde seguiu tanto Paulo como Pedro em suas viagens missionárias. Segundo a tradição da igreja, Marcos escreveu seu evangelho baseado no relato do apóstolo Pedro. João foi indiscutivelmente o melhor amigo de Jesus. Ele usou linguagem simples, porém muito profunda, para relatar a vida de Jesus. Seu evangelho é um excelente ponto para iniciar a leitura das Escrituras. Lucas, o único autor da Bíblia que não era judeu, não conheceu Jesus pessoalmente, mas escreveu dois livros, Lucas e Atos, que, somados, ocupam mais que um quarto do Novo Testamento. Realmente os dois livros têm mais palavras que qualquer outro autor do Novo Testamento, inclusive Paulo.

O livro de Atos é leitura obrigatória. Ele registra a fundação e expansão da igreja cristã durante o período aproximado de 30 a 62 d.C.

As epístolas, ou cartas, foram escritas com o propósito de guiar, encorajar e alertar igrejas e indivíduos acerca de desafios específicos que eles estavam enfrentando. A maior e mais importante de todas as epístolas do Novo

Testamento é a carta de Paulo aos Romanos. Contudo, Efésios, Filipenses e Colossenses também têm uma grandiosidade e uma autoridade que são rapidamente perceptíveis. A epístola de Tiago, o meio-irmão de Jesus, também é um bom livro para iniciar a leitura da Bíblia, uma vez que é um pacote denso de sabedoria de natureza prática.

Como Me Aprofundar Em Uma Passagem Específica

O objetivo de ler a Bíblia não é de se encher de informação, mas sim ser transformado. A declaração de Hebreus 4:12 é verdadeira: "Pois a Palavra de Deus é viva e eficaz, e mais afiada que qualquer espada de dois gumes; ela penetra ao ponto de dividir alma e espírito, juntas e medulas, e julga os pensamentos e intenções do coração". A Palavra de Deus tem uma maneira de desvendar os nossos segredos mais profundos e os nossos maiores sonhos.

Com isso em mente, os passos seguintes te ajudarão a ir da informação à transformação.

1. *Escolha uma Bíblia de acordo com o seu gosto.* Não existe um tipo de Bíblia certa. Apenas escolha uma que seja de fácil leitura e prática para que você consiga levá-la consigo aonde for. Você não vai se arrepender se adquirir a *Bíblia de Estudos: Nova Versão Internacional.* Ela é um pouco mais cara, mas o texto sagrado é acompanhado de excelentes ferramentas para auxiliar o estudo bíblico. Aqui apresentamos cinco características que podem auxiliar bastante no estudo bíblico:

   - *Um índice* que apresenta a lista de cada livro da Bíblia e o número da página. Cada livro é também dividido em capítulos e versículos;
   - As *linhas do tempo* apresentam os eventos bíblicos em ordem cronológica para ajudá-lo a visualizar a época em que aconteceram;
   - Os *mapas* auxiliam a localizar a posição geográfica onde os eventos aconteceram;
   - As *introduções* de cada livro da Bíblia têm notas sobre o autor, propósito, tempo, temas e o esboço do livro;
   - As *notas de rodapé* contêm explicações breves sobre o pano de fundo do histórico, valores sociais e palavras importantes;
   - Em cada página você encontra *referências cruzadas* com muitas outras passagens bíblicas que o auxiliarão na compreensão do versículo específico a que elas estão ligadas. (Para ler as referências:

o capítulo é o número antes do ponto e o versículo é o número que vem logo a seguir. Portanto, João 3:16, lê-se: o livro de João, capítulo 3, versículo 16.)

É verdade que nenhuma outra mídia substitui satisfatoriamente a Bíblia impressa, mas muitas pessoas utilizam aplicativos gratuitos para leitura bíblica em seu dispositivo eletrônico. Tais aplicativos contêm várias versões da Bíblia, incluindo diversas versões em áudio que você pode ouvir no trânsito.

O mais importante é você ter uma Bíblia de fácil leitura para você e aproveitar cada oportunidade para lê-la diariamente;

2. *Leia a Bíblia.* Para aproveitar ao máximo a sua leitura bíblica, você precisa de três coisas:

- *Um local.* Escolha um lugar silencioso e um tempo coerente que lhe permita fazer a leitura de sua Bíblia. Desligue o seu celular e comece a se aprofundar no texto. O período de dez a quinze minutos seria um bom começo;
- *Um planejamento.* Algumas pessoas preferem ler continuamente, começando do livro de Gênesis até Apocalipse. Já outros preferem fazer uma leitura mais cronológica, a qual requer ir de livro em livro. O aplicativo *YouVersion* tem vários planos de leitura desde a leitura de um único livro até da Bíblia inteira. Uma sugestão para os iniciantes terem uma boa experiência de leitura seria ler estes quatro livros: Gênesis, João, Atos e Romanos. Lendo esses livros, você terá uma base sólida que o ajudará na leitura de todo o restante da Bíblia;
- *Uma caneta.* Durante a sua leitura, se você não entender alguma coisa, apenas anote a pergunta na margem da sua Bíblia ou em um bloco de anotações. Curiosidade é uma grande ferramenta de auxílio no estudo da Bíblia. O seu pastor ou líder do grupo de estudo bíblico ajudará você a encontrar tanto os recursos quanto as respostas às suas dúvidas.

Mas não esqueça que o principal objetivo de estudar a Bíblia não é adquirir informações, mas buscar a transformação do nosso ser. Sendo assim, suas perguntas não deveriam ser mera curiosidade. Ao contrário, procure sempre perguntar como você pode aplicar aqueles princípios e ensinamento na sua casa, trabalho ou escola e na sua vizinhança. Ainda, muitos consideram que escrever uma oração acerca do texto é uma excelente maneira de aumentar sua consciência de como colocar em prática aquela passagem. Responder a estas duas questões diariamente é uma estratégia bem simples:

1) O que mais chama a minha atenção nesta passagem?

2) Como posso colocar esta verdade em prática hoje?

Tiago 1:22 nos orienta a fazer isto: "Sejam praticantes da palavra, e não apenas ouvintes, enganando-se a si mesmos."

A memorização é a melhor ferramenta para fazer a aplicação da palavra à nossa vida. Identifique um versículo específico que esteja relacionado à sua vida e recite-o em voz alta até que você o saiba de cor. Isso se torna uma alavanca que o Espírito Santo usa para aplicar essa passagem em situações específicas da sua vida.

Não desanime. Aumentar o conhecimento da Palavra de Deus é semelhante a qualquer outro exercício ou habilidade. Quanto mais você pratica, mais você extrairá dela.

Haverá um tempo quando você não vai querer ler a Bíblia ou aplicá-la à sua vida. Isso ocorre com todo mundo. Não desanime se você ficou um dia sem contato com ela. Retome de onde você parou.

Há promessas de bênçãos e sucesso da parte de Deus para todos aqueles que diligentemente o procuram em Sua Palavra:

Não deixe de falar as palavras deste Livro da Lei e de meditar nelas de dia e de noite, para que você cumpra fielmente tudo o que nele está escrito. Só então os seus caminhos prosperarão e você será bem-sucedido. (Josué 1:8)

Siga o exemplo providenciado na oração do Salmo 119:11: "Guardei no coração a tua palavra para não pecar contra ti."

Pontos-chave

- A Bíblia é palavra oficial de Deus. Quando você aplica seus princípios em sua própria vida, você será transformado por ela;
- Uma Bíblia de Estudos fornece ferramentas de auxílio para você se aprofundar no conhecimento da Bíblia;
- Para aproveitar bem seu tempo diário de leitura, você precisará escolher um local, ter um planejamento e uma caneta.

Esta semana

☐ **PRIMEIRO DIA:** Leia o texto da semana.

☐ **SEGUNDO DIA:** Memorize 2 Timóteo 3:16–17.

☐ **TERCEIRO DIA:** Leia Marcos 4:35–5:43.

☐ **QUARTO DIA:** Medite em Salmos 119:11; Hebreus 4:12; Tiago 1:22.

☐ **QUINTO DIA:**

  ☐ Compre ou pegue uma Bíblia para seu uso;

  ☐ Defina um local e um horário para ler sua Bíblia regularmente ao longo da semana (trace a meta de ler pelo menos durante quatro dias);

  ☐ Escolha um plano de leitura, que pode ser a partir de qualquer livro ou cobrindo a Bíblia toda;

  ☐ Providencie um bloco de anotações para registrar três coisas durante a sua leitura: (1) quaisquer dúvidas que surgirem em cada leitura; (2) algo que se destaque em cada leitura; e (3) uma maneira de como você pretende colocar em prática o ensinamento no seu modo de viver. Você também pode escolher um versículo para memorizar.

Desafio de Superação: Memorize Hebreus 4:12.

Bônus de Leitura: Mark Moore, *Seeing God in HD:* God's Word in Today's World.

Determinação

> Portanto, também nós, uma vez que estamos rodeados por tão grande multidão de testemunhas, livremo-nos de tudo o que nos atrapalha e do pecado que nos envolve, e corramos com perseverança a corrida que nos é proposta, tendo os olhos fitos em Jesus, autor e consumador da nossa fé. Ele, pela alegria que lhe fora proposta, suportou a cruz, desprezando a vergonha, e assentou-se à direita do trono de Deus.
>
> —Hebreus 12:1-2

Pergunta: Como nos tornamos pessoas determinadas?

A psicóloga Angela Duckworth realizou um grande estudo procurando identificar o fator que determina o sucesso. Ela analisou milhares de pessoas da Academia Militar dos Estados Unidos em West Point e do Concurso Nacional de Soletração, assim como vendedores e professores iniciantes de áreas problemáticas da cidade.

A resposta que ela descobriu não tem relação com o QI. Nem com riqueza, raça ou atributos físicos. A resposta é *determinação*, ou seja, "paixão e perseverança para objetivos de longo prazo". É a habilidade de continuar realizando uma tarefa difícil não apenas por semana ou meses, mas por anos a fio. A determinação te capacita a viver como se a vida "fosse uma maratona, não uma corrida".[1] Trata-se do fator mais importante para o sucesso.

Todos sabemos que isso é verdade. Mas como podemos aplicar esse princípio na área espiritual das nossas vidas? Como nos tornar pessoas determinadas?

Os dois pontos principais que envolvem a determinação estão implícitos no nosso versículo-chave. O primeiro deles, você olha à sua volta em direção às pessoas que você tem obrigação de prestar contas e também para aquelas que dependem de você. O segundo ponto é que você olha em direção à recompensa a ser ganha por meio da perseverança. Jesus falou que "é perseverando que vocês obterão a vida" (Lucas 21:19).

Então, quem são as testemunhas que se encontram ao nosso redor? Elas estão descritas em Hebreus 11, no qual é traçada a nossa herança espiritual desde Abel até Abraão, passando por Moisés, Davi e os profetas. Embora eles pareçam distantes, essa passagem nos orienta a mantê-los em mente: "Todos esses receberam bom testemunho por meio da fé; no entanto, nenhum deles recebeu o que havia sido prometido. Deus havia planejado algo melhor para nós, para que conosco fossem eles aperfeiçoados" (Hebreus 11:39-40). À luz dos sacrifícios dessas testemunhas, nós encaramos as nossas próprias corridas. Eles não representam fãs barrigudos sentados na arquibancada, torcendo por nós. Eles são os campeões do passado que já terminaram suas carreiras e agora estão ao lado das nossas raias oferecendo-nos apoio. Eles conhecem muito bem nosso sofrimento e sacrifício pelo qual estamos passando.

Encabeçando todo o grupo está Jesus Cristo. É o seu sacrifício que suscita o nosso. A nossa determinação emana do seu exemplo e da sua presença conosco.

Com exceção de Jesus, não há maior exemplo de sofrimento nobre como o do apóstolo Paulo. Ele registrou seu sofrimento em 2 Coríntios 11:24–28:

> Cinco vezes recebi dos judeus trinta e nove açoites. Três vezes fui golpeado com varas, uma vez apedrejado, três vezes sofri naufrágio, passei uma noite e um dia exposto à fúria do mar. Estive continuamente viajando de uma parte a outra, enfrentei perigos nos rios, perigos de assaltantes, perigos dos meus compatriotas, perigos dos gentios; perigos na cidade, perigos no deserto, perigos no mar, e perigos dos falsos irmãos. Trabalhei arduamente; muitas vezes fiquei sem dormir, passei fome e sede, e muitas vezes fiquei em jejum; suportei frio e nudez. Além disso, enfrento diariamente uma pressão interior, a saber, a minha preocupação com todas as igrejas.

Como Paulo conseguiu enfrentar tudo isso? Lembre-se dos dois pontos principais que envolvem a determinação: Paulo olhou à sua volta em direção às pessoas que ele tinha obrigação de prestar contas e também para aquelas que dependiam dele. E ele olha em direção à recompensa que obterá por meio da perseverança. Paulo explica isso da seguinte maneira:

> Mas o que para mim era lucro, passei a considerar perda, por causa de Cristo. Mais do que isso, considero tudo como perda, comparado com a suprema grandeza do conhecimento de Jesus Cristo, meu Senhor, por cuja causa perdi todas as coisas. Eu as considero como esterco para poder ganhar a Cristo e ser encontrado nele, não tendo a minha própria justiça que procede da lei, mas a que vem mediante a fé em Cristo, a justiça que procede de Deus e se baseia na fé. Quero conhecer a Cristo, ao poder da sua ressurreição e à participação em seus sofrimentos, tornando-me como ele em sua morte para, de alguma forma, alcançar a ressurreição dentre os mortos. (Filipenses 3:7-11)

Paulo nunca mudou de direção. Em sua última carta, seu refrão era a resiliência. Ele usou seis expressões da língua grega para enfatizar sua perseverança, as quais são traduzidas para o português como "suporte comigo os sofrimentos" (2 Timóteo 1:8; 2:3), "pelo qual sofro" (2:9); "suporte os sofrimentos" (4:5); "suporto" (2:10,12); "não convém brigar" (2:24); "paciência" (3:10; 4:2); "perseverança" (3:10); e "suportei" (3:11).

No fim de tudo, Paulo conclui:

> Combati o bom combate, terminei a corrida, guardei a fé. Agora me está reservada a coroa da justiça, que o Senhor, justo Juiz, me dará naquele dia; e não somente a mim, mas também a todos os que amam a sua vinda. (2 Timóteo 4:7-8)

Com essa declaração, ele encerra sua carta escrita em uma prisão na cidade de Roma. Depois disso, ele só voltou a ver o sol quando percorreu a Via Ostiense nas redondezas de Roma, em direção ao local onde seria decapitado.

Como Me Torno Uma Pessoa Determinada?

Já identificamos os dois fundamentos da determinação, através de Hebreus 12. Primeiro, você olha à sua volta em direção às pessoas que você tem obrigação de prestar contas e também para aquelas que dependem de você. Segundo, você olha em direção à recompensa a ser ganha por meio da perseverança. Diante disso, como nos tornamos pessoas determinadas?

Muito embora não exista varinha de condão nem bala de prata que se apliquem ao desenvolvimento da determinação pessoal, apresento aqui cinco sugestões:

1. *Aceite receber a gratificação mais tarde.* Renunciar o prazer do momento em troca de um ganho a longo prazo é o ponto de partida para se tornar uma pessoa determinada. As disciplinas espirituais, a exemplo do jejum e da oração, são exercícios práticos que ativam essa virtude refletindo em todas as áreas da sua vida;

2. *Reconheça as consequências.* As disciplinas espirituais de leitura e memorização da Bíblia desenvolverão essa habilidade. Para tanto, o livro de Provérbios é um excelente ponto de partida. Leia um capítulo por dia ao longo de um mês. Selecione e memorize um versículo por dia que esteja relacionado com uma fraqueza em potencial no seu caráter;

3. *Pare de pensar somente em você.* O serviço prestado é a melhor disciplina espiritual para essa valiosa habilidade que é fazer algo em benefício do outro sem receber nada em troca. Uma segunda habilidade é a escuta ativa. Você pode fazer uma busca no Google e encontrar exercícios simples para desenvolver a habilidade de ouvir de maneira ativa. A própria Bíblia defende a meditação nas Escrituras (Salmo 1:2). Sente-se e em silêncio faça uma visualização mental acerca de como determinada passagem se aplicaria à sua vida;

4. *Comprometa-se com os outros.* Pessoas determinadas não constroem suas vidas sozinhas. Elas submetem seus sonhos e disciplina a outras pessoas, as quais podem acompanhar seu desenvolvimento, chamar a atenção quando o desempenho estiver aquém e se alegrar no momento do êxito. O círculo de pessoas que você construir ao seu redor determinará seu sucesso. Todos nós necessitamos de um círculo de pessoas sob nós para que sirvamos, um para que recebamos encorajamento e outro para que sejamos mentoreados. É o que a Bíblia chama de *discipulado;*

5. *Cultive o otimismo.* O otimismo inclui o senso de humor, pensamento positivo, alegria etc. As principais disciplinas espirituais que nos ajudam a nos tornar otimistas são duas: a adoração e o descanso semanal. As duas geralmente trabalham em conjunto. A adoração é a prática que resulta em reconhecer a glória de Deus, especialmente por meio das celebrações congregacionais, da

participação da comunhão e da proclamação da mensagem bíblica. A observação do descanso semanal é quando você pausa o trabalho, resultando no rejuvenescimento de nossos corpos, mentes e espíritos. Quando essas disciplinas andam juntas, elas criam espaço para que o otimismo floresça.

Se Deus te concedeu o privilégio de ser pai, treinador, professor ou mentor, observe estas cinco dicas para que você também ajude outras pessoas a se tornarem determinadas:

1. *Estabeleça e comunique expectativas elevadas.* Para muitos, tal desafio pode parecer muito difícil já que a nossa sociedade está saturada de comodismos, desculpas e sentimentos de complacência. Todos nós queremos ser amigos de todo mundo. Mas o que realmente as pessoas precisam não é de mais um colega, mas sim de pais espirituais que as ajudem a ir além das suas zonas de conforto. "Ficar na média" não contribui para transformar ninguém em pessoas realmente determinadas;

2. *Forneça uma estrutura definida e estabeleça limites.* Muitos encontram dificuldade em se tornar empreendedores se não iniciarem com uma rotina rígida. O caráter bom não promove bons hábitos. Ao contrário, bons hábitos forjam um bom caráter;

3. *De tempos em tempos aumente suas responsabilidades.* Uma prática como essa aumenta o senso de obrigação em relação aos outros e respeito por seus mentores. Concentre-se no desempenho; recompense o desempenho com responsabilidade; premie a responsabilidade com respeito;

4. *Cobre que seus discípulos respeitem aos colegas.* Isso significa não tolerar fofoca, preguiça, relaxo ou morosidade. É preciso ter cuidado com as desculpas e acusações. Ser determinado requer que você assuma a responsabilidade por sua própria trajetória. Para líderes determinados, a falha nunca será devido aos erros dos outros;

5. *Demonstre que você se importa.* As pessoas tendem a viver de acordo com as expectativas projetadas por aqueles que as amam. Quando você demonstra cuidado, investe tempo, atenção e admoestação, você adquire o direito de elevar suas expectativas em relação àquela pessoa. Aquilo que as pessoas tendem a acreditar sobre si próprias é o

que você as autorizou a acreditar. Seja tão pródigo em elogiar quanto é para criticar. Cada coisa tem a sua hora e lugar.

Poderíamos continuar falando sobre como se tornar uma pessoa determinada, mas, se você aplicar as cinco sugestões aqui apresentadas, estará fazendo um bom começo.

Pontos-chave

- A determinação é o elemento-chave para o sucesso na vida;
- Para desenvolver sua capacidade de ser determinado você deve olhar à sua volta em direção às pessoas que você tem obrigação de prestar contas e também para aquelas que dependem de você, assim como olhar em direção à recompensa a ser ganha por meio da perseverança;
- Você pode seguir passos práticos para o desenvolvimento da determinação tanto em você mesmo quanto nas vidas de outros.

Esta semana

☐ **PRIMEIRO DIA:** Leia o texto da semana.

☐ **SEGUNDO DIA:** Memorize Hebreus 12:1-2.

☐ **TERCEIRO DIA:** Leia Neemias 1-2.

☐ **QUARTO DIA:** Medite em Lucas 21:19; Filipenses 3:7–11; 2 Timóteo 4:7.

☐ **QUINTO DIA:** Elabore um plano de ação para se tornar uma pessoa determinada e para ajudar outro a tornar-se também.

Desafio de Superação: Memorize 2 Timóteo 4:7.

Bônus de Leitura: Caroline Adams Miller, *Getting Grit: The Evidence-Based Approach to Cultivating Passion, Perseverance, and Purpose.*

52

O Céu

> Então vi um novo céu e uma nova terra, pois o primeiro céu e a primeira terra tinham passado; e o mar já não existia. Vi a cidade santa, a nova Jerusalém, que descia do céu, da parte de Deus, preparada como uma noiva adornada para o seu marido. Ouvi uma forte voz que vinha do trono e dizia: "Agora o tabernáculo de Deus está com os homens, com os quais ele viverá. Eles serão os seus povos; o próprio Deus estará com eles e será o seu Deus."
>
> —Apocalipse 21:1-3

Pergunta: Como será o Céu?

Notícias de última hora: não iremos para o céu. De acordo com Apocalipse 21:1-3, a Nova Jerusalém desce do novo céu à nova Terra, onde habitaremos com Deus por toda a eternidade.

Essas são realmente boas notícias. O retrato da Nova Jerusalém em Apocalipse 21-22 retrata uma cidade em uma terra física. Iremos para lá com corpos físicos ressurretos, sem os fatores limitantes que temos hoje como o envelhecimento, as doenças e as dores (1 Coríntios 15:35–49). De acordo com Filipenses 3:21, os nossos corpos ressuscitados serão semelhantes ao corpo ressurreto de Jesus. Em Seu novo corpo, o Senhor andou através de paredes e também desafiou as leis da gravidade (João 20:19; Atos 1:9).

As implicações disso são absolutamente extraordinárias. Reflita sobre isso: viver com corpos perfeitos em um Éden restaurado. Lá haverá agricultura, arquitetura, cultura e arte; plantas, animais e também entretenimento. E tudo isso sem a presença do pecado. É assim que será a nova Terra.

Imagine o quanto seríamos tecnologicamente avançados sem a guerra, a doença, o crime e a desordem roubando toda a atenção das nossas mentes. Na Nova Jerusalém poderemos atingir avanços científicos muito maiores daqueles que conseguimos na presente era. Deus não se opõe à nossa curiosidade ou à nossa criatividade, porque foi ele quem nos dotou de ambas. Salomão disse que "a glória de Deus é ocultar certas coisas; tentar descobri-las é a glória dos reis" (Provérbios 25:2).

Lá, o nosso ministério de adoração se dará por meio da produção de novas formas de expressão, trabalho, realizações e aprendizado. Jesus está realmente preparando esse lugar para nós: "se não fosse assim, eu lhes teria dito. Vou preparar-lhes lugar" (João 14:2).

Então, como será a Nova Jerusalém? A descrição no livro de Apocalipse revela o que existe e também o que não encontraremos.

As Coisas que Não Existem Na Nova Jerusalém

Na Nova Jerusalém, não haverá desemprego, paralisações, polícia, políticos, médicos, advogados, pregadores, presos, hospitais, Receita Federal, serviço de imigração, Agência de Inteligência, Polícia Federal, naftalina, cadeados, lenços, lâmpadas, casamentos, funerais ou exércitos, isso só para mencionar alguns.

Os dois últimos capítulos de Apocalipse são mais específicos ainda:

1. "E o mar já não existia" (Apocalipse 21:1). Na terra que habitamos, os oceanos separam os povos. Não será assim na nova Terra, onde finalmente as nações, povos, língua e tribos não ficarão separados. Lá teremos diversidade sem divisões, racismo ou nacionalismo;

2. Não haverá mais lágrimas ou morte, nem choro, nem dor (Apocalipse 21:4). Sem funerais, divórcios, assassinatos, roubos, fofoca, sonhos quebrados, ódio não resolvido, memórias dolorosas ou arrependimentos;

3. Não precisaremos de igrejas nem de templos porque estaremos na presença de Deus para todo o sempre (Apocalipse 21:22). Nós não teremos de buscá-lo por meio de pastores ou programas;

4. Lá não há sol nem lua (Apocalipse 21:23). O próprio Deus será a fonte de toda a luz que precisarmos;

5. Não haverá maldição (Apocalipse 22:3), o que significa que não teremos mais que ganhar nosso sustento com o suor do nosso rosto. E, quanto às mulheres, elas não terão mais dores de parto.

   Não haverá mais guerra dos sexos. Sendo assim, os cristãos do tempo presente já têm a responsabilidade de diminuir os efeitos da maldição do conflito de gênero (Gálatas 3:28). Embora ainda possa existir diferenciação de papéis para homens e mulheres, deverá haver o mínimo de resquício dessa maldição nos lares cristãos de hoje em dia. As mulheres ainda são as que recebem os menores salários, que mais sofrem abusos, apanham de seus maridos e são sobrecarregadas com responsabilidades domésticas que frequentemente têm de carregar sozinhas.

   Na nova Terra, tudo isso será diferente. Não haverá mais competições, lutas ou crueldades entre homens e mulheres, e nenhum dos sofrimentos decorrentes dessas odiosas práticas. Deus porá um ponto final na desigualdade entre os gêneros;

6. Nada de impuro poderá entrar na Nova Jerusalém (Apocalipse 21:27). Incluindo você e eu? Certamente! Você estará no céu, mas você nunca mais cometerá qualquer pecado.

   Isso até se parece com um conto de fadas. A realidade é que a obra redentora de Jesus estará finalmente consumada com a nossa transformação física. Os impulsos dos nossos novos corpos estarão em harmonia com as intenções das nossas almas salvas.

   Considere o seguinte: no céu não existirão aquelas coisas todas que hoje nos levam ao pecado. Primeiramente, Satanás e seus comparsas não receberão bilhetes de entrada. Eles serão cartas fora do baralho. Assim sendo, eles não poderão mais colocar ideias em nossas mentes nem mostrar desvios para nossos caminhos. É claro que eu poderia perfeitamente pecar sem precisar da ajuda de mais ninguém. Contudo, o inimigo de Deus não terá como me dar aquela força. E, sem eles, estarei bem mais próximo da perfeição.

   A segunda consideração a ser feita é que eu não viverei mais em uma sociedade onde o pecado prevalece e é constantemente promovido. Não haverá cartazes de conotação sexual nem motoristas agressivos apontando o dedo do meio para você. Nem zonas de prostituição ou material pornográfico, nenhum shopping center ou produções hollywoodianas incentivando a sensualidade. O meu ambiente será puro e a minha mente, transformada.

A terceira observação é que lá não haverá casamento e também as pessoas não viverão como marido e mulher. A nossa sexualidade será transformada. A Bíblia não diz que seremos assexuais no céu, mas podemos estar certos de que, seja como for, a sexualidade no céu não será fonte de armadilhas como ela se apresenta no nosso tempo.

Como quarta observação, verifica-se que no céu não haverá competição. Sendo assim, a minha necessidade de superação sobre os outros terá de ser obliterada. Já que estaremos perpetuamente habitando com a presença de Deus, os nossos pensamentos serão bastante elevados, nossos motivos serão nobres e nossos espíritos, humildes;

7. Ainda há uma última coisa a ser mencionada quanto ao tempo. Geralmente priorizamos projetos e não pessoas. Ouvimos pouco os outros e trabalhamos apressadamente porque somos pressionados pelo relógio. E, na eternidade, qual é a pressa? Sempre teremos tempo para escutar a história contada por uma criança, segurar a pessoa amada pela mão, sentar silenciosamente e contemplar o universo. Não haverá prazos para cumprir nem trânsito carregado para enfrentar, tampouco filas para apressar.

Parece muito bom para ser verdade. No entanto, a Nova Jerusalém não terá nada que nos impeça de desfrutar uma vida plena de justiça. Podemos finalmente viver sem pecado.

O Que Existe Lá?

À luz das coisas que não encontraremos no céu, imaginamos que o lugar deve ser maravilhoso. Os nossos corações, contudo, anseiam pelo céu em razão das coisas que lá *existem*.

A Bíblia informa que os santos do passado estarão no céu: Abraão, Isaque, Jacó, Pedro, Tiago e João. Imagine a qualidade dos diálogos que travaremos lá!

Particularmente importante para nós é o fato que aqueles que amamos estarão lá. Viúvas estarão reunidas com seus maridos, filhos e pais. Tenha certeza, a natureza dos relacionamentos será outra, mas quão doces eles ainda serão! Pais encontrarão seus filhos que morreram em seus berços. Avós se apresentarão a seus netos que os conheciam apenas de ouvir histórias.

Por mais doces que essas reuniões serão, não é exatamente essa a razão por que ansiamos estar lá.

Haverá também riquezas inimagináveis. João descreveu a Nova Jerusalém como uma cidade com grandes proporções, um tesouro estonteante (Apocalipse 21:18-21). Mesmo o pavimento será de ouro de 24 quilates.

A nova Terra realmente deixará a nossa com vergonha, e olha que este planeta já é maravilhoso. Ninguém terá falta de comida. Cada um de nós será um príncipe ou uma princesa do reino de Deus.

Todos nós sonhamos com tal luxo e conforto, mas não é por isso, contudo, que desejamos ir para o céu.

Todos nós teremos novos corpos. Nunca mais teremos artrite e limitações físicas, nunca mais olharemos para o espelho e nos perguntaremos por quê. Não, nunca mais precisaremos perguntar isso. Teremos energia para trabalhar e jogar, tempo para descansar e para adorar.

Tão maravilhoso quanto parece, não é a razão por que desejamos ir para lá.

A razão pela qual realmente ansiamos ir para lá é porque *Ele* encontra-se lá. *Ele está lá*. Aquele sobre quem falamos, para quem cantamos, sobre quem lemos e escrevemos. Ele está esperando de braços abertos e como as seguintes palavras: "Muito bem, servo bom e fiel... Venha e participe da alegria do seu senhor" (Mateus 25:21).

Não consigo deixar de pensar que um olhar de Sua pessoa tornará irrelevante todas as nossas palavras. Ele é muito mais maravilhoso do que somos capazes de descrevê-lo, muito mais glorioso do que possamos imaginar. O nosso impulso não será de abraçá-lo como se fosse nosso amigo, mas sim de cair a seus pés, fascinados e arrebatados com a grandiosidade do momento. Suspeito que será somente seu imenso amor que nos atrairá a seus pés para receber seu abraço.

Melhor Do Que Você Pode Imaginar e Mais Cedo Do Que Você Imagina

Jesus repetiu por três vezes: "Eis que venho em breve" (Apocalipse 22:7,12,20). Seu apelo apaixonado é para que vamos até ele: "O Espírito e a noiva dizem: 'Vem!' E todo aquele que ouvir diga: 'Vem!' Quem tiver sede, venha; e quem quiser, beba de graça da água da vida" (Apocalipse 22:17).

Então, aqui encontramos a mais maravilhosa verdade de toda a eternidade: *Deus ama você*. Na verdade, Ele não apenas ama você, Ele realmente ama muito você. Ele te convida para vir até ele porque Ele deseja que você esteja perto dele (Apocalipse 21:3).

Diante disso, que resposta você ofereceria ao Deus do universo, o qual nos chama para irmos até Ele? Aqui está o *script* bíblico (Apocalipse 22:20):

Jesus diz: "Sim, venho em breve." E nós respondemos: "Amém. Vem, Senhor Jesus!"

Pontos-chave

- Não iremos para o céu e sim para a Nova Jerusalém na nova Terra com corpos físicos glorificados;

- Na nova Terra não haverá enfermidade, morte, divisão, degradação nem qualquer coisa que possa trazer lágrimas aos nossos olhos;

- A Nova Jerusalém terá todo tipo de conforto e perfeições, e, o mais importante, Jesus estará lá em pessoa e presente por toda a eternidade.

Esta semana

☐ **PRIMEIRO DIA:** Leia o texto da semana.

☐ **SEGUNDO DIA:** Memorize Apocalipse 21:1-3.

☐ **TERCEIRO DIA:** Leia Apocalipse 21-22.

☐ **QUARTO DIA:** Medite em João 14:2; Filipenses 3:21; Apocalipse 22:20.

☐ **QUINTO DIA:** Pergunte a uma pessoa do seu círculo de amizades para que descreva como seria o céu. Se for oportuno, pergunte se aquela pessoa está segura de que irá para lá um dia.

Desafio de Superação: Memorize João 14:2.

Bônus de Leitura: Randy Alcorn, *Heaven*.

Notas

Introdução

1. Arnold Cole e Pamela Caudill Ovwigho, *Bible Engagement as the Key to Spiritual Growth:* A Research Synthesis (Center for Bible Engagement, 2012), 4–5, www.backtothebible.org/files/web/docs/cbe/Research_Synthesis_Bible_Engagement_and_Spiritual_Growth_Aug2012.pdf.
2. Cole e Ovwigho, *Bible Engagement,* i.

Capítulo 4: A Aliança

1. Conrad Hackett e David McClendon, "Christians Remain World's Largest Religious Group, but They Are Declining in Europe", *Pew Research Center,* 5 abr. 2017, www.pewresearch.org/fact-tank/2017/04/05/christians-remain-worlds-largest-religious-group-but-they-are-declining-in-europe.
2. Embora conheçamos menos acerca dessas alianças antigas do que gostaríamos, encontramos nelas um aparente paralelo com a Assíria, um tratado entre Assurnirari V e Mati'ilu: "Se os pecados contra o tratado de Mati'ilu feito sob juramento pelos deuses, então, assim como este cordeiro recém-nascido, trazido de seu rebanho, não retornará para o mesmo... infelizmente, Mati'ilu... não retornará ao seu país." James B. Pritchard, ed., *The Ancient Near East:* An Anthology of Texts and Pictures (Nova Jersey: Princeton, 2011), 210.

Capítulo 8: Jesus e Davi

1. Psalms of Solomon 17:5, em R. H. Charles, ed., *The Apocrypha and Pseudepigrapha of the Old Testament in English,* v. 2, *Pseudepigrapha* (Oxford: Clarendon, 1913), 648. Esta é uma coleção antiga de poesias atribuídas ao Rei Salomão, mas aparentemente não foram escritas antes do primeiro século A.C.
2. 4Q174, em Florentino García Martínez e Eibert J. C. Tigchelaar, eds., *The Dead Sea Scrolls:* Study Edition, v. 1, *1Q1–4Q273* (Grand Rapids, MI: Eerdmans, 2000), 353.

3. Jacob Neusner, ed., *The Babylonian Talmud:* A Translation and Commentary, v. 7b (Peabody, MA: Hendrickson, 2011), 92. Com exceção da Bíblia, o Talmude Babilônico é o corpo de ensinamentos mais importantes para a fé judaica.

Capítulo 9: Encontrando a Felicidade

1. Philip Brickman, Dan Coates e Ronnie Janoff-Bulman, "Lottery Winners and Accident Victims: Is Happiness Relative?", *Journal of Personality and Social Psychology* 36, n. 8 (1978): 920–21.
2. Sonja Lyubomirsky, *The How of Happiness:* A Scientific Approach to Getting the Life You Want (Nova York: Penguin, 2007), 20.
3. Caroline Leaf, *Switch On Your Brain:* The Key to Peak Happiness, Thinking, and Health (Grand Rapids, MI: Baker, 2015), 50, 64.

Capítulo 10: Profecia

1. Flávio Josefo, *The Wars of the Jews,* em *The Works of Josephus:* Complete and Unabridged, trad. William Whiston (Peabody, MA: Hendrickson, 1987), 743.
2. *Encyclopaedia Britannica,* s.v. "Bar Kokhba", www.britannica.com/biography/Bar-Kokhba-Jewish-leader.
3. Peter W. Stoner e Robert C. Newman, *Science Speaks:* Scientific Proof of the Accuracy of Prophecy and the Bible, rev. ed. (Chicago: Moody, 1976), 101–6.
4. Stoner e Newman, *Science Speaks,* 107.
5. Josh McDowell e Sean McDowell, *Evidence That Demands a Verdict:* Life-Changing Truth for a Skeptical World (Nashville: Thomas Nelson, 2017), 231.

Capítulo 12: O Messias

1. Craig A. Evans, "The Messiah in the Dead Sea Scrolls", em *Israel's Messiah in the Bible and the Dead Sea Scrolls,* ed. Richard S. Hess e Daniel Carroll (Grand Rapids, MI: Baker Academic, 2003), 86.
2. Tradução do autor de Isaías 10:27, em *Targum Jonathan to the Prophets* (Cincinnati, OH: Hebrew Union College, 2005).
3. 2 Esdras 12:33, em Michael D. Coogan et al., eds., *The New Oxford Annotated Bible:* New Revised Standard Version with the Apocrypha, 4. ed. (Nova York: Oxford University Press, 2010), 1706. Os Apócrifos são uma coleção de livros antigos muito valorizados pela igreja primitiva.

As Bíblias católicas incluem esses livros junto aos 66 livros do Antigo e Novo Testamentos.
4. 2 Baruch 40:1, em R. H. Charles, ed., *The Apocrypha and Pseudepigrapha of the Old Testament in English*, v. 2, *Pseudepigrapha* (Oxford: Clarendon, 1913), 501.
5. 11Q13, em Florentino García Martínez e Eibert J. C. Tigchelaar, eds., *The Dead Sea Scrolls:* Study Edition, v. 2, *4Q274–11Q31* (Grand Rapids, MI: Eerdmans, 2000), 1207, original entre parênteses.

Capítulo 13: O Cristo Rejeitado

1. "Psalm 118:22", Sefaria, www.sefaria.org/Psalms.118.22?lang=bi&with=Targum&lang2=bi, ênfase adicionada.

Capítulo 15: Expiação

1. A. Cohen, trad., Sotah, *The Babylonian Talmud*, ed. I. Epstein (Londres: Soncino, 1936), 73–74.
2. Para ilustrar como a ideia do servo sofredor foi invertida, compare dois versículos em uma paráfrase judaica antiga (o Targum), com os versículos originais em Isaías 53. No versículo 4 lê-se: "Certamente Ele tomou sobre si as nossas dores e sobre si levou a nossa tristeza, contudo nós o consideramos castigado por Deus, por ele atingido e afligido." O Targum reformula assim: "Portanto, Ele intercederá pelos nossos pecados, e as nossas iniquidades serão por Ele perdoadas, porque somos considerados esmagados, golpeados do Senhor e afligidos." E o versículo 5 de Isaías declara: "Mas ele foi transpassado por causa das nossas transgressões, foi esmagado por causa de nossas iniquidades; o castigo que nos trouxe paz estava sobre ele, e pelas suas feridas fomos curados." A interpretação deste mesmo versículo no Targum ficou assim: "Ele erigirá a casa do santuário, o qual foi profanado por causa dos nossos pecados. Ele foi entregue por causa das nossas iniquidades, e por meio da Sua doutrina, a paz será multiplicada sobre nós, e por meio dos ensinamentos de suas palavras os nossos pecados serão perdoados." Veja Jonathan Ben Uziel, *The Chaldee Paraphrase on the Prophet Isaiah*, trad. C. W. H. Pauli
(Londres: London Society's House, 1871), 183.

Capítulo 16: A Nova Aliança

1. Sentimentos parecidos foram observados em vários rolos de manuscritos judaicos que foram escritos no período intertestamentário (Jubileus

1:21–25; Testamento de Judá 24:2–3; Testamento de Levi 18:11). Esses documentos não foram incluídos na Bíblia Judaica, contudo, são parte integrante do registro histórico dos judeus.

Capítulo 18: Bem-aventurança

1. Aristóteles, *Nicomachean Ethics,* trad. e ed. Robert Crisp, rev. ed. (Cambridge: Cambridge University Press, 2014), 1098b–1099b.
2. Eclesiástico 25:8–9; 26:1, em Michael D. Coogan et al., eds., *The New Oxford Annotated Bible:* New Revised Standard Version with the Apocrypha, 4. ed. (Nova York: Oxford University Press, 2010), 1490–91. O Livro de Eclesiástico é um livro de sabedoria escrito no período intertestamentário tendo sido incluído na categoria dos livros pseudocanônicos.
3. Tosefta 9:30, em *A History of the Mishnaic Law of Damages,* ed. Jacob Neusner, v. 1, *Baba Qamma:* Translation and Explanation (Eugene, OR: Wipf and Stock, 2007), 126.
4. 4 Macabeus 10:15, em Bruce M. Metzger e Roland E. Murphy, eds., *The New Oxford Annotated Apocrypha:* The Apocryphal/Deuterocanonical Books of the Old Testament (Nova York: Oxford University Press, 1991), 353. O quarto livro de Macabeus é um discurso filosófico que emprega exemplos do período da conhecida Revolta dos Macabeus.
5. 4 Macabeus 5:16, em Bruce M. Metzger e Roland E. Murphy, eds., *The New Oxford Annotated Apocrypha:* The Apocryphal/Deuterocanonical Books of the Old Testament (Nova York: Oxford University Press, 1991), 347.
6. 2 Macabeus 7:9, em Michael D. Coogan et al., eds., *The New Oxford Annotated Bible:* New Revised Standard Version with the Apocrypha, 4. ed. (Nova York: Oxford University Press, 2010), 1613.

Capítulo 21: Dinheiro

1. Howard L. Dayton Jr., "Statistic: Jesus' Teaching on Money", *Christianity Today,* www.preachingtoday.com/illustrations/1996/december/410.html.

Capítulo 22: A Regra de Ouro

1. Bruce M. Metzger e Roland E. Murphy, eds., *The New Oxford Annotated Apocrypha:* The Apocryphal/Deuterocanonical Books of the Old Testament (Nova York: Oxford University Press, 1991), 7. O Livro

de Tobias registra uma lenda judaica do período intertestamentário, tendo sido incluso na categoria dos livros pseudocanônicos.
2. H. Freedman, trad., Shabbath, v. 1, *The Babylonian Talmud*, ed. I. Epstein (Londres: Soncino, 1938), 140.

Capítulo 27: O Evangelho

1. Craig Evans, "Mark's Incipit and the Priene Calendar Inscription: From Jewish Gospel to Greco-Roman Gospel", *Journal of Greco-Roman Christianity and Judaism* 1 (2000): 67-81.
2. *The International Standard Bible Encyclopedia*, ed. Geoffrey W. Bromiley, v. 2, rev. ed. (Grand Rapids, MI: Eerdmans, 1982), 529.
3. A tradução é de Ben Witherington III, *The Gospel of Mark:* A Socio-Rhetorical Commentary (Grand Rapids, MI: Eerdmans, 2001), 69.

Capítulo 28: Fé

1. Flávio Josefo, *The Life of Flavius Josephus*, em *The Works of Josephus: Complete and Unabridged*, trad. William Whiston, rev. ed. (Peabody, MA: Hendrickson, 1987), 7, ênfase adicionada.

Capítulo 29: Descanso

1. Bob Sullivan, "Memo to Work Martyrs: Long Hours Make You Less Productive", CNBC, 26 jan. 2015, www.cnbc.com/2015/01/26/working-more-than-50-hours-makes-you-less-productive.html.

Capítulo 34: Adoração

1. Watchman Nee, *The Release of the Spirit* (Nova York: Christian Fellowship, 2000), 12.

Capítulo 35: Comunhão

1. Brant Pitre, *Jesus and the Jewish Roots of the Eucharist:* Unlocking the Secrets of the Last Supper (Nova York: Doubleday, 2011), 160.

Capítulo 40: A Solução de Deus para o Racismo

1. Ilan Ben Zion, "Ancient Temple Mount 'Warning' Stone Is 'Closest Thing We Have to the Temple'", *Times of Israel*, 22 out. 2015, www.timesofisrael.com/ancient-temple-mount-warning-stone-is-closest-thing-we-have-to-the-temple.

Capítulo 44: A Ressurreição

1. Flávio Josefo, *The Antiquities of the Jews,* em *The Works of Josephus: Complete and Unabridged,* trad. William Whiston, rev. ed. (Peabody, MA: Hendrickson, 1987), 480.
2. P. Cornelius Tacitus, *The Annals,* em *The Annals and the Histories,* Great Books of the Western World, ed. Robert Maynard Hutchins, v. 15 (Chicago: Encyclopaedia Britannica, 1952), 15.44.
3. Homero, *Ilíada,* 24.549–51; Aeschylus, *Eumenides,* 645.

Capítulo 47: Humildade

1. "Strong's G2758—Kenoō", Blue Letter Bible, www.blueletterbible.org/lang/lexicon/lexicon.cfm?t=kjv&strongs=g2758.

Capítulo 48: Preocupação Desgastante

1. Kevin Hultine, "The Secret Life of the Sonoran Desert", entrevista por Ira Flow, NPR, 29 mar. 2013, www.npr.org/2013/03/29/175741691/segment-1.
2. Caroline Leaf, *Switch On Your Brain:* The Key to Peak Happiness, Thinking, and Health (Grand Rapids, MI: Baker, 2015), 50.

Capítulo 49: Mentoria

1. Homero, *Odisseia,* trad. Robert Fitzgerald (Nova York: Farrar, Straus and Giroux, 1998), 2.235–38, 2.282–312, 2.424–29, 3.26–33.

Capítulo 50: As Escrituras Sagradas

1. Arnold Cole e Pamela Caudill Ovwigho, *Bible Engagement as the Key to Spiritual Growth:* A Research Synthesis (Center for Bible Engagement, 2012), 4–5, www.backtothebible.org/files/web/docs/cbe/Research_Synthesis_Bible_Engagement_and_Spiritual_Growth_Aug2012.pdf.

Capítulo 51: Determinação

1. Angela Lee Duckworth, "Grit: The Power of Passion and Perseverance", TED video, 2:49, www.ted.com/talks/angela_lee_duckworth_grit_the_power_of_passion_and_perseverance.

Projetos corporativos e edições personalizadas dentro da sua estratégia de negócio. Já pensou nisso?

Coordenação de Eventos
Viviane Paiva
viviane@altabooks.com.br

Assistente Comercial
Fillipe Amorim
vendas.corporativas@altabooks.com.br

A Alta Books tem criado experiências incríveis no meio corporativo. Com a crescente implementação da educação corporativa nas empresas, o livro entra como uma importante fonte de conhecimento. Com atendimento personalizado, conseguimos identificar as principais necessidades, e criar uma seleção de livros que podem ser utilizados de diversas maneiras, como por exemplo, para fortalecer relacionamento com suas equipes/ seus clientes. Você já utilizou o livro para alguma ação estratégica na sua empresa?

Entre em contato com nosso time para entender melhor as possibilidades de personalização e incentivo ao desenvolvimento pessoal e profissional.

PUBLIQUE
SEU LIVRO

Publique seu livro com a Alta Books.
Para mais informações envie um e-mail
para: autoria@altabooks.com.br

 /altabooks /alta-books /altabooks /altabooks

CONHEÇA OUTROS LIVROS DA **ALTA BOOKS**

Todas as imagens são meramente ilustrativas.